Jürgen
Wiebicke

Zu Fuß durch ein nervöses Land

Auf der Suche nach dem, was uns zusammenhält

Kiepenheuer
& Witsch

MIX
Papier aus verantwortungsvollen Quellen
FSC® C083411

Verlag Kiepenheuer & Witsch, FSC® N001512

2. Auflage 2016

Umschlaggestaltung und -motiv: © Rudolf Linn, Köln
Autorenfoto: © Bettina Fürst-Fastré
Gesetzt aus der Goudy Old Style
Satz: Buch-Werkstatt GmbH, Bad Aibling
Druck und Bindung: CPI books GmbH, Leck
ISBN 978-3-462-04950-3

Für Helmut,
mit Blick auf den 1. September 2020
(Bahnhof Flensburg, 17 Uhr, Gleis 1)

»Unsere aufwendigen Gewohnheiten machen uns allzu abhängig.«

– Jane Austen, Stolz und Vorurteil –

Vorwort

Es lag etwas in der Luft. Bevor im Sommer 2015 der Krisenmodus begann, aus dem wir seitdem nicht mehr herausgekommen sind, der uns täglich das Gefühl gibt, dass es immer noch ein bisschen schlimmer werden kann, habe ich bemerkt, dass viele Gespräche im Privaten ihre Richtung geändert haben. Plötzlich war nicht mehr so viel die Rede vom nächsten Urlaub oder einem raffinierten Rezept. Stattdessen sprach man über den labilen Zustand unserer Welt. Der Krieg in Syrien war da zwar schon ein paar Jahre alt und schien lange weit weg, aber mit einem Mal war zu spüren, dass die Zahl derer wuchs, die mal auf die Landkarte geschaut hatten, wie weit entfernt sich das wirklich von uns und unserem geschützten Leben im Wohlstandskokon abspielt. Man begann sich dafür zu interessieren, was Sunniten und Schiiten miteinander auszutragen haben und betrieb Geopolitik am Esstisch. Leute, von denen ich wusste, dass sie sich bei Gesprächen eigentlich ausklinken, sobald Politik zur Sprache kommt, horchten nun auf und begannen vor allem, sich Sorgen zu machen. Angst ist kein guter Ratgeber. Wenn viele Einzelne in ihr festhängen und um ihr eigenes Leben kreisen, dann hat eine ganze Gesellschaft ein Problem, weil sie in einen labilen Zustand gerät. Das erleben wir gerade. Angstzustände sind der Nährboden für den Rechtspopulismus. Beeindruckend war in diesem Sommer 2015 aber, wie viele Hunderttausende in Windeseile aus dieser Sorge um sich selbst eine Sorge um andere gemacht haben. Das eine lässt sich vom anderen sowieso nicht sauber trennen.

Im Rückblick scheint es mir, dass sich damals zwei Entwicklungslinien gekreuzt haben. Die eine Linie verzeichnet die wachsende Anzahl derer, die ein Unbehagen daran spüren, dass an unserem derzeitigen Lebensstil etwas grundsätzlich faul ist. An unserer Art zu wirtschaften, an unserer Art zu arbeiten, an unserem Umgang mit Zeit, Mobilität und menschlichen Beziehungen. Die Moderne ist entgleist, die Ökonomie beherrscht alle anderen Lebensbereiche. Faul ist an diesem Lebensstil schon deshalb etwas, weil er zerstörerische Wirkungen entfalten würde, wenn er Vorbild für jeden auf diesem Planeten wäre. Das Jahr 2015 war das heißeste seit Beginn der Aufzeichnungen im 19. Jahrhundert. Wieder mal ein Rekord und fast schon wieder vergessen nach all den Aufregungen um die Unordnung der Welt. Während die Weltgemeinschaft zunehmend hektischer nach politischen Wegen sucht, um die Erderwärmung auf maximal zwei Grad zu begrenzen, damit die Entwicklung nicht aus dem Ruder läuft, haben wir das erste Grad bereits fast geschafft. Eigentlich weiß jeder, der Augen und Ohren hat, dass wir ein Leben auf Pump führen. Aber wie es zu beenden wäre, wie wir die Logik der ständigen Steigerung hinter uns lassen können, ist vollkommen unklar.

Mir kommt es so vor, als ob wir gerade mühsam dabei wären, das neoliberale Gift aus unseren Körpern auszuschwitzen. Wir verstehen langsam, dass wir im vergangenen Vierteljahrhundert nicht nur öffentliche Güter privatisiert haben, sondern auch unsere Vorstellungen von einem gelingenden Leben. Jeder kümmert sich um sich selbst, und das soll dann in der Summe das größtmögliche Glück für alle bescheren. Wäre es tatsächlich so, wären wir die glücklichste Gesellschaft auf Erden. Zu Risiken und Nebenwirkungen dieser Denkungsart befragen wir die noch junge Disziplin der Glücksforschung. Die setzt dann völlig überraschend ärmere Länder im Glücksranking auf vordere Plätze, und wir grübeln anschließend darüber nach, welche Rolle materieller Wohlstand – der nun wirklich nicht zu verachten ist – für ein gutes Leben hat. Glücklich das Land, das keine Glücksforscher braucht.

Das also wäre die eine Entwicklungslinie: Es gibt ein wachsendes Bewusstsein dafür, dass es jenseits eines hyperindividualistischen Lebensstils noch etwas geben muss, das den Zusammenhalt der Gesellschaft sichert. Die Frage, welche Werte es sind, die wir verteidigen wollen, wird in nächster Zeit eine dominierende Rolle spielen. Das Paradox der Freiheit ist ja gerade, dass niemand gezwungen werden kann, für ihren Erhalt zu kämpfen. Das werden wir freiwillig tun müssen. Es wächst auch die Bereitschaft, sich selber für ein gelingendes Gemeinwesen einzusetzen. Viele wollen runter von der Tribüne und nicht mehr nur Zuschauer im Demokratie-Theater sein. Nur sind die Formen von Engagement noch instabil, weil die klassischen Institutionen von Politik, zuallererst die Parteien, einen rasanten Vertrauensverlust erlebt haben. Keine gute Ausgangslage für eine Gesellschaft, in der die Ängste vor sozialem Abstieg wuchern und ständig neue Erregungswellen, Hasskampagnen und üble Gerüchte den digitalen Raum vergiften. Die Zeit der Netzutopien ist vorbei. Wir werden wieder analoge Orte schaffen müssen, in denen Demokratie von Angesicht zu Angesicht gelebt wird.

Die zweite Entwicklungslinie betrifft unsere bisherigen Vorstellungen von Raum und Zeit. Die jüngsten Krisen haben sie über den Haufen geworfen. Denn wer hätte sich vorher vorstellen können, dass es Märsche von Tausenden von Menschen aus anderen Kontinenten Richtung Deutschland gibt, und zwar täglich? Wer hätte sich vorstellen können, dass ein Selfie mit der deutschen Kanzlerin Minuten später virale Wirkung in Bagdad oder Damaskus entfaltet? Raum und Zeit sind radikal zusammengeschrumpft, die Krisen dieser Welt werden nun auch vor unserer Haustür ausgetragen, in Echtzeit. So ziemlich jeder auf diesem Planeten dürfte inzwischen davon wissen, dass wir es uns hier lange Zeit haben verdammt gut gehen lassen. Globalisierung hieß bislang, dass wir von Entgrenzungen profitieren. Plötzlich aber schlagen sie auf uns zurück. Das Elend der Welt klopft an die Tür und weckt uns aus dem schönen Traum, dass wir zwar überall hinreisen und unsere Waren verkaufen dürfen, dass daraus umgekehrt aber keinerlei Erwartungen resultieren dürfen. Unser prekärer Lebensstil wird uns umso unheimlicher, je attraktiver er für andere wird. Wir wachen auf und stellen fest, in einer Illusionswelt gelebt zu haben. Wachzustand heißt ab sofort, dass die harten, auch hässlichen Realitäten nicht mehr aus unserem Alltag verschwinden werden. Willkommen in der Wirklichkeit der Welt, ab jetzt wird nur noch improvisiert.

Aber immerhin kreuzen sich ja die beiden Linien, das ist die gute Nachricht. Die Gunst der Stunde besteht darin, dass uns gigantische Aufgaben ausgerechnet in dem Moment zuwachsen, wo es eine Bereitschaft gibt, sich um mehr als nur den eigenen Vorgarten zu kümmern. Menschen, die Flüchtlingen helfen, hat es auch früher gegeben, aber es waren wenige. Dass es plötzlich so viele sind, hängt damit zusammen, dass sich die Einsicht durchgesetzt hat, wie stark der Zusammenhalt der Gesellschaft vom Bürgerengagement abhängt. Die Kümmerer tun einfach das, was gerade getan werden muss. Insofern geht die Rede von den sogenannten Gutmenschen, die irgendein schlechtes deutsches Gewissen kompensieren wollen, völlig fehl. Das ist für mich, auch im Rückblick, der gute kollektive Geist des Sommers 2015, von dem man nur hoffen kann, dass er noch lange prägend sein wird und durch kommende Krisen trägt: Hunderttausende

Menschen machen mit einem Mal Politik, ohne ihr Handeln für ein gelingendes Gemeinwesen selbst so zu nennen.

Ich bin mir ziemlich sicher, dass später einmal, wenn der zeitliche Abstand groß genug sein wird, Historiker Bücher über diesen Sommer 2015 schreiben werden. Weil sich die Ereignisse zu beschleunigen begannen, weil die Weltgeschichte auf höchst unangenehme Weise Fahrt aufnahm. Ausgang bis heute ungewiss. Wie gesagt, es lag etwas in der Luft.

Ausgerechnet in diesem nervösen Sommer, der zudem drückend heiß war, habe ich meinen Rucksack gepackt, um einfach loszulaufen. Ohne genauen Plan, aber mit ziemlich viel Zeit. Obendrein allein mit mir. Aber immer auf der Suche nach der nächsten zufälligen Begegnung, die mir hilft, etwas Neues zu begreifen. Über den Zustand unserer Gesellschaft, vielleicht auch darüber, wie anders zu leben wäre. Es wäre gelogen, wenn ich im Rückblick behaupten würde, mehr als eine Witterung dafür gehabt zu haben, dass wir momentan Zeugen eines Epochenumbruchs sind. Als Schlaumeier hätte ich zu Hause bleiben können. Denn es war ja gerade das Gefühl, mich nicht mehr auszukennen, das mich hinausgetrieben hat. Dieser blinde Fleck namens Zukunft. Vermutlich haben Menschen zu allen Zeiten Bilder von einem besseren Leben im Kopf gehabt. Diese Bilder haben sie in Bewegung gesetzt. Wir allerdings leben inzwischen schon verdammt lange in einer Art Fin de Siécle-Stimmung, als ob die besten Zeiten hinter uns lägen und von nun an nur noch verzweifelt geklammert werden müsse an dem, was man hat. Utopisten wird der Gang zum Arzt empfohlen, die Politik fährt auf Sicht.

Gegen diese Lähmung im Denken ist das Wandern seit je eine großartige Therapie. Viel Klügere haben das lange vor mir entdeckt. Der dänische Philosoph Kierkegaard zum Beispiel hat geschrieben: »Jeden Tag gehe ich mich in einen Zustand des Wohlbefindens, und gehe fort von jedweder Krankheit; ich bin zu meinen besten Gedanken gegangen, und ich kenne keinen Gedanken, der so bedrückend wäre, dass man ihn nicht gehend hinter sich lassen könnte. Aber indem man stillsitzt, kommt man dem Gefühl umso näher, krank zu sein.«

Mein Bedürfnis hat sich jedenfalls im richtigen Augenblick seinen Weg gesucht. Dieses Bedürfnis ist deutlich älter als der momentane Krisenreigen, ist mit den Jahren aber kontinuierlich gewachsen. Auf einen Nenner gebracht, ist es der Wunsch, von der Straße zu lernen. Etwas über mich selbst, wie ich mit Ereignislosigkeit klarkomme, vor allem aber etwas darüber, wie andere ihr Leben leben und welchen Veränderungen es unterworfen ist. Ich wollte mir mein eigenes Land erklären lassen, die scheinbar bekannte Nähe als unverstandene Ferne betrachten, den Blick des Ethnologen einüben. Noch jedes Mal, wenn ich zu Fuß längere Zeit unterwegs war, war mir an mir selbst aufgefallen, wie die Langsamkeit des Gehens allmählich den Blick schärft. Als Wanderer setze ich mich aus, bin mit dieser Welt leiblich verbunden, sehe ich Dinge, für die ich sonst keine Aufmerksamkeit gehabt hätte. Beim Gehen gerate ich in einen anderen Zustand, das Denken verflüssigt sich.

Das Wandern ist für mich auch das Korrektiv zum Lesen. Es ist ein vollkommen anderer Modus, diese Welt begreifen zu wollen. Ich kann mir nicht vorstellen, auf eines von beidem verzichten zu müssen. Aber das Lesen nimmt nun mal in meinem Alltag den größeren Raum ein. Das erste philosophische Buch, das ich als Jugendlicher gelesen habe, war »Der eindimensionale Mensch« von Herbert Marcuse, das damals Mode war. Heute amüsiere ich mich darüber, was ich im August 1979 mit Bleistift an den Rand geschrieben habe. Aber ich weiß noch, dass mir dieses Buch Türen in eine andere Welt geöffnet hat. Plötzlich hatte ich verstanden, wie wichtig es ist, nicht einfach ein Leben von der Stange zu führen, wie sehr es darauf ankommt, mit kritischem Blick die eigenen Bedürfnisse anzuschauen.

Seit bald zehn Jahren moderiere ich nun jeden Freitagabend in WDR 5 »Das Philosophische Radio«. Ein paar Zufälle und eine entscheidende menschliche Begegnung haben dazu geführt, dass ich mich mit dieser Sendung seit Langem an der Schnittstelle zwischen Philosophie und Journalismus bewege. Ich versuche, einem größeren Publikum den Satz von Sokrates plausibel zu machen, dass die Philosophie es mit den wichtigsten Dingen des Lebens zu tun hat. In meinem Studium des gleichnamigen Fachs war davon übrigens wenig zu spüren. Oft hatte ich damals den Eindruck, dass die universitären Philosophen vorwiegend mit Glasperlen spielen. Aber heute, in der Stunde der Krise, stößt die Philosophie wieder auf großes Interesse. »Mensch, werde wesentlich« heißt es beim Barocklyriker Angelus Silesius. Die Zeit der Spaßgesellschaft ist vorbei. Ich habe in diesen knapp zehn Jahren im »Philosophischen Radio« unzählige Texte studiert und mit wirklich klugen Leuten Gespräche geführt. Nicht selten haben wir über genau dieses Gefühl gesprochen, dass etwas faul ist an unserem Lebensstil. Wir haben nach Alternativen gesucht. Es fehlt also beileibe nicht an Kritik der herrschenden Zustände. Aber manchmal ist es eben Zeit, schlaue Gedanken einem Praxistest zu unterziehen. Berührung mit Asphalt kann der Philosophie nicht schaden. Man lernt immer am meisten, wenn man sich als Fragender durch die Welt bewegt.

Vermutlich reicht es heute nicht mehr, so wie Kierkegaard jeden Tag eine Runde zu drehen, um einen klaren Kopf zu bekommen. Dafür ist unser Leben zu schnell geworden. Weil der Umgang mit Zeit selbst Teil des Problems ist, schien es mir nötig, für einige Zeit ganz vom Karussell abzusteigen, die analoge Existenz des Wanderers zu führen. Es dauerte einige Zeit, bevor mir unterwegs der Rhythmuswechsel gelang. Am Anfang spukte mir noch im Kopf herum, ob ich auch an alles Nötige gedacht hatte, bevor ich für einige Zeit verschwinden konnte. Den Plan, eines Tages etliche Hundert Kilometer am Stück zu gehen, hatte ich schon lange. Aber plötzlich schien es mir so, als ob dieser Plan keinen Aufschub mehr duldete, und ich wollte los. Ich hatte Sorge, dass die Zeit mir davonrinnt und es dann irgendwann vielleicht zu spät sein würde. Als Wanderer macht man ja ohnehin Bekanntschaft mit der eigenen Endlichkeit. Erst jetzt, da ich zurück bin, wird mir klar, wie wichtig auch dieser Teil der Erfahrung gewesen ist. Ich habe es geschafft, ich bin wieder da. Mit dem sicheren Gefühl, doch etwas klüger als vorher zu sein. Wie labil das Leben ist, das wir führen, habe ich genauer verstanden. Und auch, dass ich nicht der Einzige bin, der auf der Suche ist. Dass man, um aus einer Sackgasse zu kommen, einfach loslaufen kann, scheint mir ein gutes Rezept auch in anderen Lebenslagen zu sein.

29. Juni 2015:

»Welches Ziel es auch ist, aus der Kampfzone führt kein Weg hinaus. Der Terror sucht und findet seine Opfer überall. Es gibt keine Ferien mehr.« (FAZ)

Am Ende meiner Straße klebt die Jakobsmuschel. Lange Zeit muss ich den blauen Sticker mit dem gelben Symbol der Pilger übersehen haben, denn er ist längst ausgebleicht und pappt unbeachtet an einem Laternenpfahl. Mir ist auch noch nicht aufgefallen, dass fromme Leute mit frommen Liedern auf den Lippen durch meine Straße gezogen wären. Santiago ist weit. Mich interessiert die Muschel nicht, ich bin kein Pilger. Die Vorstellung, auf einem vorgezeichneten Pfad an ein Ziel zu kommen, das als heilig gilt, halte ich für Aberglaube. Falls es einen Gott gibt, wäre von ihm doch wohl zu erwarten, dass er in einer Hochhaussiedlung genauso gegenwärtig ist wie in Santiago, oder wir könnten ihn mit gutem Recht ignorieren. Pilger haben ein Ziel, ich habe keins. Denn wer vorher schon weiß, was draußen zu finden ist, muss ja gar nicht erst die Schuhe schnüren. Aber eins verdanke ich dem Aufkleber am Ende meiner Straße doch: den simplen Gedanken, dass man jederzeit einfach loslaufen kann. Dass eine Reise auch vor der eigenen Haustür beginnen kann. Als ich ihn zum ersten Mal bewusst sah, wusste ich, was ich tun wollte. Am liebsten gleich.

Von wo nach wo? Diese Frage hatte mich vorher unnötig lange beschäftigt, nachdem der Plan gefasst war, ein paar

Wochen zu gehen. Ich habe Deutschlandkarten studiert, auf denen die Fernwanderwege verzeichnet sind. Aber die sind nicht für Leute wie mich gemacht. Ich suche nicht nach dem spektakulären Panoramablick, nach den Idyllen der deutschen Mittelgebirge, meine Wege sollen auch dorthin führen, wo es schäbig ist. Ich glaube nämlich, dass man eine Gesellschaft am besten von ihren Rändern her verstehen kann. Was sich dort verändert, bekommt die gesellschaftliche Mitte in ihrer Behäbigkeit häufig gar nicht mit. Deshalb wird meine Wanderung auch an Orte führen, die wie Inseln sind, abgespalten vom großen Ganzen, das sie umgibt. Flüchtlingsheime, Psychiatrien, Schlachthöfe liegen nicht am Jakobsweg, verdienen anscheinend keine Wegweiser, aber ich möchte dorthin. Hier zeigen sich die feinen Haarrisse in der Gesellschaft zuallererst, aus denen schnell Klüfte werden können. Die möchte ich wahrnehmen und nach Antworten auf die Frage suchen, ob es überhaupt noch etwas gibt, das die Gesellschaft heute noch zusammenhalten kann. Diese Antworten sind umso wichtiger, weil sich nach meiner Beobachtung viele unserer Gespräche gerade darum drehen, dass der Boden unter unseren Füßen schwankt. Dass uns kollektiv Sicherheit verloren gegangen ist. So ist das wohl, wenn man das Empfinden hat, in einer Epoche des Übergangs zu leben, in einer Zwischenzeit, in der das Alte zwar in rasender Geschwindigkeit entwertet wird, das Neue aber noch keine klare Kontur besitzt. Ein gutes halbes Leben rum und plötzlich so vieles fraglich. Wo man auch hinschnuppert, riecht es nach Krise. Weit verbreitet das Gefühl, dass die fetten Jahre vorbei sind. Da kann es nicht schaden, für ein paar Wochen zu gehen statt wie sonst zu rennen. Im Laufen denkt es sich besser, im Laufen kommt man aber hoffentlich auch etwas leichter von einem Denken los, das nicht vom Fleck will.

Aber das allein ist es nicht, was mich nach draußen zieht. Denn natürlich möchte ich auch etwas über mich erfahren. Wie das ist, wenn man morgens loszieht, ohne zu wissen, an welchem Ort und in welchem Bett man abends die Augen zumacht. Was geschieht, wenn der Zufall bestimmt, mit welchem unbekannten Menschen ich das nächste Gespräch führen werde. Ob ich klarkommen werde mit dem Verzicht auf Planung und Taktung. Wenigstens für einen Moment soll das Gefühl, dass Tage und Stunden einem durch die Finger rinnen, keine Rolle spielen. Und dann natürlich die Einsamkeit. In meinem Alltag fehlt sie mir oft, geht es mir wie so vielen, die merken, dass sie überkommuniziert sind. Und nun auf einmal ganz viel davon? Da wird es darauf ankommen, dass ich mich selbst aushalten kann, wovor ich ein bisschen Angst habe. Es wird Zeit für mich, den Stecker rauszuziehen und über ein paar Dinge nachzudenken. Ich gehe los, um von der Straße zu lernen.

Am Tag meines Aufbruchs werden die Toten einer Serie von Anschlägen islamistischer Terroristen gezählt, Urlaub in Tunesien gilt jetzt als zu gefährlich. In Frankreich hat ein Islamist seinen Vorgesetzten enthauptet und versucht, ein Chemieunternehmen in Brand zu setzen. Genau ein Jahr ist es her, dass der Chef des IS ein neues Kalifat ausgerufen und sich selbst als Nachfolger Mohammeds tituliert hat. Am Tag meines Aufbruchs fürchten viele auch einen Börsencrash, weil Griechenland vor der Pleite steht. Davon lese ich in der Zeitung, bevor ich die Haustür hinter mir zuziehe.

Ich schaffe es tatsächlich, unerkannt aus meinem Kölner Vorort rauszukommen, und spüre schon bald, wie mein Körper geflutet wird von einem Gefühl der Euphorie. Was jetzt vor mir liegt, gehört mir ganz allein. Von einem Moment auf den anderen bin ich in den Besitz eines äußerst knappen Gutes geraten: Ich habe Zeit! So viel davon, dass das, was vor mir liegt, so endlos scheint wie die Sommerferien der Kindheit.

Überhaupt ist der Sommer auf meiner Seite. Der Wetterbericht hat zwar für die kommenden Tage Temperaturen bis nah an die 40 Grad gemeldet. Eigentlich vollkommen bescheuert, bei dieser Hitze loszulaufen, aber anders als sonst macht sie mir nicht das Geringste aus. In einem Ein-Euro-Shop habe ich mir auf den letzten Drücker noch einen schwarzen Filzhut mit breiter Krempe gekauft, der mich definitiv für ein Leben in der Großstadt disqualifiziert. Im Rucksack findet sich nur das Allernötigste. Ich setze darauf, an Waschsalons vorbeizukommen. Außerdem habe ich eine wichtige Kleinigkeit dabei: eine Kreditkarte. Denn mir geht es nicht darum, möglichst asketisch zu leben und einen Kampf gegen mich selbst zu führen. Mein Deutschland muss nicht umsonst sein. Ich habe mir auch fest vorgenommen, auf das Zählen der Kilometer zu verzichten. Mir ist es egal, wie viel ich schaffen werde. Es wäre zwar gelogen, wenn ich behaupten würde, mir nichts beweisen zu müssen. Aber die Anzahl der Kilometer ist es nicht.

Gleichwohl laufe ich nicht vollkommen planlos. Alle paar Tage habe ich eine lose Verabredung, die sich jedoch jederzeit absagen ließe. Verabredungen mit Menschen, von denen ich mir Denkanstöße erhoffe. Und gleich heute wird es das erste Treffen geben. Dazu muss ich nur knapp zwei Stunden bergauf durch den Königsforst Richtung Osten nach Forsbach laufen. Unterwegs im Wald treffe ich auf zwei ältere Herren, die mich prompt nach meinem Weg fragen. Offenbar ist es mit einem Rucksack auf dem Rücken ähnlich wie mit einem Hund an der Seite, man wird als Fremder leichter angesprochen. Die beiden lachen, nachdem ich gesagt habe, dass ich das noch nicht weiß. »In die

Richtung geht's ins Sauerland«, meint einer und zeigt Richtung Osten.

Oben auf dem Bergrücken angekommen, bin ich vollkommen durchgeschwitzt. Aber die Frau, mit der ich verabredet bin, erwartet gewiss kein tadelloses Äußeres. Sie liebt es, gesellschaftliche Konventionen zu unterlaufen: Mary Bauermeister, Künstlerin, inzwischen 81 Jahre alt. Von ihr möchte ich wissen, wie man älter werden kann, ohne die Bedeutung des utopischen Denkens aus den Augen zu verlieren. Vor über 40 Jahren hat sie hier in Forsbach ein großes Wald-und-Garten-Grundstück gekauft, das heute wie ein Museum der Avantgarde wirkt. Hierhin ist sie mit ihren vier Kindern gezogen, nachdem ihr Zusammenleben mit dem Komponisten Karlheinz Stockhausen in die Brüche gegangen war. Vor ein paar Jahren hat Mary in einem Buch bemerkenswert offen Auskunft über ihr Lebensexperiment mit einer Ehe zu dritt gegeben. Noch nie habe ich einen Menschen getroffen, der im hohen Alter so radikal denkt und so vitalisierend auf die eigene Umgebung wirkt wie sie. Mary ist ein Vulkan. Sie scheint keine Angst zu kennen. Bei unserer ersten Begegnung hatte sie gesagt, dass sie sich jetzt im Alter mit jedem Tag freier fühle. »Ich bin die hässliche Alte«, meinte sie damals mit breitem Grinsen und wies demonstrativ auf ihre Zahnlücken. Sofort war mir klar, dass ich sie gern ein bisschen näher kennenlernen würde.

Sie verkörpert für mich ein Lebensgefühl, das meiner Generation vollkommen fremd ist. Eines, um das ich sie ein wenig beneide. Denn während wir heute gut 50-Jährigen von vornherein mit der Grundmelodie groß geworden sind, dass die Zeit der großen Erzählungen vorbei ist, alle Utopien verdampft, letzte Ausfahrt postmoderne Ironie, hat Mary lebensgeschichtlich das Glück gehabt, dabei gewesen zu sein, als etwas völlig Neues in die Welt kam. »Am Anfang war der Klang« heißt ein Kapitel in ihrem Buch, in dem beschrieben ist, welche ungeheure Wirkung die Zerstörung etablierter Hörgewohnheiten durch die Neue Musik entfaltet hat. Im Sommer 1960 hat Mary im Großen Sendesaal des WDR an einem Abend drei Uraufführungen von Werken von Karlheinz Stockhausen, Mauricio Kagel und Luigi Nono miterlebt und in der Nacht darauf in ihr Tagebuch geschrieben, dass man sich selbst total neu erschaffen und alle Erwartungen fahren lassen müsse. Sie war dann bald darauf in den wilden Jahren des künstlerischen Aufbruchs eine der Leitfiguren der Fluxus-Bewegung. Das Erstaunliche an Mary ist, dass auf ihren Aufbruch kein Abbruch folgte. Sie ist frei von Zynismus, der Krankheit vieler Veteranen der künstlerischen Avantgarde, und voll von dem Impuls, diese Gesellschaft immer wieder neu denken zu wollen. Schon merkwürdig, dass es mich für den Anfang zum geistigen Auftanken zu einer alten Dame zieht.

Ihre schlohweißen Haare sind ungebändigt. Wie stets ist sie in ein weißes Gewand gehüllt. Darunter trägt sie auch bei dieser Affenhitze schwere Wanderschuhe mit offenen Schnürsenkeln. Wir sind im Garten verabredet, vor einer ihrer Skulpturen in Spiralform. Mary hasst den Kreis, weil er statisch ist, sie liebt die Spirale, weil sie für das Lebensprinzip Bewegung steht und keinen Anfang und kein Ende hat. Sie kommt auf mich zu, mustert mein Gepäck, erkundigt sich nach meinen Plänen und erzählt dann, dass sie selbst einmal drei Wochen gelaufen sei, in den 60er-Jahren in den USA. Ohne auch nur ein Mal etwas zu essen. Nur von Wasser habe sie gelebt. Der Hunger sei ihre Droge gewesen. Ich bin sofort bereit, ihr das zu glauben.

Mary und ihr Körper, immer wieder kommt sie auf dieses Thema zu sprechen. Vielleicht passiert es unweigerlich, dass wir mit zunehmendem Alter unseren Körper als Kampfzone betrachten. Jedenfalls beschwört sie mich geradezu: »Ich bin nicht mein Körper, ich bewohne einen Körper. Und der kann mich in die Knie zwingen.« Das ist klassischer Dualismus, Mary setzt auf die Stärke ihrer Seele. Gerade als ich sie fragen möchte, warum sie so frei von Angst ist, wo sie doch weiß, dass es auf das Ende zugeht, kommt ihre Tochter zu uns und gibt die Antwort für ihre Mutter. »Weil sie nach dem Grundsatz lebt: Das, was ich mache, das ist meine Realität.«

Marys Pfad zum Glück ließe sich wohl folgendermaßen zusammenfassen: Überwinde das Mangeldenken! Klammere nicht an Dingen, die dir sowieso niemals für immer gehören werden. Nicht an Besitz und nicht an Liebe. Und schon sind wir wieder beim Thema Angst. »Du musst auf die Angst zugehen wie auf einen Schleier«, sagt sie, »erst wenn er zerrissen ist, merkst du, dass dahinter nichts war.« Eine Liebe beispielsweise nicht haben zu müssen, Eifersucht zu überwinden, das sei Freiheit pur. »Du kämpfst immer vergeblich gegen Entropie, das sieht man ja im Garten.«

An dieser Stelle unseres Gesprächs spüre ich, dass mich die Besitzfrage mehr interessiert als Marys Liebesphilosophie. An gebrochenen Herzen haben Menschen schon immer gelitten, aber wie sie auf eine Gesellschaft blickt, die momentan geradezu neurotisch von Abstiegsängsten geplagt ist, das will ich wissen. Denn das ist ja das verblüffend Neue an unserer Lebensform in der Konsumgesellschaft: Wir sind verglichen mit allen Kulturen vor uns materiell so unendlich viel reicher, aber ein Genug scheint es niemals zu geben. Jedes Zehntel Wachstum wird stets aufs Neue gefeiert, weil uns bislang keine intelligentere Art des Wirtschaftens eingefallen ist und obwohl wir längst wissen, dass das, was wir mit dem inzwischen vollkommen übernutzten Wort Glück meinen, auf diese Art nicht zu bekommen sein wird.

Nur hilft dieses Wissen anscheinend bislang nicht weiter. Wir haben zwar reichlich Wachstumskritik, die auf die verheerenden ökologischen Folgen unseres Lebensstils hinweist. Diese Kritik verlangt ein Umsteuern aus moralischen Gründen, hat aber noch keine alternative Ökonomie hervorgebracht, die nicht nur in einer Nische funktionieren würde, sondern in einer ganzen Volkswirtschaft. Die Wachstumsfrage will ich auf meiner Wanderung immer wieder stellen, denn genau genommen ist es ein Mysterium, warum eine Wirtschaft der Selbstzerstörung nur dann entgehen können soll, wenn sie dem Prinzip des permanenten Mehr folgt. Ich habe dieses Rätsel nie verstanden. Vielleicht gibt es eine Auflösung gar nicht, weil es sich nur um einen Mythos handelt. Mary ist nun die Erste, die eine Antwort geben soll.

Natürlich ist es die Antwort einer Künstlerin, die ich zu hören bekomme. Und sie fällt pechschwarz aus: »Dass die Natur uns Menschen so lange aushält, ist nicht selbstverständlich. Eigentlich gehörten wir abgeräumt.« Sie spricht vom Experiment Menschheit, das jederzeit abgebrochen werden könne, weil die Natur stärker ist. In diesem Garten, in dem es überall wild wuchert, wirkt ihr Gedanke gar nicht absurd. Und bei dieser Hitze merke ich sowieso, wie bedürftig ich bin, und trinke rasch ein paar Schlucke aus meiner Wasserflasche, bevor Mary mit der Klage fortfährt, dass es an einer Ethik fehle, um die Zerstörung zu stoppen. Gewöhnlichen Menschen traut sie keine Veränderungen zu, weil sie von Gier und Angst getrieben seien. Mary träumt von einem Rat der Weisen, der die Zukunftsprobleme lösen soll. Das ist sehr platonisch gedacht – und leider ganz und gar nicht demokratisch.

Viel spannender ihre Antwort auf die Frage, welche Rolle in ihren Augen Künstler in den Krisen der Gegenwart übernehmen sollen. Mary bezieht sich auf den Medientheoretiker Marshall McLuhan, der in den 60er-Jahren von der Kunst als »Frühwarnsystem« gesprochen hat, das auf seine Weise Bewusstseinsveränderungen anstoßen könne. So sieht sie auch ihre eigenen Arbeiten. Gerade bereitet sie für eine Ausstellung eine Installation vor, die einen ganzen Raum einnehmen soll. Eine riesige Essenstafel aus acht Meter langen Brettern, die sie aus einem Pferdestall hat. Auf der einen Seite eine Holzschale für den armen Schlucker, auf der anderen das feine Porzellan für denjenigen, der gegenüber auf einem Prachtstuhl sitzen darf. »Zuvielisation« nennt sie dieses Projekt. Daneben soll ein Müllberg aus Elektronikschrott entstehen, der den Titel »Weltkulturerbe« trägt.

Seit einiger Zeit sind Marys Werke auf dem Kunstmarkt wieder heiß begehrt. Kürzlich ist in den USA eines für 250 000 Dollar verkauft worden. Die Avantgarde der frühen 60er-Jahre ist dort momentan populärer als bei uns. Mary macht seit einiger Zeit Remakes von ihren frühen Arbeiten mit Muscheln und Steinen, weil sie für sich herausfinden will, ob sie die Techniken von damals noch beherrscht. Von ihrem früheren Selbst sei sie eingeschüchtert gewesen, erzählt sie. Ich merke ihr an, dass es ihr nicht leichtfällt, zu diesem späten Ruhm von heute ein stimmiges Verhältnis zu entwickeln. Einerseits ist sie unverkennbar geschmeichelt, weil sie nun wieder das bekommt, was sich jeder Künstler wünscht: Ruhm und Aufmerksamkeit. Andererseits ist es ihr zutiefst suspekt, dass sich diese Aufmerksamkeit in der Höhe des Preises ausdrückt.

Dass die Logik der Ökonomisierung in alle Poren der Gesellschaft eindringt, zeigt sich ja – lässt man mal den Profifußball beiseite – nirgendwo so ungeschminkt wie auf dem Kunstmarkt. Mary nennt es verkehrte Welt, wenn heutzutage Banker über Kunst reden und im Gegenzug Künstler über Aktien. Eigentlich war das mal anders gedacht, sollte das Reich der Kunst eine eigene Sphäre frei von Zwecken sein.

Mary hatte selbst mal Aktien und kennt das Gefühl, sich verspekuliert zu haben. Heute sagt sie ihren wohlhabenden Freunden, dass Geld keine Kinder kriegen kann. Ihre Utopie ist eine Gesellschaft der Gabe, eine Schenkgesellschaft, in der jeder das weggibt, was er zu viel hat. Sie ist längst dabei, sich von ihrem Besitz nach und nach zu verabschieden. Vor einiger Zeit hat sie ein altes Pferdegehöft eine Autostunde von Köln entfernt übernommen, baut es gerade um. Irgendwann sollen dort viele Künstler wohnen, für sie wird ein kleines Zimmer reichen. Alles zurück an die Gemeinschaft, so wünscht sie es sich. »Die wirkliche Änderung«, sagt sie zum Abschied, »ist, dass ich mich reduziere.« Dann schwebt die Frau in Weiß zurück ins Haus und lässt mich im Garten zurück.

Bevor ich gehe, sehe ich mich noch ein wenig um. Hier im Garten gibt es etliche Bauwagen, in denen Gäste unterkommen können, und mehrere Werkstätten für die künstlerische Arbeit. In einen der Schuppen gehe ich hinein und stoße auf zahllose Einmachgläser, die mit optischen Linsen gefüllt sind. Es müssen viele Tausend sein. Ich nehme eine der Linsen heraus, halte sie in die Richtung eines Baumastes, der sich leicht im Wind bewegt, und merke, wie sich die Bewegungen beschleunigen, wenn ich durch die Linse blicke. Eine kleine Schule des Sehens. Genau dies ist es, was ich mir für die kommenden Wochen vorgenommen habe. Anders auf die Welt schauen. Zeit haben, um genauer hinzusehen. Das Gewöhnliche des Alltags nicht für gegeben halten.

Und dann fällt mein Blick auf ein Plakat an der Wand, auf dem Mary ihre eigenen neun Gebote fixiert hat. Ein Problem mit mangelndem Selbstbewusstsein hat sie jedenfalls nicht, denke ich. Wenn schon nicht die ganze Welt, will sie doch immerhin die kleine Welt um sie herum verändern. Drei der neun Gebote notiere ich in meine Kladde:

Verschwende von der Fülle nichts und begehre nichts.

Achte das Licht in jedem Menschen. Mache keine Vergleiche, sondern betrachte alles für sich allein.

Tue es jetzt. Wenn du erkennst, was getan werden muss, tue es.

Mittlerweile steht die Sonne im Zenit. Auf meinem T-Shirt, das während unseres Gesprächs getrocknet ist, sind weiße Salzlinien zu sehen. Ich fülle meine Flasche auf und nehme bei dieser Hitze gern das Angebot an, mich ein Stück mitnehmen zu lassen. Wegen Mary bin ich nämlich in die falsche Richtung gelaufen, nach Osten, aber eigentlich will ich nach Norden, zum Niederrhein. Die Vorstellung, jetzt zu Fuß umzudrehen und dann in der Nähe von zu Hause gleich das erste Quartier suchen zu müssen, lässt mich jeden Wander-Dogmatismus überwinden. Ich steige also ins Auto und sage mir, dass dies eine Ausnahme sein wird. An der Abfahrt Leverkusen-Mitte lasse ich mich raussetzen und laufe entlang einer vierspurigen Schnellstraße Richtung Zentrum. Vielleicht hätte ich doch die ganze Strecke gehen sollen, denke ich, denn so ist der Kontrast zwischen Marys Gartenidylle und dieser Fußgängerzonentristesse brutal. Betonarchitektur aus den 80er-Jahren, erobert von Backland und Co., die ich möglichst schnell hinter mir lassen will und deshalb Richtung Rhein laufe. Dort komme ich beim Klub der Kanuten vorbei, und von da an stellt sich zum zweiten Mal an diesem Tag das berauschende Gefühl ein, dass es jetzt richtig losgeht. Hier war ich noch nie, hier kenne ich mich nicht mehr aus, also laufe ich einfach drauflos, durch die Rheinaue, bis ich keine Lust mehr habe. Meine Schritte werden schneller, von der guten Laune getrieben, aber mit den großen Containerschiffen, die links von mir stromabwärts fahren, kann ich nicht mithalten. Rechts von mir sorgt die Autobahn für ein Grundrauschen, das mich kilometerlang begleiten wird. Wie lange kann man in Deutschland eigentlich zu Fuß unterwegs sein, ohne eine Autobahn zu hören?

Marys Worte über die Schenkgesellschaft klingen in mir nach. Sie trifft damit einen Nerv unserer Zeit. Spätestens seit der Finanzkrise ist das Menschenbild von Ökonomen grundsätzlich erschüttert: nämlich dass wir in unserem Alltag stets als »homo oeconomicus« unterwegs sind, also bei allem, was wir tun, angeblich immer darauf schauen, unseren eigenen Nutzen zu optimieren. Das hat ja Adam Smith schon im 18. Jahrhundert behauptet, dass dann am besten für alle gesorgt sei, wenn jeder für sich selbst sorgt. Noch vor zehn Jahren war dieses Denken Mainstream in Deutschland, und viele haben geglaubt, dass es sinnvoll sei, freie Zeit dafür zu verwenden, das eigene Aktiendepot zu pflegen. Jedenfalls wirkt es heute grotesk, wenn im Fernsehen, wie ich neulich gesehen habe, ein Spot läuft, in dem ein smarter Aktienhändler mit Dreitagebart erst auf die Kursbewegungen auf seinem Computerbildschirm schaut und dann als Abenteurer gezeigt wird, der durch Vulkanlandschaften läuft und in der Wildnis klettert. Dazu eine raunende Stimme im Off: »Es ist das Feuer in dir. Es ist dein Kopf, dein Herz, deine Vision. Du kannst es nicht kaufen, du kannst es nicht faken. Lebe jeden Trade!« Hinterher dann pflichtschuldig der Hinweis eingeblendet, dass man als Trader sein eingesetztes Vermögen aufs Spiel setzen kann.

Dieser Spot wirkt wie übrig geblieben aus der Zeit, als Manfred Krug mit seiner Werbung für den Kauf von Telekom-Aktien den Beginn einiger Jahre kollektiver Gier nach dem schnellen Gewinn an der Börse eingeläutet hat. Er will uns erzählen, dass hier die stärksten Gefühle zu haben sind, und zwar echte Gefühle. Nicht nur ein paar Scheine, das wäre allzu profan. Die Botschaft ist, dass es dort, wo es ums Geld geht, eigentlich um etwas ganz anderes geht. Das ist die Ästhetik des Gefühlskapitalismus, und sie hat sich in den vergangenen Jahren reichlich verbraucht. Denn inzwischen suchen wir doch wohl eher wieder nach Momenten von Lebensintensität und menschlicher Begegnung, die sich nicht verrechnen lassen und sich dem Tauschprinzip entziehen. Nach Momenten, die man für Geld nicht kaufen kann.

Von Gemeinschaft hat Mary gesprochen, aber wie die in neuen Formen entstehen kann, ohne die Autonomie jedes Einzelnen zu ruinieren, ist eine offene Frage. Jedenfalls hat wieder eine Zeit des Experiments begonnen, und zwar in der Mitte der Gesellschaft, nicht nur in Künstlerkreisen. Der eindrucksvollste Beleg dafür ist in diesem Sommer die vollkommen verblüffende Tatsache, dass plötzlich Hunderttausende in diesem Land freundlich auf Fremde zugehen, deren gesamte Habseligkeiten in eine Plastiktüte passen. Auch in meinem Stadtteil ist in dieser Hinsicht viel passiert, über das ich in Ruhe nachdenken will. Denn es war und ist nicht weniger als eine Sternstunde der Demokratie.

Vielleicht ist Mary ja von dem französischen Soziologen Marcel Mauss inspiriert, der sich schon vor 90 Jahren dafür interessiert hat, was zwischen Menschen passiert, wenn der eine dem anderen etwas gibt. Die Gabe passt nicht in den Kreislauf des Nützlichen und Profitablen. Mauss hat erforscht, welche Rolle die Gabe in archaischen Gesellschaften gespielt hat. Das spektakulärste Beispiel ist sicherlich der

Potlach, der an der amerikanischen Nordwestküste praktiziert wurde. Bei diesen legendären Festen des Schenkens, die einem Überbietungswettbewerb ähnelten, in dem Großzügigkeit und sogar Verschwendung als Tugenden galten, waren die Gaben mitunter so wertvoll, dass sie den Schenker wirtschaftlich ruinierten. Das mag aus einer heutigen Sicht vollkommen irrational erscheinen. Eine Zeit lang sind solche Feste dann auch wegen ihrer negativen Folgen verboten worden. Aber Mauss ging es darum, zu zeigen, dass beim Gabentausch, anders als beim Warentausch, so etwas wie solidarische Moral entsteht. Gabe schafft Beziehung. Das galt in archaischen Gesellschaften genauso wie heute. Wer zum Essen eingeladen wird, weiß um die Erwartung, dass irgendwann auch eine Gegeneinladung fällig wird. Dabei spielt es dann aber keine Rolle, wann genau das sein wird und ob der Wein auf dem Tisch genau so viel gekostet hat wie bei der ersten Geselligkeit. Vor 90 Jahren wollte Mauss mit seiner Analyse der Schenkökonomie einen Beitrag dazu leisten, das Bild von einer Gesellschaft zu korrigieren, die allein auf den Eigennutz des Individuums setzt. Das hat ihm nämlich Sorgen gemacht. Heute wird er, weil die Probleme sich ähneln, vor allem in Frankreich wiederentdeckt.

In Hitdorf an der Rheinfähre werde ich aus meinen Gedanken gerissen. Dort steht ein Löschzug der Freiwilligen Feuerwehr nah am Wasser, die Schläuche liegen abgewickelt am Boden. Ein mürrischer Zugführer hat es mit drei Jugendlichen in Uniform zu tun, die vor der Übung erst mal ordentlich in Formation antreten sollen, ihren Auftritt aber verkichern. Sie kriegen es einfach nicht hin, zur militärischen Körperhaltung auch noch ein ernstes Gesicht zu machen. Ob es denn genügend Nachwuchs in diesem Ehrenamt gebe, frage ich den Zugführer. Er antwortet mit einem schlecht gelaunten Nein. Die Frage, warum denn erst strammgestanden werden muss, bevor man löscht, verkneife ich mir lieber.

Der Rhein hat Niedrigwasser. Die Sonne wird bald untergehen, dann beginnt der angenehmste Teil dieses heißen Tages. Eine afrikanische Familie hat es sich auf den frei liegenden Kieseln gemütlich gemacht und beobachtet den Betrieb der Autofähre, die wegen der starken Strömung nicht die kürzeste Verbindung nach drüben nehmen kann, sondern sich erst ein Stück flussaufwärts kämpfen muss, bevor sie sich dann mit einer blitzschnellen Wendung ans andere Ufer treiben lässt. Die beiden Jüngsten aus der Familie, die aus Westafrika stammt, können schon ganz gut Deutsch und fragen die Feuerwehrleute, wo man denn hier am Rheinufer ein Feuer machen dürfe. Der Zugführer antwortet, dies sei vermutlich überall verboten, aber sie könnten ja mal bei der Stadt anrufen. Deutschland, Land der Regeln. Die beiden schauen den Feuerwehrmann ratlos an.

Ich beschließe, morgen früh die Fähre rüber nach Langel zu nehmen und heute Abend in Hitdorf zu bleiben. Meine erste Nacht verbringe ich in einem Gästehaus am Rhein. Das Büro, in dem ich meine Schlüssel abhole, ist vollgestellt mit kleinen Buddhafiguren im Schneidersitz. Manche schlank, die meisten kugelrund. An den Wänden hängen Bilder mit »Kunst aus der Stille«. Ich möchte etwas darüber wissen, wie ein buddhistisch inspiriertes Gästehaus funktioniert, aber alle meine Nachfragen laufen ins Leere. Als ob man sich erst qualifizieren muss, bevor man sich nach dem Buddhismus erkundigen darf. Dafür bin ich heute Abend aber zu müde.

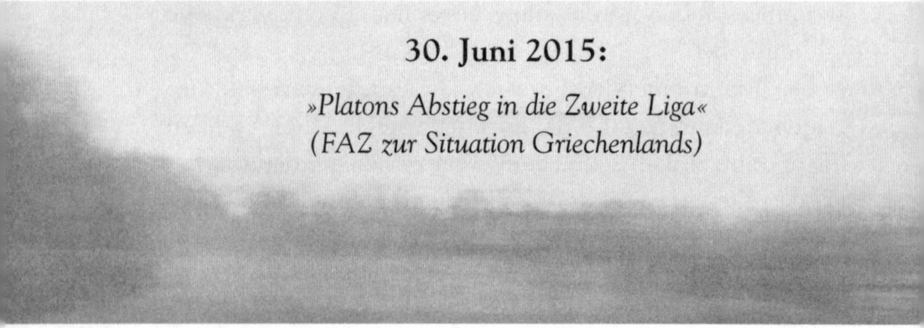

30. Juni 2015:

»Platons Abstieg in die Zweite Liga«
(FAZ zur Situation Griechenlands)

Morgens um neun steht dem Fährmann beim Kassieren schon der Schweiß auf der Stirn. Bei dem Wetter weiß ich wirklich nicht, wie weit ich kommen werde. Am linken Rheinufer unterhalten sich Hundebesitzer darüber, ob sie heute noch einmal freiwillig vor die Tür gehen werden. Ich laufe durch die Rheinaue bis Dormagen und komme an einem Olympiastützpunkt mit Tartanbahn vorbei. Hier werden Lena und Michelle gleich den Temperaturen trotzen und ihre Runden drehen, bei jetzt schon über 35 Grad.

Sportstadien haben mich immer angezogen. Ich bewundere die Willensstärke von Leistungssportlern. Es rührt mich, wenn auf dem Siegerpodest Tränen fließen. Askese und Glück, dieser Zusammenhang muss es sein, der Menschen dazu bringt, sich selbst zu verausgaben und Schmerzen nicht zu knapp in Kauf zu nehmen. Die beiden 16- und 17-jährigen Mädchen haben eine weiche Matte auf den Boden gelegt, balancieren auf einem Bein und heben währenddessen einen Medizinball hoch. Eine Gleichgewichtsübung, bei der winzig kleine Muskeln im Fuß trainiert werden. Ich setze mich in ihrer Nähe auf eine Bank und versuche, sie in ein Gespräch zu verwickeln.

Lena ist Speerwerferin. Ihr Ziel sind die Olympischen

Spiele in Tokio 2020. 48 Meter weit hat sie schon geworfen, fast hätte sie es zu den Leichtathletik-Jugendweltmeisterschaften geschafft, die in gut zwei Wochen in Kolumbien stattfinden werden. »Man muss sich quälen«, erklärt sie mir auf dem linken Bein stehend und bringt es fertig, bei diesem Satz zu lächeln. »Das macht süchtig.« Stefan kommt dazu, Anfang 40, Trainer und Stützpunktleiter, in seiner aktiven Zeit war er 400-Meter-Läufer, also in der Mörder-Disziplin zu Hause. Denn gewinnen kann dort nur, wer bereit ist, nicht nur gelegentlich, sondern immer über den Schmerz hinwegzulaufen. Stefan hat viel über die Tugenden des Sportlers nachgedacht. Entscheidend ist für ihn die Bereitschaft zum Belohnungsaufschub. Man trainiert hart für etwas, das in der Zukunft liegt, und man weiß nie, ob man es jemals erreichen wird. Im schlimmsten Fall geht es einem wie Sisyphos, dem der Fels immer wieder bergab rollt, nachdem er ihn gerade erst unter Mühen hinaufgeschleppt hat. Unsere Konsumgesellschaft lebt aber vom Gegenteil, von vielen kleinen Belohnungen, die schnell zu haben sind, deshalb wird die Radikalität, mit der Leistungssportler ihren existenzialistischen Lebensentwurf gegen alle Widerstände verteidigen, von vielen nicht verstanden. Und diese Widerstände sind enorm. Im Grunde verhalten sich die Sportlerinnen auf der Bahn ähnlich wie die Künstlerin im Atelier. Sie werfen ihr Leben in die Waagschale für ihr Projekt, auch wenn viele das für verrückt halten mögen. Was hatte ich gestern noch mal als Lebensmaxime von Mary Bauermeister gehört? »Das, was ich mache, das ist meine Realität.«

Lena und Michelle müssen ständig bestimmte Leistungsnormen erfüllen, um weiterhin dem Kader angehören und gefördert werden zu können. Sie haben ihr ganzes Leben um den Sport herum zentriert, wohnen im Internat und verzichten auf fast alle Vergnügungen, die Gleichaltrigen so wichtig sind. Aber dann das Glück. Es lebt von einer Erfahrung des Kontrastes. Es ist überhaupt nur zu denken im Kontext all der selbst auferlegten Entbehrungen zuvor. Stefan nennt als Kern des Glücksgefühls, wenn man eines Tages dann doch als Sieger oben auf dem Treppchen steht, den Stolz, etwas aus eigenem Antrieb geschafft zu haben. Der ist nicht zu haben, wenn man sich nicht zuvor Tag für Tag »durchgebissen« hat, wie er es nennt. Für ihn ist der Leistungssport »die beste Lebensschule«. Wer sich dort bewährt, wird es hinterher auch im wirklichen Leben tun. Damit wird dann aber auch klar, warum Doping im Sport so ruinös wirkt. Wer davon Gebrauch macht, übt nicht nur Verrat an den anderen und an der Idee der Gerechtigkeit im Wettkampf. Er verrät vor allem sich selbst.

Stefan schickt die Mädchen zum Warmlaufen auf die Bahn. Beim Hinausgehen aus dem Stadion denke ich, dass ich auch gern in ihrem Alter die Wahl gehabt hätte, eine solche Entscheidung zu treffen. Aber über unsere Talente können wir ja leider nicht verfügen, und Fleiß allein reicht nicht. Also bleibt dann nur die Rolle des Zuschauers, der bewundernd auf die Athleten blickt. Sie sollen so sein wie wir, durch ihren Körper begrenzte Wesen. Auf keinen Fall hochgetunte Biomaschinen. Zugleich sollen sie aber ganz anders sein, damit wir über sie staunen können. Und dieses Staunen geschieht in Gemeinschaft. Wer guckt schon Sport für sich allein?

In der Innenstadt von Dormagen sehe ich an diesem knüppelheißen Mittag, dass alle Erwartungen gerade auf ein anderes Gemeinschaftserlebnis gerichtet sind. Die Häuser sind grün-weiß beflaggt, denn heute Abend, so wird mir erzählt, findet die Parade der Schützen statt, und das neue Königspaar wird gekrönt. In der Fußgängerzone steht im Schatten unter einer Markise ein Schütze in grüner Uniform mit schwarzer Hautfarbe und Lodenhut auf dem Kopf. Eigentlich dachte ich, dass Schützenvereine hierzulande zu den letzten Bastionen des Konservatismus gehören, in denen alle komisch gucken, wenn jemand anders aussieht. Ich spreche ihn darauf an und bekomme zu hören, dass er schon seit 28 Jahren die grüne Schützentracht trägt und im Übrigen nur einer von drei Schwarzen im Verein ist. »Einen schwulen Schützenkönig hatten wir auch schon«, fügt er trocken hinzu und freut sich sichtlich, dass es ihm gelungen ist, meine Vorurteilsstruktur zu zertrümmern.

Weit gekommen bin ich heute wirklich noch nicht. Aber es reizt mich, einen solchen Krönungsabend im Festzelt mal mitzuerleben. Dann wäre mein heutiger Wandertag in Dormagen vorzeitig beendet. Mir fällt ein, dass ich vor einiger Zeit schon einmal hier war, um ein Kinderheim von innen kennenzulernen. Heute nennt man eine solche Einrichtung Jugendhilfezentrum. Ich rufe Hans Scholten an, den Leiter des Raphaelshauses, ob er kurzfristig für mich ein bisschen Zeit hat. Bei ihm kann man viel darüber lernen, wie man Gemeinsinn stiftet und wie wichtig der ist für die Heilung kranker Seelen. Als er hört, dass ich zu Fuß mit Rucksack unterwegs bin, lädt er mich sofort ein, im Gästezimmer des Hauses zu übernachten. Und die Rituale der Schützen will er mir am Abend im Zelt auch erklären.

Wir treffen uns im Haus der Helen-Keller-Gruppe. Ich lerne fünf Mädchen in pinken T-Shirts und schwarzen Jogginghosen kennen, die in einer besonders betreuungsintensiven Maßnahme stecken und denen es verboten ist, eigene Klamotten anzuziehen. Wer das Haar offen tragen oder sich schminken will, muss sich das durch gutes Verhalten in der Gruppe erst über einen längeren Zeitraum verdienen und setzt es durch schlechtes Benehmen sofort wieder aufs Spiel. Wertschätzung plus Konsequenz, so bringt Scholten sein Konzept für verwilderte Kinder auf den Punkt, die gemeinsam haben, dass sie in anderen Einrichtungen rausgeflogen sind, weil alle pädagogischen Versuche zuvor gescheitert waren. Lange und auch teure Karrieren in der Jugendhilfe mit entnervten und überforderten Erzieherinnen an der Seite, die irgendwann kapituliert haben. Hier in Dormagen soll aber niemand aufgegeben werden, egal was passiert. Dies ist eine sogenannte Kick-off-Gruppe. Wer hier lebt, hat die Erfahrung gemacht, aus der Gesellschaft rausgekickt worden zu sein. Aber Kick-off steht auch für einen neuen Anfang.

Wir vereinbaren, dass ich nicht danach fragen werde, was die Mädchen hinter sich haben. Nichts über die Familienruinen, aus denen sie kommen, über Gewalterfahrungen und eigene Delikte. Trotzdem setzt sich ein Bild zusammen aus ihren Erzählungen. Antonia ist 13 und sagt über sich, sie sei das »Horrorkind« gewesen. In den Gruppen, in denen sie vorher gelebt hat, sei sie jeden Tag ausgerissen. Immer wieder musste sie von der Polizei eingesammelt werden. Bevor sie hierherkam, hatte sie vom Hörensagen das schlimmste Bild von der Helen-Keller-Gruppe. Da werde man eingesperrt, müsse um sechs Uhr aufstehen und den Tag mit Frühsport beginnen. All dies stimmt, zumindest auf den ersten Blick. Nach dem Einzug ist es ein langer Weg, bevor der Tag kommt, an dem ein Mädchen zum ersten Mal mit einem Einkaufszettel allein zum Bäcker geschickt wird und 20 Minuten später wieder da sein muss. Der Tagesablauf ist tatsächlich so eng strukturiert und auf Disziplin angelegt, dass er nichts mehr mit dem verwilderten Leben zuvor zu tun hat. Was Antonia aber vorher nicht wissen konnte, ist, dass es ihr nicht gelingen wird, von den Erzieherinnen fallen gelassen zu werden.

Offenkundig testen Kinder aus, wann der Punkt erreicht ist, an dem sich eine immer wieder gemachte negative Erfahrung für sie bestätigt. Weil sie zuvor niemals das Gefühl kannten, dass eine menschliche Beziehung bedingungslos existiert, setzen sie auch diese neue selbstzerstörerisch aufs Spiel. Und verändern sich in dem Moment, in dem sie genau daran scheitern. Bea hat es mit Gewalt probiert. Sie ist noch nicht zwölf, hat aber anfangs in der Gruppe fast allen Erzieherinnen und auch den Mädchen Verletzungen zugefügt. Auch Ramona Peter, die Leiterin der Gruppe, hat ihre Narben davongetragen. Heute sagt sie gelassen: »Bea wollte wissen, was sie tun muss, damit wir sie im Stich lassen.«

Jeden Tag sitzt die Gruppe zusammen, um sich gegenseitig Rückmeldungen über das eigene Verhalten zu geben. Am Dienstagmittag werden dann jeweils die vergangenen sieben Tage bilanziert und Konsequenzen verkündet. Schnell merke ich, dass dies das Zauberwort in der Runde ist: Konsequenzen. Das Wort Strafe ist dagegen tabu. Denn es klingt nach starker Emotion und Willkür. Konsequenzen sollen dagegen nüchtern gezogen werden und auf einem transparenten Regelwerk beruhen. Draußen im Flur hängt unübersehbar für jede der sogenannte Stufenplan. Hier steht, welche kleinen Freuden des Alltags auf sie warten, wenn die nächsthöhere Stufe geschafft ist, aber auch, welche durch unsoziales Verhalten wieder verloren gehen. Der Dienstag ist der Tag des pädagogischen Rankings. Es sind vermeintliche Kleinigkeiten, die für die Kinder ein Gradmesser sind, ob sie auf einem guten Weg sind oder nicht: die Erlaubnis, auf die Terrasse zu gehen oder ein Bad zu nehmen, das Kuscheltier im Bett, eine Stunde Fernsehen und eben die Freiheit, die Haare offen zu tragen. Letzteres gibt es erst ab Stufe fünf, dann lockt auch zum ersten Mal ein unbegleiteter Ausgang von 30 Minuten.

Wer die Mädchen darüber sprechen hört, spürt, wie sehr sie sich inzwischen mit der Logik des Stufenplans identifizieren und ihn als Chance sehen, mit ihrem früheren Leben zu brechen. Am liebsten würden sie mir alle stundenlang erklären, worauf sie stolz sind und was sie sich als nächstes Ziel gesetzt haben. Anscheinend bemerken sie die Vorzüge eines Lebens mit Struktur. In den zwei Jahren, die die Mädchen hier verbringen, soll es ihnen gelingen, sich möglichst hochzuarbeiten, aber die höchste Stufe acht hat in den vergangenen Jahren erst ein Mädchen erreicht.

Für die Helen-Keller-Gruppe war mein Besuch etwas Besonderes, auch dies erkennbar an Kleinigkeiten. Es stand Apfelschorle auf dem Tisch, die es sonst nur zu besonderen Gelegenheiten gibt, dazu belegte Brötchen. Während die Mädchen abräumen und sich um den Abwasch kümmern, erzählt Hans Scholten von den Veränderungen in der Jugendhilfe. Die Krankheitsbilder seien mit den Jahren immer komplizierter und häufiger geworden. Viele der Kinder, die früher von ihm betreut worden wären, kämen heute gar nicht mehr in sein Heim, weil schon viel Schlimmes passiert sein muss in einem Kinderleben, bevor die Jugendämter bereit sind, diesen Schritt zu gehen. Häufig fragt sich Scholten, wie ein Achtjähriger schon so gestört sein kann. Dann stellt sich heraus, dass er zu Hause jeden Tag stundenlang Gewaltpornos geguckt hat. Er sieht seine verwilderten Kinder als Spiegel einer Gesellschaft, in der die Egozentrik wuchert und Pädagogik durch Regellosigkeit in den Elternhäusern paralysiert wird.

Was ist die Krankheit unserer Zeit?, frage ich ihn. Seine Antwort: Medienkonsum, Bewegungsarmut, Beziehungslosigkeit. Scholten befürchtet den Übergang in eine ängstliche Gesellschaft, die sich nicht mehr traut, bestimmte Dinge mit Kante einzufordern. Damit werde seine eigene

Rolle als Heimleiter immer prekärer. Denn einerseits werde von ihm erwartet, dass er in Krisensituationen pädagogisch konsequent reagiere. Andererseits riskiere er eine Anzeige, wenn er ein tobendes Kind festhalte. Er könne nicht mehr sagen, dass er mit ihm unter die kalte Dusche geht, ohne dass eine Skandalisierung droht. »Die Gesellschaft muss vertrauen, sonst besteht die Gefahr, dass Pädagogen immer weiter zurückweichen.«

Vor 30 Jahren, erzählt Scholten, habe er hier im Raphaelshaus eine kaputte Struktur vorgefunden. Das Heim war zugemüllt, und es gab wegen ständigen Vandalismus keinen Versicherer mehr, der bereit gewesen wäre, neue Glasscheiben zu bezahlen. Gewalttätige Jugendliche waren die heimlichen Heimleiter. Anfangs ist Scholten abends mit Turnschuhen an den Füßen ins Bett gegangen, weil er nachts so oft rausmusste, um Konflikte zu schlichten.

Heute ist sein Raphaelsdorf eine Oase in der Stadt. Kein Müll, keine Graffitis, alles frisch gestrichen. Er hat Pferde, Lamas und Kamele angeschafft, weil er überzeugt ist, dass Tiere seelisch verwahrlosten Kindern das für sie vollkommen neue Gefühl vermitteln können, »getragen« zu werden. Mädchen etwa, die Missbrauchserfahrungen machen mussten, sind in ihrer ersten Zeit hier häufig außerstande, über das, was geschehen ist, zu sprechen. »Ihr Gesicht ist zu wie ein Atombunker«, sagt Scholten. An der Seite der Tiere aber beginnen sie zu reden.

Ich laufe mit ihm übers Gelände mit dem Gedanken im Kopf, dass Veränderungen etwas mit Ästhetik zu tun haben. Wenn wir die Räume um uns herum schön gestalten, dann verwandeln wir uns auch selbst. In liebloser Umgebung kann eine geschundene Seele nicht heilen. Der zweite Gedanke kreist um die Bedeutung des Handelns von Einzelnen. Ist das, was ich hier sehe und was mich beeindruckt, gebunden an das Charisma einer Person? Und wenn sie erst weg ist, regiert wieder das Mittelmaß?

Ach was, falsche Frage, ist doch schön, zu sehen, was ein Mensch bewirken kann!

Abends um zehn strebt das Dormagener Schützenfest seinem Höhepunkt entgegen. Im riesigen Festzelt steht die Luft. Schlaue Damen haben sich einen Fächer mitgebracht. Auch dieser Tag war viel zu heiß, um eine Uniform anzuziehen, aber in Allerweltskleidung gehört man hier nicht hin. Auf den ersten Blick eine Orgie fürs Auge in Grün und Weiß. Der zweite Blick fällt auf die feinen Unterschiede, all die Rangabzeichen und Kordeln an den Jacken. Wer hier Stabsoffizier, Oberst oder sonst was ist, ist vermutlich genau so kompliziert zu verstehen wie das Organigramm der Bundeswehr. Frauen dürfen keine Schützen sein mit Vereinsmitgliedschaft und Stimmrecht, immerhin diesen Konservatismus haben die Männer in der fast 150-jährigen Geschichte bislang verteidigen können. Aber ohne Frau an der Seite in schickem Abendkleid gilt ein Mann an diesem Abend auch als unvollständig.

Schnell merke ich, dass die Schützen in Dormagen – und wahrscheinlich nicht nur dort – ein demografisches Problem haben. Es gibt zwar ein paar junge Leute, die draußen vor dem Zelt rauchen, aber es dominiert die Generation 60 plus. An der Stirnseite des Festzelts ist jeder einzelne Schützenzug mit eigenem Wappen vertreten, davon gibt es ein paar Dutzend. Sie heißen Bloomepott, Rheintreu oder Wilddiebe, führen jeweils ihr eigenes Vereinsleben, sind aber vereint unter dem Dach des Bürgerschützenvereins.

Ich lerne Guido kennen, der vor einigen Jahren Schützenkönig war. Er ist erst Mitte 40, erzählt davon aber so, als ob in seinem Leben garantiert nichts Größeres mehr kommen kann. Für ein Jahr lang, erklärt er mit leuchtenden Augen und Bierglas in der Hand, sei man Teil der besseren Gesellschaft und werde überallhin eingeladen. Hans Scholten, mein abendlicher Begleiter bei dieser ethnologischen Feldforschung, souffliert: »Das ist die einzige Gelegenheit für normale Leute, auch mal Monarchie zu erleben.«

Bevor er sicher war, dass er den Vogel wirklich abschießen will, hat Guido damals erst mit seinem Vater gesprochen. Denn es war eine kostspielige Angelegenheit für ihn und seine Frau, das Königspaar zu geben. Vom Schützenkönig wird Freigebigkeit bei vielen Gelegenheiten erwartet, da mussten zu seiner Zeit 25 000 Euro zur Verfügung stehen. Heute reichen 5000 Euro, weil die Schützengemeinschaft einspringt. Die Rekrutierung von Königsnachwuchs wäre sonst inzwischen zu schwierig. Guido konnte jedenfalls auf Verständnis bei seinem Vater rechnen, er hat dem Sohn zugesagt, ihm finanziell unter die Arme zu greifen, falls er es wirklich wird. Kein Wunder bei diesem Vater, der selbst ein Leben lang eingefleischter Schütze und Oberst in seinem Zug war. Über ihn hätten die Leute in Dormagen gesagt, dass er niemals freiwillig sein Amt aufgibt, sondern höchstwahrscheinlich eines Tages beim Umzug tot vom Pferd fallen werde. Tatsächlich ist der Vater dann ausgerechnet während des Schützengottesdienstes gestorben. Einfach zusammengebrochen und tot. Das sei natürlich ein Schock gewesen, erzählt Guido, und habe das gesamte Schützenfest überschattet, aber irgendwie habe es auch gepasst.

Was ist es, das Menschen dazu bringt, derart hohe Summen zusammenzukratzen, um befristet eine Rolle zu übernehmen? Eine Rolle zudem, die sich leicht als Folklore abtun ließe. Aber so einfach ist es nicht. Offenkundig spielt hier die Gesellschaft ein Spiel, das einen ernsten Kern hat. Ich setze mich etwas abseits im Zelt auf einen Stuhl und versuche aus der Distanz zu beobachten, was hier geschieht. Zunächst fällt mir auf, dass viel Bewegung herrscht. Dies ist kein Fest, das man mit dem Hintern auf der Bierbank verbringt. Die Leute stehen in Grüppchen beisammen, und wer neu hinzukommt, wird gleich angesprochen und per Handschlag begrüßt. Einige Zeit später geht man ein paar Schritte und wechselt das Grüppchen. Viele kennen viele, und zu zeigen, dass man da ist und sich freut, gehört offenkundig dazu. Ein feines, unsichtbares Netzwerk scheint hier alle miteinander zu verbinden. In den Gesprächen ist immer wieder davon die Rede, wie intensiv man in den letzten Tagen gefeiert habe. Wenn man länger hinschaut, erkennt man rasch, wer zu den Honoratioren gehört. Es läuft wie im Internet: Alle versuchen, sich mit den starken Knoten zu verlinken und den wichtigen Leuten die Hand zu schütteln.

Im Mittelpunkt der Gesellschaft steht heute natürlich das neue Königspaar. Rainer, ein Malermeister, und seine Frau Petra, beide Mitte 50. Ihn hat man mit einer opulenten silbernen Kette behängt, sie hat die Haare blondiert und trägt ein durchaus riskantes blaues Kleid, bodenlang, mit freien Schultern. Die Band auf der Bühne intoniert »Dancing Queen« von Abba. Daraufhin bilden alle einen großen Kreis um das Paar, und die beiden legen den sogenannten Königstanz aufs Parkett, mit dem ihre einjährige Herrschaft offiziell beginnt. Er schaut beim Tanzen noch ein wenig verlegen, aber ihr Gesicht drückt für dreieinhalb Minuten aus: Dies ist der schönste Tag in meinem Leben.

Das alles ist kein Kasperletheater. Die Anerkennung, die hier verteilt wird, das sehe ich in jedem Gesicht, ist aufrichtig gemeint. Es wird mit Ernst gespielt. Eine Gesellschaft weiß jetzt, um wen herum sie sich für das kommende Jahr zentrieren wird. Das Königspaar ist wie der Kitt, der alles zusammenhält. Die beiden werden gefeiert, aber eigentlich feiert die Gesellschaft sich selbst. Wie wird das in Zukunft gehen, wenn es für Jugendliche nicht mehr selbstverständlich ist, die erste Krawatte im Leben zur Schützenuniform zu tragen?

Unsere Gesellschaft wird immer ritualärmer – und verliert damit ein Stück Sicherheit. Die Unterscheidung zwischen Alltag und Festtag findet sich in allen Kulturen, löst sich bei uns aber immer mehr auf. Alte Rituale lassen sich kritisieren und auch zügig abschaffen, aber neue zu erfinden ist beinahe unmöglich. Man kann für das Recht streiten, am Karfreitag zu tanzen, man kann am 1. Mai demonstrativ ins Büro gehen. Nur werden dann irgendwann alle 365 Tage des Jahres gleich sein, es fehlt der kollektive Rhythmus, der uns wahrzunehmen hilft, dass wir nicht nur Einzelne unter Einzelnen sind. Mir fällt wieder ein, was Hans Scholten, der selbst kein Schütze ist, über die Bedeutung des Schützenvereins für das Zusammenleben in Dormagen gesagt hat: »Dieses Vereinsleben sorgt dafür, dass die gesellschaftliche Temperatur hier zwei Grad wärmer ist als anderswo.«

1. Juli 2015:

»Sie bauen Müllberge aus Werbung, die in Briefkästen landet, schalten Lichter bei Leuchtreklamen aus oder wandern einen Monat lang durch Frankreich.«
(SZ über die französische Décroissance-Bewegung)

Ich habe mir vorgenommen, jeden Tag eine Zeitung zu lesen und möglichst einen Satz darin zu finden, der mich anspringt und den ich in meine Kladde notiere. Damit ich hinterher noch zuordnen kann, mit welcher politischen Hintergrundmusik ich welches Gespräch geführt habe. Das scheint mir in diesem Sommer wichtig zu sein, denn ich kann mich nicht daran erinnern, vorher schon einmal eine solch nervöse Grundstimmung um mich herum gespürt zu haben. Angst und Aufbruch sind plötzlich eng beieinander. Die Sorge ums Geld, um den Euro, und die Sorge um den Nächsten. Menschen, die sich vorher kaum für Politik interessiert haben, nehmen nun leidenschaftlich Anteil. Und die übliche Sommerpause des Politikbetriebs scheint diesmal auszufallen.

Nun bin ich den dritten Tag unterwegs und lese staunend in der Zeitung, dass Wandern offenbar eine politische Aktion sein kann. Eine kleine Bewegung mit ihrem Vordenker, dem Ökonomieprofessor Serge Latouche, stemmt sich gegen den Zwang zum Mehr, will die reichen Länder zur »Wachstumsrücknahme« motivieren und bezieht sich dabei auf die Idee des guten Lebens. Latouche meint, dass unsere gesamte Gedankenwelt von der Vorstellung kolonisiert sei, dass es ohne Wachstum nicht gehe. Er zieht durchs Land mit der Vision »Le lien remplace le bien«. Die Beziehung zwischen Menschen ersetzt die Ware. Schon komisch, immer wieder stoße ich auf das Thema Gemeinschaftsbildung. Dabei genieße ich es gerade, mit niemandem abstimmen zu müssen, wohin ich gehe und wie lang.

Aber der Gedanke des Reduzierens fasziniert mich. Mary hatte ja auch schon davon gesprochen. Es ist ein gutes Gefühl, in drei Minuten die paar Sachen, die ich dabeihabe, in den Rucksack packen und dann spurlos verschwinden zu können. Angeblich besitzt ja jeder von uns im Schnitt zehntausend Dinge. Dinge fordern aber Aufmerksamkeit, sie rauben Lebenszeit. Vielleicht denkt Latouche in die richtige Richtung, wenn er das Reduzieren nicht als Verzicht deutet, als Sieg der Moral über den Genuss, sondern gerade umgekehrt als Zugewinn an Lebensfreude. Für unterwegs nehme ich mir vor, mal in Gedanken durchzugehen, an welchen Gegenständen, die ich besitze, wirklich mein Herz hängt.

Mein erstes Ziel an diesem Vormittag soll das Kloster Knechtsteden sein. Von Dormagen aus ein paar öde Kilometer nach Westen, immer entlang einer schnurgeraden Landstraße, auf der ordentlich Gas gegeben wird. Jeder Wegweiser lehrt mich, dass ich ganz schnell zu Hause sein könnte, wenn ich wollte, aber innerlich bin ich schon ziemlich weit weg. Das hat vermutlich mit der Ereignislosigkeit zu tun. Wenn um einen herum gar nichts geschieht, außer dass permanent Autos vorbeibrausen, und man in leerer Landschaft unterwegs ist, wenn man auch nicht nach dem Weg gucken muss, weil es immer nur geradeaus geht, rutschen die Gedanken weg. Die Beine laufen von allein, und der Kopf ist im Irgendwo. Der Geist ist auf eigensinnige Weise selbst auf Wanderschaft. Gedanken ziehen vorbei wie Wolken am Himmel.

Diese Erfahrung machen wir ja im Alltag ständig, allerdings in kürzeren Sequenzen. Beim Zwiebelschneiden oder Geschirrspülen, vornehmlich bei Tätigkeiten, die wir mit Routine erledigen. Es läuft ein innerer Film ab, aber wir haben ihn nicht bewusst gestartet. Beim Wandern wird diese Erfahrung, so scheint mir, noch intensiver. Man läuft und läuft, und plötzlich wacht man auf und fragt sich, womit man die zurückliegenden Kilometer verbracht hat. Streng genommen mit gar nichts, jedenfalls mit nichts, was eine vernünftige Struktur hätte. Kein Film mit innerer Dramaturgie und ordentlichem Finale, sondern lose Gedankenketten, Träume am helllichten Tag.

Kürzlich habe ich gelesen, dass sich Hirnforscher sehr für solche inneren Monologe interessieren. Sie behaupten, dass wir fast die Hälfte unseres Wachlebens in solchen Zuständen verbringen, in denen wir nicht selbst denken, sondern in denen »es« in uns denkt. Sie haben noch niemanden gefunden, der etwas Plausibles über die Entstehung des ersten Gedankens in dieser Kette hätte sagen können. Dieser Befund hat mich lange beschäftigt, geradezu aufgewühlt. Denn er hat etwas Provokatives. Rechnet man zu diesen vielen Situationen geistiger Abwesenheit am Tage noch die Stunden des Schlafes in der Nacht obendrauf, dann wird es schwierig, die für unser Menschenbild so zentrale Vorstellung vom autonomen Subjekt zu verteidigen. Dann wird man sagen müssen: Vernunft schläft gern, geistige Autonomie haben wir nicht einfach, wir müssen stets aufs Neue hart um sie ringen. Ich habe mich seitdem immer wieder nach dem Erwachen aus solch einem Tagtraum gefragt, womit der Film begonnen hat. Ich wollte nicht akzeptieren, dass der erste Gedanke in der Kette im Dunklen bleibt. Ich wäre es gern selbst gewesen, der den Film abfährt. Gelungen ist es mir bis heute nicht.

Wenn man die Abtei von Knechtsteden zum ersten Mal von Weitem sieht, sind die Gedanken des Wanderers wieder klar. Es geht auf eine imposante Klosteranlage aus dem frühen 12. Jahrhundert zu, die seit Jahrhunderten Wallfahrer anzieht. Sie kommen, um ein Gnadenbild in der romanischen Basilika zu sehen.

Mir ist nicht nach Frömmigkeit zumute, ich suche lieber nach den verbliebenen Mönchen, die hier noch leben. Vielleicht kann mir einer von ihnen etwas darüber erzählen, was aus einem streng ritualisierten Leben wird, wenn die Gesellschaft ringsherum damit nichts mehr anfangen kann. Die Spiritaner haben hier seit 1895 ihr Missionshaus. Ich klopfe an die Pforte und frage, ob jemand Zeit für mich hat. Der Bruder, der Pfortendienst hat, telefoniert mehrmals vergeblich im Haus herum, bis er Pater Gerads an der Strippe hat. Ich soll draußen auf ihn warten.

Auf einer Bank beobachte ich, was heute das Leben in der Klosteranlage bestimmt. Es sind Touristen, die sich vor allem für Devotionalien und religiösen Kitsch im Klosterladen interessieren. Und es sind Lehrgangsteilnehmer der Akademie der Augenoptik, die ein Gebäude übernommen hat. In einer Seminarpause wird draußen geraucht. Dann kommt der Pater in der Kutte und setzt sich zu mir auf die Bank. Auf seiner Brust trägt er ein schwarzes Kreuz mit einer roten Flamme, als Zeichen des Heiligen Geistes.

Pater Gerads ist ein Mann des offenen Wortes. »Wenn der Heilige Geist nichts macht«, sagt er, »dann ist hier in zehn Jahren Schluss.« Er ist 1947 mit 14 Jahren hierhergekommen, um die Klosterschule zu besuchen. Damals haben in Knechtsteden 40 Patres und 70 Brüder gelebt, das Kloster besaß eine blühende Ökonomie mit eigener Bäckerei, Metzgerei und verschiedenen Handwerken mit eigenen Werkstätten. Jetzt sind nur noch 25 Männer übrig geblieben, die meisten im hohen Alter. Viele unter ihnen haben lange in Afrika gelebt. Pater Gerads hat in Südafrika junge Schwarze zu Missionaren ausgebildet, jetzt muss er hier erleben, wie der Funke der Mission erlischt. Er macht sich nicht die Mühe, seine Melancholie zu verbergen.

Ich frage ihn nach dem schönsten Tag in seinem Leben als Mönch. Ohne Zögern nennt er die Wahl von Nelson Mandela zum Präsidenten Südafrikas. Viele seiner Schüler hätten sich damals freiwillig als Wahlhelfer gemeldet, ihn habe es ergriffen, zu sehen, wie plötzlich Schwarze und Weiße geduldig in einer Schlange angestanden haben, um ihr Kreuzchen zu machen. Das ist lange her, seitdem hat sich der Heilige Geist in seinem Leben rar gemacht. Heute sieht er seine Aufgabe darin, einfach da zu sein und Gespräche zu führen. Er weiß natürlich um die Gefahr, dass die verbliebenen Mönche für die Besucher als bloße Kulisse dienen. Denn Klöster sind ja inzwischen zu Sehnsuchtsorten einer Gesellschaft geworden, die geradezu verzweifelt nach Strategien der Entschleunigung sucht. Muße braucht anscheinend Ambiente. Aber diese Sehnsucht hat sich ausgerechnet zu einem Zeitpunkt gerührt, als in den Klöstern das stille Sterben schon begonnen hatte. In Knechtsteden gibt es an den Sonntagen jeweils drei Gottesdienste, immer ist die Basilika voll. »Es gibt einen spirituellen Tourismus«, so Pater Gerads, »den ich bediene, bedienen muss. Aber mit meiner Ausgangssituation hat das nichts mehr zu tun.«

Nachdem ich hinter dem Klosterladen um die Ecke gebogen bin, sehe ich auf dem weitläufigen Gelände des Klosters, wie der Geist des Ortes tatsächlich längst für andere spirituelle Bedürfnisse genutzt wird. Auf der Wiese unter einem Baum, der inzwischen verdammt willkommenen Schatten spendet, haben eine Yogalehrerin und ihre drei Schülerinnen Gymnastikmatten ausgerollt. Alle um die 40, barfuß, in Tops und schwarzen Leggins. Die Frauen haben einen Kreis gebildet und massieren im Schneidersitz ihre eigenen Fußballen. In ihrer Mitte steht auf einer Schale eine kleine weiße Buddhafigur aus Gips.

Ich will es auf einen Versuch ankommen lassen, die vier in ein Gespräch zu ziehen. Das gelingt nur widerstrebend. Auf meine Frage, ob ich mich dazusetzen und ein bisschen beobachten dürfe, antwortet die Lehrerin, dass ich dann aber auch mitmachen müsse. Ich setze mich ins Gras und ignoriere zunächst die Aufforderung. Es geht doch nicht, hier die Wanderschuhe auszuziehen und aus den dampfenden Socken zu schlüpfen! Wanderer dürfen vor dem Ende des Tages niemals aus den Schuhen raus, sonst kommen sie nicht mehr rein, lautet meine Ausrede. Wohin ich denn wolle, fragt die Lehrerin. Den Niederrhein hoch, quer durchs Münsterland, dann zurück nach Süden ins Ruhrgebiet und von dort wahrscheinlich noch mal nach Norden, nach Bielefeld. Wie viele Kilometer das denn seien? Keine Ahnung, ziemlich viele. Mit dieser Antwort ist es mir dann doch gelungen, das Interesse der Damen für den Moment zu wecken, und ich erhalte die Erlaubnis, still dabeizusitzen, wenn jetzt der dynamischere Teil der Yogasitzung beginnt.

Was nun folgt, sind komplizierte Körperhaltungen, bei deren Anblick ich erleichtert bin, die Lizenz zum Zugucken zu haben. Die Lehrerin spricht mit geschlossenen Augen, wenn sie die einzelnen Übungen erklärt, mit betont langen Pausen zwischen den Sätzen, sodass die Stimme klingt, als käme sie aus einer anderen Welt, in der es viel sanfter zugeht: »Zieh den Unterbauch ganz ein. Bleib in deinem Atemrhythmus. In der Ausatmung senke die Knie. Zentriere die Hände vorm Herzzentrum.« Manchmal murmelt sie zwischendurch ein paar buddhistische Formeln, die ich nicht verstehe. Bei einer Übung steht plötzlich allen Schülerinnen gleichzeitig der Schweiß auf der Stirn, weil sie das rechte Bein weit nach vorn gestellt haben, das linke in größtmöglicher Dehnung nach hinten, dazu beide Arme in stolzer Pose nach oben gereckt, und nun mit dem vorderen Knie in 90-Grad-Stellung ihr Körpergewicht ausbalancieren müssen. Diese Figur zieht sich hin und will mühsam gehalten werden, bis die Yogalehrerin den erlösenden Satz spricht: »Friedvoller Krieger, lehn dich zurück!« Kurze Entspannung, Ausatmung, dann soll es nach kurzer Pause mit »Krieger zwei« weitergehen.

Schnell versuche ich, mit einer Frage in die entstandene Lücke zu stoßen. Was die vier denn miteinander verbinde, will ich wissen. Eine der Schülerinnen antwortet: »Das Bewusstsein für sich selbst. Ganz bei sich zu sein.« Das ist nun definitiv eine Sprache, die mich innerlich zusammenzucken lässt. Mich nervt diese Mischung aus Buddhismus und Bauchnabel, weil ich den Verdacht habe, dass dieser Buddhismus light, der immer ganz bei sich sein will, ein Spiegelbild unserer Ego-Gesellschaft ist. Inzwischen richten Unternehmen wie Google, die hip sein wollen, Meditationsräume ein und lassen den Tag mit Achtsamkeitsübungen beginnen.

Der historische Buddha würde sich über die vielen meditierenden Manager von heute vermutlich wundern. Denn sein eigener Weg der Erkenntnis war qualvoll. Er hat brutales Hungerfasten bis an den Rand des Todes betrieben und sich zahlreiche asketische Übungen auferlegt, er hat die Komfortzone seines Palastes hinter sich gelassen. Aber heute ist der feiste Buddha attraktiv, vermutlich, weil er eine Projektionsfläche für spirituelle Bedürfnisse darstellt, die nicht wissen, wo sie hinwollen, dabei aber den bequemen Weg einer Religion ohne Gott bietet.

Aber besser kein Wort zu den Yogadamen über meine sicherlich ungerechten Gedanken. Sie können ja nichts dafür, dass mir der säuselnde Buddhismus-Sound seit Langem unangenehm in den Ohren klingelt. Ich belasse es dabei, ihnen zu sagen, dass ich vieles von dem, was ich von ihnen gesehen und gehört habe, nicht verstehe. Die Lehrerin antwortet cool: »Dann bist du noch nicht so weit.«

Vermutlich bin ich wirklich noch nicht so weit, denke ich beim Verlassen des Klostergeländes. Jedenfalls in dem Sinne, dass ich für mich geklärt hätte, was mich innerlich so aufbringt, wenn ich sehe, wie ein Angebot aus dem postmodernen Supermarkt der Religionen seine Abnehmer findet. Was ist daran gefährlich? Nichts. Was ist daran symptomatisch für unsere Situation heute? Dass Menschen irgendwann in ihrem Leben neue Pfade zum Glück ausprobieren wollen, vermutlich weil sie spüren, dass an unserer materialistischen Lebensform etwas faul ist. Also genau das, was ich gerade auch tue. Wenn viele plötzlich mit dem einsamen, ziellosen Wandern beginnen würden, fänden sich schnell welche, die sich auch darüber lustig machten. Folglich wäre es in meiner Situation doch klüger, den Ball flach zu halten. Verfluchte Glückssucher sind wir momentan schließlich fast alle.

Bin ich am Ende also selbst ein halber Buddhist und weiß es nur noch nicht? Nein, glaube ich, denn die Blickrichtung ist eine andere. Buddhismus-Interessierte im Westen machen sich, wenn ich das richtig verstehe, auf eine Reise ins eigene Innere. Sie wollen sich von den eigenen Begierden lösen und Leid überwinden (und machen mich obendrein fassungslos mit ihrer Rede von der Wiedergeburt). Ich denke aber, dass es heute eher darum gehen muss, den Blick zum Du wieder einzuüben statt um die Loslösung von dieser Welt. Dazu gehört auch, sich zu empören über Verhältnisse, die ungerecht sind, sich zu beteiligen an der Neuerfindung des Politischen, die gerade so dringend wird. Kann das jemand, der als höchstes Ziel formuliert, ganz bei sich zu sein?

Ein Geschenk bei dieser Hitze sind die Laubwälder bei Knechtsteden. Ich laufe Richtung Norden zwischen Eichen und Buchen hindurch und möchte es gern heute noch bis Neuss schaffen. Wieder so eine Stadt ganz in meiner Nähe, in der ich noch niemals war. Ich bin ein analoger Wanderer, ganz klassisch mit Karten im Maßstab 1:25000 oder 1:50000 im Rucksack, ein Smartphone besitze ich nicht. Mein Nokia-Handy, der olle Knochen, wird sicher nicht oft klingeln, denn alle, die mir wichtig sind, kennen meinen Plan, vorübergehend aus dem Spiel zu sein. Am Ende des Knechtstedener Waldes trete ich hinaus in die gleißende Sonne und weiß sofort, dass alle Kilometer, die jetzt noch kommen, ein reiner Willensakt werden. Schon am Morgen hatte ich gehört, dass es auch in der kommenden Woche brütend heiß bleiben soll, mit Temperaturen bis zu 40 Grad, nun kommt mir mein Unternehmen zum ersten Mal sinnlos vor. Ein schneller Schritt verbietet sich. Ich merke, dass ich meine Kräfte einteilen muss. Aber der Preis dieser Gemächlichkeit ist hoch, jeder Blick auf die Karte verrät, dass ich kaum vom Fleck komme. Als mentale Gegenstrategie beschließe ich, nur ab und zu die Karte rauszuholen. Muss doch möglich sein, sich die nächste Abzweigung im Kopf zu merken. Aber auch dieser Trick ist nicht geeignet, die Frage zum Verschwinden zu bringen, warum ich das bloß alles tue. Im Gegenteil, er verschärft sie noch, denn bald stelle ich fest, vollkommen falsch gelaufen zu sein. Es gehört zu den Geheimnissen des Wanderns, warum eine solche Erfahrung, die ja unterwegs immer wieder mal passiert, die eigene Moral derart untergraben kann. Denn wenn man doch freiwillig und gern 25 Kilometer läuft, wieso entnervt einen dann der kleine Umweg? Sich zu verlaufen gehört zum Wandern, aber gelegen kommt es nie.

Mit leerer Wasserflasche und leerem Magen lande ich schließlich in Gohr und hoffe auf ein spätes Mittagessen. Die Ortschaft ist gähnend leer, die einzige Bäckerei leider geschlossen. Ich versuche es beim Gasthof an der Kirche, aber auch dort ist zu. Meine Stimmung sackt in den Keller. Vermutlich hat Tanja, die gerade ihren Sohn aus der Ferienbetreuung der Grundschule abgeholt hat, mir das sofort angesehen. Denn auf meine Frage, ob es hier um diese Zeit irgendwo etwas zu essen gibt, antwortet sie prompt: »Ich habe vorhin eine Tomatensuppe aufgetaut und wohne ganz in der Nähe.« Eine schlichte Geste der Gastfreundschaft, für sie anscheinend selbstverständlich, für mich dagegen ein unverhofftes Glück. Das Leben kann so einfach sein.

Bei dieser Begegnung hat ohnehin der glückliche Zufall Regie geführt. Denn nachdem ich erzählt habe, wo ich gerade herkomme und dass ich die vergangene Nacht im Raphaelshaus verbracht habe, rückt sie damit heraus, dort als Lehrerin zu arbeiten, ausgerechnet bei den Mädchen in der Helen-Keller-Gruppe. Die können nämlich nicht normal beschult werden, sondern haben eine eigene Sonderpädagogin in ihrer Kleingruppe, um auf einen hoffentlich künftigen Besuch in der Regelschule vorbereitet zu werden.

Tanja nutzt den Beginn der Sommerferien, um ein Gutachten über die fast zwölfjährige Bea zu schreiben, die ich gestern ja schon kennengelernt habe. Die Einzelheiten gehen mich nichts an, aber immerhin erzählt Tanja, dass auch sie immer noch Narben von den Verletzungen hat, die ihr Bea in ihrer aggressivsten Phase zugefügt hat. Mich verblüffen die Gelassenheit und der warme Ton, in dem sie über das Mädchen spricht. Auch sie hat Bea in der schlimmsten Zeit, als von ihr mit Gewalt Grenzen ausgetestet wurden, immer wieder versichert: »Du bleibst, wir lassen dich nicht fallen.« Bei diesem Satz schaue ich auf Tanjas Sohn, der in ein Spiel vertieft auf dem Teppich sitzt, und frage mich, was aus Tanjas Perspektive wohl den Unterschied ausmacht in ihrem Verhältnis als Mutter zum eigenen Kind und als Pädagogin zu einem Mädchen wie Bea. Tanja scheint meine Frage zu ahnen. »In der Familie«, sagt sie, »wird bedingungslos geliebt, in der Gruppe existiert Liebe mit Bedingungen. Kinder, die zuvor von ihren Eltern mal geliebt wurden, bevor sie in die Gruppe kamen, tun sich schwerer mit dem System.«

Beim Löffeln der Tomatensuppe erzählt Tanja, dass sie vor Jahren mit ihrem Freund die letzten 250 Kilometer des Jakobsweges gelaufen ist. Jeden Tag bei großer Hitze über 30 Kilometer auf Santiago di Compostela zu. »Da lernt man sich schon gut kennen, das ist eine Prüfung.« Unterwegs auf dem Pilgerpfad haben die beiden beschlossen, zu heiraten, obwohl sie damals schon etliche Jahre zusammen waren und Tanja vorher von dem Thema Hochzeit nichts wissen wollte. Offenbar sei das Wandern doch eine existenzielle Erfahrung, die Dinge in Bewegung bringe. Trotzdem würde sie nie wieder diese Strecke wählen, denn die letzten Etappen des Jakobsweges seien vollkommen überlaufen und die Herbergen abends vor lauter Pilgern, die vergeblich einen Platz suchen, ein Albtraum.

Nach der köstlichen Suppe geht es mir besser. Ich fülle meine Flasche auf und bin nun bereit, der brütenden Hitze zu trotzen. Überraschende Gastlichkeit genießen zu dürfen, das stärkt! Ich wage aber nicht zu hoffen, dass es auf diese Weise weitergehen wird. Bis Neuss gibt es keinen Schatten mehr, ich suche mir einen Weg zwischen endlosen Feldern hindurch, auf denen Gerste, Weizen oder Futterpflanzen angebaut werden, und komme schließlich erschöpft in einer billigen Absteige in Bahnhofsnähe unter, in der die Luft im Zimmer steht.

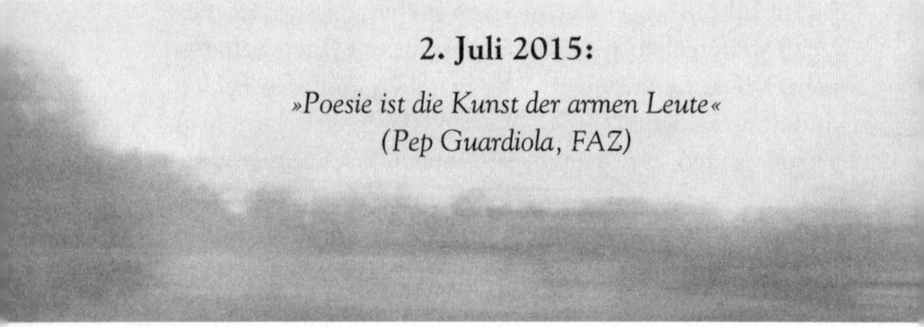

2. Juli 2015:

»Poesie ist die Kunst der armen Leute«
(Pep Guardiola, FAZ)

Am liebsten würde ich die kommenden vier Tage, für die Rekordtemperaturen angekündigt sind, überspringen. Die Nacht hat keine Erleichterung von der Hitze gebracht, dafür absurderweise aber eine Erkältung. In der Zeitung wird vor hohen Ozonwerten gewarnt, die die Schleimhäute reizen. Man solle auf das Auto verzichten. Aber wer macht das schon? Meine Zuversicht ist wieder weg. Ich versuche, den Moment aufzuschieben, in dem ich in die Wanderschuhe hineinmuss, und weiß zugleich, dass es besser ist, früh aufzubrechen, solange die Sonne noch nicht gar so erbarmungslos brennt.

Glücklicherweise habe ich eine Verabredung für den Abend in Krefeld, auf die ich mich freue und die mich antreibt. Otto Schulte-Kellinghaus hat mich zu sich nach Hause eingeladen, ehemaliger Freund und Mittäter des sogenannten Jahrhundert-Fälschers Wolfgang Beltracchi. Über viele Jahre ist es den beiden gelungen, Fälschungen in den internationalen Kunstmarkt einzuschleusen, Millionen zu kassieren und die Fachwelt zum Narren zu halten. Otto war der Chefverkäufer der Bande, seine Rolle bestand darin, Beltracchis Bildern eine Expertise zu verschaffen, um die selbst erfundenen Legenden zu ihrer Provenienz zu stützen. Er hat bei seiner Gerichtsverhandlung ein Geständnis abgelegt, wurde daraufhin zu fünf Jahren Haft verurteilt und hat es bis zum heutigen Tag strikt abgelehnt, mit Journalisten zu reden. Anders als sein Mittäter Beltracchi, der es geschickt verstanden hat, seine Lebensgeschichte als sympathische Räuberpistole öffentlich zu vermarkten. Sogar ein Kinofilm wurde über ihn gedreht. Nun werde ich der Erste sein, dem er die Tür zu seiner Wohnung unterm Dach öffnet. Ich bin mir sicher, von ihm etwas darüber zu erfahren, welche gesellschaftsverändernde Kraft in der Kunst steckt, aber auch, wie korrumpierbar sie ist, wenn das große Geld winkt.

Aber erst mal muss ich bis Krefeld kommen. In Vogelsang, im Norden von Neuss, geht es raus auf die Felder. In Sichtweite der A 46 treffe ich an einem Bahnübergang einen Mann in orangefarbener Schutzweste mit Spraydose in der Hand. Manfred arbeitet bei der Bahnmeisterei in Krefeld und ist für Streckenkontrollen zuständig. Den Kopf gesenkt läuft er die einspurige Strecke ab und sucht nach Spuren von Verschleiß. Findet er eine, markiert er sie mit seiner Sprühfarbe. Manfred ist seit 1984 bei der Bahn, aber glücklich ist er mit ihr schon lange nicht mehr. »Bald wird hier das Gleis komplett abgerissen«, erzählt er, »und das ist auch nötig, weil wir jahrelang immer nur geflickt haben.« Eigene Werktrupps gibt es bei der Bahn schon länger nicht mehr, das müssen nun Fremdfirmen übernehmen. Das Gleisnetz sei inzwischen so runtergefahren, dass deutschlandweit an einem Tag 800 Baustellen gleichzeitig das System blockieren. Unser Land lebt von seiner eigenen Substanz, mit diesem Gedanken verlasse ich Manfred, der gleich wieder den Kopf senkt, um die Schwellen zu prüfen.

Das letzte Stück bis Büderich führt über einen akkurat gepflegten Passionsweg, den Sieben-Schmerzen-Weg. Ich frage mich, wer hier heute noch innere Einkehr finden wird, denn alle zwei Minuten hört man den Lärm der startenden Flieger vom Flughafen Düsseldorf. Aber es gibt in der Nähe einen guten Ort, um dem Lärm für ein paar Minuten zu entfliehen, den Turm der alten Kirche, in dessen Innerem Joseph Beuys 1959 eine schwebende Figur aus Holz in Form eines Kreuzes aufgehängt hat, als Mahnmal für die Kriegstoten aus Büderich.

Im Ort fährt mich ein älterer Herr auf dem Fahrrad auf dem Bürgersteig fast über den Haufen. Auch auf diese Weise lässt sich ein Gespräch beginnen. Klaus ist nach dem Krieg als Flüchtlingskind aus Breslau hierhergekommen und musste erleben, dass evangelischen Kindern nur sieben Stunden Schulunterricht in der Woche zugebilligt wurden, katholischen Kindern aber 25. Mit der Ankunft der Vertriebenen habe der alte Proporz zwischen den Konfessionen plötzlich nicht mehr gestimmt, es gab zu viele Protestanten. Der Kölner Kardinal Frings habe aber erfolgreich darauf bestanden, dass getrennt unterrichtet wird, deshalb zogen die evangelischen Kinder den Kürzeren.

Den Kampf der Kulturen haben die Christen damals noch ganz unter sich ausgetragen. Ein Lehrstück für uns heute, denke ich bei der Erzählung von Klaus: Irgendwann kommt unweigerlich der Punkt, an dem man die Leidenschaft der Konflikte von einst einfach nicht mehr versteht.

Ob es denn heute in Büderich sozialen Zusammenhalt gebe, will ich von ihm wissen. »Nein, schon deshalb nicht, weil es hier eine Parallelwelt gibt: die Reichen, die abgeschottet in ihren Villen leben.« Rudi Völler soll hier wohnen, Ron Sommer, der ehemalige Telekom-Chef, und der alte Flick hatte in Büderich angeblich ein so großes Grundstück, dass ein eigener Golfplatz daraufpasste. Ich lasse mir von Klaus den Weg Richtung Villenviertel erklären und will dort versuchen, in Kontakt mit dieser Parallelwelt zu kommen. Bald darauf laufe ich durch ein Quartier, das wie ausgestorben scheint. Die Häuser sind von mannshohen Mauern oder hohen, blickdichten Hecken umgeben, Namen sucht man an den Klingeln vergeblich. Ich fühle mich beobachtet von misstrauischen Kameraaugen, die hier zum Standard im Eingangsbereich gehören. Eine halbe Stunde setze ich mich auf einen Bordstein im Schatten, aber niemand kommt in dieser Zeit vorbei. Die Vögel haben sich in der Mittagshitze anscheinend auch verkrochen. Als einziges Geräusch höre ich von überall her das Sprühen der Rasensprenger. Das Leben ist jedenfalls woanders. Ich gebe auf und mache mich wieder auf den Weg. Irgendwann habe ich dann doch noch Glück bei meinem Versuch, für ein paar Minuten Tuchfühlung zur Welt der Reichen zu bekommen. Hier wird offenbar gerade eine neu gebaute Villa bezogen. Ein mächtiger Riegel, der von außen nicht wie ein Wohnhaus aussieht, sondern wie ein Museum für moderne Kunst. Geld hat dabei sichtlich keine Rolle gespielt, und hier kommt es auch nicht darauf an, die Fläche möglichst effektiv zu nutzen, sonst hätte der Architekt nicht so viele Quadratmeter für Außenterrassen verschwendet. In der Bonner Republik hätte diese Fassade aus reichlich Glas und edlem Holz noch locker fürs Kanzleramt gereicht.

Draußen vor der großzügigen Auffahrt stehen die Fahrzeuge eines Unternehmens für Garten- und Landschaftsbau. Ich zähle sechs Männer, die gerade damit beschäftigt sind, diesem Anwesen den letzten Schliff zu verpassen. Sie klopfen Natursteine in den Boden und setzen Ziersträucher. Ich versuche, mit ihnen ins Gespräch zu kommen, merke aber schnell, dass ich nicht viel erfahren werde. Auf meine Frage, wer denn hier einzieht, bekomme ich zu hören, dass sie dazu nichts sagen dürften. Kleine Handwerker halten sich an die

Regeln der Großen, die Diskretion verlangen. Immerhin erfahre ich, dass die sechs Landschaftsgärtner schon seit drei Monaten an diesem Projekt arbeiten und drinnen gerade ein paar Schreiner mit dem Innenausbau beschäftigt sind. Plötzlich öffnet sich die Tür, und die neue Besitzerin tritt heraus in die gleißende Sonne. Sehr schlank, sportlich, vermutlich um die 50, aber deutlich jünger aussehend, mit leeren Kartons im Arm und dunkler Sonnenbrille auf der Nase. Sie sieht mich mit Rucksack auf den Schultern auf ihrem Grundstück an der Seite eines ihrer Landschaftsgärtner und bleibt zögernd stehen.

Jetzt kommt es auf meinen ersten Satz an, sonst ist das Gespräch beendet, bevor es begonnen hat. Ich gehe auf sie zu und versuche es mit einem Kompliment zu ihrem neuen Domizil. Den Vergleich mit einem Kunstmuseum hört sie gern, das merke ich, trotzdem bleibt sie misstrauisch und lässt die Sonnenbrille an. Wie sie denn an ein so schönes, großes Grundstück mit freier Sicht aufs Feld gekommen sei, will ich wissen. Sie hätten schon vorher in der Nähe gewohnt, erzählt sie, und wussten daher, dass das Haus einer alleinstehenden alten Dame, das hier bis vor Kurzem gestanden hat, irgendwann frei wird. »Dann haben wir im richtigen Moment zugeschlagen und die Bude abgerissen.« Ein Satz in sehr trockenem Ton. Dann fügt sie hinzu, auf dem freien Markt sei so ein Objekt in dieser Gegend nicht zu bekommen. Die Frage nach dem Preis erscheint mir vorerst zu heikel, also versuche ich es mit den Quadratmetern der neu gebauten Villa. Schwer zu sagen, antwortet sie, sie hätten ja Wert gelegt auf großzügige Flächen, die optisch raffiniert, aber nicht als Wohnfläche im eigentlichen Sinne gedacht sind. Netto vielleicht 500, schätzt sie schließlich. Ich frage sie, wofür sie denn so viel Platz bräuchten. »Ich habe drei Kinder«, antwortet sie mit einem Gesichtsausdruck und einer Stimme, als sei an meiner Frage etwas seltsam. Wie alt die seien? »So um die 20.« Aber dann seien die Kinder doch auf dem Sprung, entgegne ich. Sie zuckt mit den Achseln und beschäftigt sich weiter mit ihren leeren Kartons. Die Audienz ist beendet, ihre Körpersprache ist da unmissverständlich. Meine vielen weiteren Fragen kann ich vergessen.

Dabei hätte ich gern noch viel mehr gewusst. Mich interessiert es seit Längerem, wie Wohlhabende über den Zusammenhang zwischen Reichtum und sozialer Verantwortung denken. Es hat ja in den vergangenen Jahren nicht an Kapitalismuskritik gefehlt, an warnenden Hinweisen darauf, dass sich die Schere zwischen Arm und Reich weiter geöffnet hat. Nur fehlt in diesen Debatten in der Regel die Stimme der Reichen selbst. Wird kritisiert, dass sich die Zockerlogik des Finanzkapitalismus an den Börsen von der realen Wirtschaft vollkommen abgekoppelt hat, dann schweigen die Trader und Banker. Empören sich Arbeitnehmer, wenn Arbeitsplätze abgebaut und gleichzeitig entlassenen Managern Abfindungen in Millionenhöhe hinterhergeworfen werden, dann ist aus den einschlägigen Kreisen dazu kein Wort zu hören. In den feinen Milieus herrscht anscheinend ein schützender Korpsgeist, der alle öffentliche Kritik wirkungslos abperlen lässt. Parallelgesellschaft eben.

Nur ganz selten wagt sich jemand aus diesen Reihen mit offenem Visier in die öffentliche Arena. In Köln, meiner Heimatstadt, hat vor einiger Zeit ein Enkel von Konrad Adenauer als Vorsitzender des Haus- und Grundbesitzervereins Furore gemacht. Er wandte sich scharf gegen den Bau von Sozialwohnungen und Flüchtlingsheimen in städtischen Quartieren mit hohem Wohlstand. In Villenvierteln, so seine kuriose Begründung, würde sich dieser Personenkreis sozial deklassiert fühlen …

Ich vermute, dass die Frage der Gerechtigkeit in der Gesellschaft und der Kampf gegen soziale Segregation, die inzwischen in deutschen Großstädten weit vorangeschritten ist, in den kommenden Jahren hohe Bedeutung bekommen werden. Umso wichtiger wäre es, mehr über das Selbstbild derer zu erfahren, die ein Leben hinter hohen Mauern führen möchten. Es gibt nämlich nicht »die Reichen« als geschlossene Gruppe, auch wenn es von außen so scheinen mag. Im entfesselten globalen Kapitalismus sehen sich nicht wenige der Akteure als Getriebene, die Dinge tun müssen, von denen sie innerlich nicht überzeugt sind.

Kurz nach Beginn der Finanzkrise ist mir der Riss, der durch diese Welt geht, schlagartig deutlich geworden. Ich war gebeten worden, einen Abend zum Thema Ethik des Wirtschaftens in einer Düsseldorfer Privatbank zu moderieren. Erst wollte ich dort nicht hin, weil ich befürchtete, bloße Dekoration in einem Rahmen zu sein, in dem es eigentlich um etwas anderes gehen würde: Kontakte, Geschäftsanbahnung, solche Dinge. Doch dann habe ich diskrete Hinweise bekommen, an diesem Abend viel über die Gesetze des modernen Kapitalismus lernen zu können, und sagte deshalb zu. Hinterher war ich froh über meine Entscheidung.

Die Privatbank hatte eine feine Adresse an Düsseldorfs Prachtstraße. Als ich mich im Foyer meldete, wurde ich zunächst nach meinen Autoschlüsseln gefragt. Ein Page wollte das Parken übernehmen. Glücklicherweise war es von niemandem am Empfang bemerkt worden, wie ich mein Leihrad draußen am Laternenpfahl festgebunden hatte. Erste Peinlichkeit erspart. Dann ging es hinauf ins oberste Stockwerk, zu dem gewöhnlich nur die Reichsten der Reichen Zugang haben. Wer hier sein Vermögen von einem exklusiv von der Bank gestellten Finanzberater in einem sogenannten Homeoffice verwalten lassen möchte, muss schon etliche Millionen mitbringen, um sich für diesen Kundenkreis zu qualifizieren.

Hier oben trifft sich auch einmal in der Woche an einer langen Tafel direkt unter einer gläsernen Pyramide der Vorstand der Bank. Ich fand mich unversehens in einer Kathedrale des Kapitalismus wieder, die gewiss nicht zufällig sakraler Architektur nachempfunden war. Hier glaubt man an die magische Kraft des Geldes. An den Wänden sah ich zu meiner Verwunderung Agitprop-Kunst aus der frühen Sowjetunion. Revolutionäre Arbeiter mit roten Fahnen und zornigen Gesichtern. Heute ein frei schwebendes Kunstwerk, das vollkommen losgelöst von den Intentionen seines Schöpfers betrachtet wird und vermutlich unfassbar teuer ist. Dass es nun ausgerechnet in der Sphäre der Superreichen gelandet ist, demonstriert eindrucksvoll die Wandlungsfähigkeit des Kapitalismus.

Ich war darauf vorbereitet worden, dass an diesem Abend viel »altes Geld« im Saal versammelt sein werde, auf jeden Fall Milliarden. Gemeint waren damit Menschen mit sehr hohen Vermögen, denen man ihren Besitz nicht ansieht, weil sie nach außen unauffällig und bescheiden auftreten. Weil für sie Reichtum nicht demonstrativer Konsum bedeutet, sondern Reinvestition. Familienunternehmen, die ihre Anfänge Generationen zuvor hatten und von ihren Inhabern mit dem Ethos geführt werden, das Ererbte möglichst vollständig an die eigenen Kinder und Enkel weiterzugeben. Max Weber hat in seinem Buch über die protestantische Ethik als geistige Quelle des Kapitalismus beschrieben, wie wichtig für dessen Entstehung das Prinzip der Askese war, die Bereitschaft, Bedürfnisse nicht sofort zu befriedigen, sondern aufzuschieben.

Dieser Geist hat sich aber mit dem Finanzmarktkapitalismus zunehmend verflüchtigt. Er wird bedrängt vom neokapitalistischen Lebensstil derer, die gern zeigen, was sie haben, und aus ihrem Leben im Jetset mit eigener Luxusjacht und Helikopter keinen Hehl machen. Sie messen ihre gesellschaftliche Bedeutung an ihrem Platz beim Ranking der Spitzeneinkommen und betrachten es als legitim, mitunter das Zweihundertfache ihres eigenen Fahrers zu verdienen, weil das in anderen Ländern auch üblich sei. Dieser neokapitalistische Lebensstil hat die Kategorie der Leistung durch Erfolg ersetzt, und er trägt dazu bei, dass der Kapitalismus im 21. Jahrhundert im globalen Maßstab zunehmend unbürgerlich wird. Wenn man ihn mit einem prominenten Namen versehen will, dann lautet er: Thomas Middelhoff.

An diesem Abend in der Düsseldorfer Privatbank durfte ich Zeuge werden, wie sich die Wut auf diesen kulturellen und ökonomischen Wandel ihren Weg suchte. Attackiert wurden Manager, die sich nur für den nächsten Quartalsbericht interessieren, aber nicht für eine langfristige Zukunftsstrategie für ihr Unternehmen. »Sie frisieren Zahlen, hübschen Bilanzen auf, veräußern Firmensubstanz, um kurzfristige Gewinne zu machen, und dann sind sie weg, mit hohen Abfindungen in der Tasche«, hieß es aus dem Saal. Manager ohne emotionale Bindung und Loyalität wurden Söldner genannt und mit Fußballprofis verglichen, die bei einem höher dotierten Angebot achselzuckend den Verein wechseln. Eine Mentalität, die in Krisensituationen wie ein Brandbeschleuniger wirke. Attackiert wurden aber auch Banken, die es nicht mehr als lukrativ erachten, einem Maschinenbauunternehmen den dringend benötigten Kredit für die nächste Investition zu geben, und stattdessen versuchen, ihre Gewinne auf den immer wieder heiß laufenden globalen Finanzmärkten zu erwirtschaften. Aus

Geld künstlich neues Geld zu schaffen sei aber gesellschaftlich unproduktiv, schaffe nur Blasen. Banker und Manager, so viel hatte ich nun verstanden, sind wie rote Tücher für Familienunternehmen, die immer noch das Rückgrat der deutschen Wirtschaft darstellen. Sie sind die Jobmaschinen, auch wenn die mediale Aufmerksamkeit viel stärker den börsennotierten Unternehmen gilt.

Es gibt also tatsächlich zumindest Ansätze für einen ethischen Diskurs innerhalb der wirtschaftlichen Eliten, auch wenn er, so wie hier, meist hinter verschlossenen Türen ausgetragen wird. Letztlich kreist er um die Frage, wie viel Ungleichheit eine Gesellschaft verträgt, ohne auseinanderzudriften. Man kann es auch andersherum formulieren, so wie es der berühmte Gerechtigkeitstheoretiker John Rawls getan hat: Ungleichheit ist dann gut, wenn sie den am wenigsten Begünstigten nutzt, so lautet vereinfacht sein Differenzprinzip. Wenn das gesellschaftlich funktionieren soll, müssen Spitzenverdiener aber bereit sein, die Lebensbedingungen der am wenigsten Begünstigten überhaupt wahrzunehmen, müssen in Kontakt bleiben. Das kann nicht gelingen, wenn sie sich in die Parallelwelt ihrer Villenviertel zurückziehen.

All das ging mir durch den Kopf auf dem Weg nach Krefeld, über all das hätte ich gern mit der schlanken Dame vor ihrer Prachtvilla gesprochen. Zum Glück werde ich während meiner Wanderung noch Gelegenheit haben, solche Fragen zu stellen. Denn an jenem Abend in der Bank habe ich einen Mann kennengelernt, der in Bocholt ein Unternehmen mit ein paar Tausend Mitarbeitern führt, das Hutablagen für Autos herstellt. Er wird mir seine Fabrik zeigen. Doch bis Bocholt ist der Weg noch weit, erst geht es nach Krefeld zu Otto, dem Komplizen des »Jahrhundertfälschers«. Zu Fuß schaffe ich es so gerade eben bis Uerdingen, dann steige ich erschöpft für ein paar Stationen in die Straßenbahn. Heute werde ich mir ein besseres Zimmer leisten, mit Klimaanlage. So viel Luxus muss sein.

Und wenn es noch so drückend heiß ist in seiner kleinen Kemenate unterm Dach, Otto wahrt die Form. Schwarzes Hemd, darüber eine schwarze Weste und auf dem Kopf die obligate schwarze Kappe, fein gehäkelt. Er sieht aus wie ein Künstler auf dem Weg zur Vernissage. Nichts an seinem Äußeren verrät, wie karg seine Lebensumstände inzwischen sind. Früher hat er sich die schwarzen maßgeschneiderten Westen mit extratiefen Taschen anfertigen lassen, damit nach einem erfolgreichen Deal die Travellerschecks hineinpassten. Otto hat mit Millionen jongliert, heute ist er mittellos und lebt als Rentner mit Anfang 70 von der Grundsicherung. Ein langjähriger Freund hat ihn zu sich und seiner Familie ins Haus geholt, hier oben hat er seine 20 Quadratmeter mit Dachschrägen. Wäre er nicht gerade zu Hause, würde ich vermuten, in der Bude eines kunstinteressierten Studenten gelandet zu sein. An den Wänden hat er jeden Quadratmeter ausgenutzt, um Bilder von befreundeten Künstlern unterzubringen, die er über Jahre gesammelt hat und die ihm geblieben sind, weil sie einzig ideellen Wert haben. Ich bin zu Besuch bei dem Mann, der es mit seiner charmant-selbstsicheren Künstlerattitüde über viele Jahre geschafft hat, noch bei den angesehensten Galeristen, Museumsdirektoren und Kunstsachverständigen jeden Zweifel an seiner Seriosität zu zerstreuen. Sie alle hat er geleimt. Otto weiß, wie man mit Menschen umgeht, er ist ein Filou, und er hat ein großes Herz. Er ist einer, den man gern um sich hat.

Ich darf das behaupten, weil ich ihn in ganz anderen Verhältnissen kennengelernt habe, freilich ohne damals zu wissen, wer er ist. Das war in meiner Zeit als Ehrenamtler in der Straffälligenhilfe. Alle zwei Wochen habe ich ihn und andere Gefangene in der Untersuchungshaft der Kölner Strafanstalt besucht, und wir haben zwei Stunden beim Kaffee miteinander verbracht. Auf seine kriminelle Vergangenheit sind wir merkwürdigerweise nie zu sprechen gekommen. Otto hat auch dort schon der Versuchung widerstanden, durch das Erzählen spannender Anekdoten Interesse für sich zu wecken. Diese spektakuläre Kunstfälscher-Geschichte habe ich erst später verstanden, als Otto nach seiner Verurteilung bereits in eine andere Anstalt verlegt worden war, um sein Urteil abzusitzen.

In gewisser Weise, erzählt Otto jetzt beim Tee, sei er damals froh gewesen, endlich aufgeflogen zu sein. Denn plötzlich war der Druck weg. »Immer habe ich die Keule im Nacken gespürt: Wann fallen wir auf durch sein Verhalten? Durch meins bestimmt nicht.« Otto vermeidet konsequent, den Namen Beltracchi in den Mund zu nehmen. Er nennt ihn den »Mittäter«, seinen Groll auf ihn spüre ich in jedem Satz. Er spricht von Gier und Größenwahn, die alles zu Fall gebracht hätten. Während der Maler sich für viel Geld ein zweites luxuriöses Anwesen leistete, hat Otto nämlich weiter in seiner Krefelder Zweizimmerwohnung gelebt und ist tagsüber seiner Arbeit als Chemielaborant nachgegangen. Bei der Hausdurchsuchung hatten sich die Ermittler darüber gewundert, wie bescheiden sein Lebensstil ist. Sie hatten, mit den Bildern von Beltracchis Villa vor Augen, mit einem gerechnet, der auf großem Fuße lebt.

Ich verstehe nicht viel von Kunst. Mir geht es nicht darum, in unserem Gespräch herauszubekommen, in welchem Museum in Fernost oder in welcher mit Schwarzgeld bezahlten

Privatsammlung in der Schweiz bislang unentdeckte Fälschungen von Beltracchi hängen. Rechne ich all seine Andeutungen, die Otto dazu macht, zusammen, müssen es ziemlich viele sein. Was mich interessiert, ist die Frage, warum jemand, der heute mit sehr wenig auskommen muss und sich dennoch frei fühlt, über Jahrzehnte dem großen Geld nachgejagt ist. Denn jedes Mal, wenn es ihm gelungen war, ein gefälschtes Bild in den Markt einzuschleusen, hat er als Verkäufer ja 20 Prozent Provision bekommen. Eine Menge Geld, das ihm da über lange Zeit durch die Finger rann. Um das zu verstehen, muss man etwas über Ottos Utopie wissen. Über eine kühne Idee, die an vielen kleinen menschlichen Unzulänglichkeiten gescheitert ist.

Sein Leben als Chemielaborant hätte grundsolide verlaufen können. Er hat 1960 bei Bayer gelernt und später dann bis zu seiner Verhaftung in einer Diamantwerkzeugfabrik gearbeitet und dort chemische Bäder betreut. Das ist seine bürgerliche Seite. Die unbürgerliche muss er in dem Moment in sich entdeckt haben, als er schon als junger Mann in die Krefelder Künstlerszene hineingeriet. Damals waren dort alle von Joseph Beuys inspiriert. Der wurde dafür bewundert, wie er den Kunstbetrieb verballhornte, mit einem toten Hasen auf der Schulter den Kunsthistoriker gab. Sein Rausschmiss aus der Düsseldorfer Kunstakademie hat ihn erst richtig sympathisch gemacht. Otto erzählt von heißen Diskussionen damals in Krefelder Kneipen über konkurrierende Kunstbegriffe. Andy Warhol habe propagiert, dass Kunst sei, was sich verkaufen lässt. Beuys dagegen wollte aus jedem Menschen einen Künstler machen. Er sprach immer wieder von Kunst als »sozialer Skulptur«.

Otto hat das in den Ohren geklungen. Plötzlich sah er die Möglichkeit, auch seine eigene Existenz künstlerisch zu gestalten. Nicht Bilder malen, sondern das Leben selbst als

Kunstwerk begreifen, das war der faszinierende Gedanke. Seitdem trägt er feinen schwarzen Zwirn und zu bestimmten Gelegenheiten dazu einen schwarzen Schlapphut. Otto der Lebenskünstler war geboren, er hat dann nachts in den 60er-Jahren im Szenelokal »Pferdestall« Platten aufgelegt, nebenbei als Büfettier und Türsteher gearbeitet und irgendwann im ägyptischen Alexandria für ein paar Jahre eine Kneipe aufgemacht. In seinem Hinterkopf immer der Gedanke, dereinst etwas Bleibendes zu schaffen, seine eigene »soziale Plastik«.

Eines Tages hatte er dafür den passenden Namen: »Nara«. Das ist Hindi und bedeutet »Mensch«. Otto träumte davon, ein Künstlerkollektiv zu gründen, nach dem Vorbild von Andy Warhols legendärer Fabrik, allerdings ohne dessen forciert kapitalistischen Geist. Ab Ende der 80er-Jahre steckte er reichlich Geld aus den Gemälde-Deals in eine Finca auf Ibiza und versammelte dort Menschen um sich, die bereit schienen, eine Gemeinschaft ohne eine für alle verbindliche Ideologie zu bilden. Keine Religion, keine politische Heilslehre, allein der Wille, sich mit anderen durch gemeinsames Arbeiten und Wohnen »autark zu machen«. Die Kunst sollte der Kitt sein, der alles zusammenhält.

»Das sollte meine soziale Plastik werden. Zu zeigen, dass man sich unabhängig machen kann von der neoliberalen Kacke.« Heute sagt Otto über sich, er sei zu euphorisch gewesen und habe lange übersehen, es mit »zu unfertigen Charakteren« zu tun gehabt zu haben. Lauter Banalitäten hätten für die schleichende Erosion seiner sozialen Plastik gesorgt: Der eine wollte heiraten und aussteigen, der Nächste verdiente zu wenig, und immer war er es, der mit seinem Geld aus den krummen Kunstgeschäften die finanziellen Löcher stopfen musste. Die Utopie des Künstlerkollektivs, das aus sich wirtschaftliche Kraft schöpft, war gestorben.

Ich will von ihm wissen, ob er manchmal überlegt, mit seinen Gaunereien die Kunst verraten zu haben. Seine Antwort kommt schnell: »Wir haben nie kopiert! Wir haben den Kunstmarkt ad absurdum geführt. Aber der hat nur einmal Luft geholt und anschließend einfach weitergemacht.« Schlechtes Gewissen klingt anders. Aber wem gegenüber sollte er es auch haben? Für seine Betrügereien hat er gebüßt. Seine Opfer waren die privaten Käufer der Bilder und natürlich auch der Steuerzahler, wenn das gefälschte Gemälde für ein staatliches Museum angeschafft wurde. Aber die Kunst selbst ein Opfer? Wer das bejaht, müsste zunächst einmal darlegen, worin denn ihre Idee heute noch bestehen kann, wo die Kunst doch längst zur Luxusvariante eines sich verselbstständigenden Finanzkapitalismus geworden ist. Selbst ein weltweit so erfolgreicher Künstler wie Gerhard Richter ist erschrocken darüber, welche Mondpreise für seine Werke bezahlt werden.

Vor einiger Zeit habe ich mit Otto eine Ausstellung im Kölner Museum Ludwig besucht, in der auch einige Bilder von Ernst Ludwig Kirchner zu sehen waren. Otto hat jedes einzelne Gemälde des Expressionisten mit handwerklichem Blick sehr genau aus der Nähe geprüft und zwischendurch immer wieder zornig ausgerufen: »Hier hat der Künstler geschlampt. Das hat er in ein paar Stunden hingeschmiert.« Ihn ärgert es, wenn der berühmte Name ausreicht, um hohe Summen zu erlösen, und auf Qualität nicht mehr geachtet wird. Ausgerechnet Otto, der selbst Millionen auf einem durchgedrehten Markt bewegt hat, hadert damit, dass Andy Warhol recht behalten hat: Was als Kunst gehandelt wird, ist Kunst. »Und wer es tut, handelt nicht anders als ein Schnürsenkelverkäufer. Du verkaufst dich letztlich selbst.«

Und dann kommen wir doch noch einmal auf seinen Mittäter Beltracchi zu sprechen. Eins bewundert er an ihm trotz ihres Zerwürfnisses bis heute: sein fotografisches Gedächtnis. »Wenn wir ein Bild nachmachen wollten, sagen wir im Stil des Fauvismus von 1905«, erinnert sich Otto, »dann ist er ins Museum gegangen, hat sich die Pinselstriche genau angeschaut und hat die dann zu Hause in exakt der gleichen Technik auf die Leinwand gebracht. Jeder Fälscher ist Handwerker, kein Kreativer. Ein Künstler ist er also nicht.«*

* Otto Schulte-Kellinghaus ist im Mai 2016 gestorben.

3. Juli 2015:

»Sogenannte Allnighter verbringen ganze Nächte im Büro. Man schläft um zwei am Schreibtisch ein und wird um fünf von der Putzfrau geweckt. Und dann geht's weiter. Sie müssen bereit sein, ihr Leben aufzugeben.«
(Die Welt)

Merkwürdig, den Tag mit einem solchen Zeitungssatz zu beginnen. Wer ist mehr Fremdling in dieser Welt, die anscheinend immer bekloppter an der Leistungsschraube dreht: der Allnighter oder ich? Ich bin noch keine Woche unterwegs, könnte in einer Stunde zu Hause sein und fühle mich dennoch sehr weit weg. Meine Wahrnehmung von Zeit hat sich geändert. Sie wird bestimmt vom Stand der Sonne. Das erzwingt die Hitze, die auch heute wieder herrschen wird. Sie verkürzt die Nacht und sorgt dafür, dass ich schon am Morgen daran denke, wo ich später meine Wasserflasche auffüllen kann. Sie lässt mich den frühen Nachmittag fürchten.

Das Zeitgefühl, mit dem ich sonst lebe, hat sich verabschiedet. Beim Gang durch die Krefelder Innenstadt bemerke ich zum ersten Mal, dass ich innerlich bereit bin, Flaneur zu sein. Ich lasse mich treiben, wechsle häufig die Bürgersteigseite und schaue genauer. Mir geht durch den Kopf, was mir vor ein paar Monaten bei einer Marokkoreise immer wieder aufgefallen ist. Dort stehen an beinahe jeder Straßenecke Menschen rum und tun anscheinend gar nichts. Außer zu schauen und gelegentlich jemanden zu grüßen. Manchmal wird daraus auch ein kleines Schwätzchen. Genauer gesagt sind es dort nur Männer, die man auch noch eine halbe Stunde später am selben Flecken wiederfindet. Das könnte ich nicht.

Und trotzdem verkörpern diese Eckensteher für mich eine Sehnsucht. Sie stehen für ein Leben, das ich niemals leben werde, für eine Begabung, die in der beschleunigten Gesellschaft immer rarer wird. Ihr Leitsatz könnte der des berühmten Schreibers Bartleby aus der Erzählung von Herman Melville sein: »Ich möchte lieber nicht.« Was mich mit ihnen für den Moment verbindet, ist der Zug nach draußen auf die offene Straße. Der ruhigere Blick auf die Kleinigkeiten des Alltags.

Nicht weit vom Krefelder Hauptbahnhof, da, wo die Geschäfte schicker werden, sehe ich einen Mann stehen, der bewundernd auf einen parkenden schwarz glänzenden Mercedes schaut. Ich verstehe nichts von Autos, aber dieses hier muss verdammt teuer gewesen sein. Der Mann hat seine langen Haare nach hinten gekämmt und zum Pferdeschwanz gebunden. Er sieht nicht so aus, als ob er der Fahrer dieser Limousine wäre. »Was die wohl gekostet hat?«, frage ich ihn. Nachdem er seinen Rundgang um den Mercedes beendet und zum Abschluss einmal mit der flachen Hand respektvoll-vorsichtig über den Lack gestrichen hat, antwortet er: »Hunderttausend mindestens!« »Und wenn Sie die hätten?« »Dann würde ich den Schlitten kaufen. Nicht um damit anzugeben, sondern weil er schön, schnell und leise ist. Ich mag schöne Dinge.«

Er sagt dies mit polnischem Akzent und stellt sich als Pjotr vor. Üblicherweise spricht man ja, wenn man einen Menschen gerade erst kennenlernt, nicht gleich in den ersten Minuten über Geld, aber da wir eben dabei waren, über den Reichtum anderer Leute zu reden, fällt es mir leicht, Pjotr danach zu fragen, womit er sein Geld verdient. »Ich habe gerade drei Riesen für die Restaurierung eines Bilderrahmens bekommen, einer aus dem Barock.« Stolz holt er sein Handy raus und zeigt mir ein Foto seiner fertigen Arbeit. Ich sehe ein Prachtstück von Rahmen, reich verziert, in glänzendem Gold. Pjotr erzählt, dass er das Blattgold immer in Polen bestellt. Dort, in Zielona Gora, hat er auch das Handwerk des Restaurators gelernt, noch zu sozialistischen Zeiten. Eigentlich versteht er sich als Künstler, kann davon aber nicht leben. »Bevor ich ein Bild für 300 Euro verkaufe, verschenke ich es lieber«, sagt er ohne jeden resignativen Unterton. Anscheinend bin ich schon wieder an einen Lebenskünstler geraten.

Immer wenn er einen Auftrag hat, schließt er sich in seiner kleinen Werkstatt ein und arbeitet zwölf Stunden wie im Rausch durch, um anschließend wieder möglichst lange freizuhaben. Ein Arbeitszeitmodell, das er sehr überzeugend vorträgt und mir sofort bestechend vorkommt. So wie er es sagt, hätte er auch gleich umformulieren können: um möglichst lange frei zu *sein*. Pjotr restauriert nicht nur Rahmen, sondern auch Bilder, die teilweise zerstört sind. Finden sich zum Beispiel auf einem alten Gemälde weiße Flecken, dann malt er die beschädigten Stellen einfach neu. »Dann könnten Sie doch bestimmt auch Kunst fälschen«, frage ich ihn mit der frischen Erinnerung an mein Gespräch mit Otto von gestern Abend. Er stutzt, denkt einen Moment nach und beteuert dann, so etwas noch nie gemacht zu haben. Schließlich fügt er hinzu: »Geld ist nur ein Mittel, aber schöne Dinge sind wichtig!«

Dann kommt der Besitzer der Limousine aus der Boutique gegenüber auf uns zu. Weiße Hose, verspiegelte Sonnenbrille, Ende 50, Typ Cotê d'Azur. Er schaut misstrauisch zu uns rüber, offenbar gefällt es ihm nicht, dass wir während des Gesprächs sein Auto berührt haben. Ich rufe ihm zu, dass wir gerade Mutmaßungen darüber angestellt hätten, was wohl dieses tolle Modell gekostet hat, aber er pfeift auf das Kompliment und hat für uns nur zwei Wörter übrig: »Weiß nicht.« Er drückt lässig auf die Fernbedienung in seiner Hand, woraufhin sich die beiden Außenspiegel seines Mercedes in einer eleganten Bewegung einklappen, dann ist er wieder weg. Es ist schwer, mit reichen Leuten ins Gespräch zu kommen.

Nur ein paar Schritte weiter stoße ich auf das Pfandhaus Schumachers. Wie jeder, der nicht in einer ökonomischen Notsituation steckt, bin ich schon häufig gedankenlos an solchen Häusern vorbeigegangen. Aber wie diese Armutsökonomie praktisch funktioniert, weiß ich nicht. Die videoüberwachte Tür ist aus verspiegeltem Glas, sodass niemand sehen kann, was im Inneren der Pfandleihe geschieht. An der Tür lese ich: »Keine Schufa – Ausweis genügt – Auszahlung sofort – unkompliziert – diskret«. Im Schaufenster sind als Dekoration zwei Hängematten montiert, darunter in der Auslage Uhren, Ringe, Goldketten und edle Füller. Neben einem schicken gebrauchten Montblanc in schwarz steht auf dem Preisschild »390 Euro«. Ich frage mich, wer erst viel Geld für ein Schreibgerät ausgibt, um es dann später hier zu versilbern?

An der Tür tut sich gar nichts. An diesem heißen Morgen werden anscheinend keine Geschäfte mit der Not gemacht. Mir fällt ein, dass wir ja Monatsanfang haben. Wer von Hartz IV lebt, hat gerade erst seine Auszahlung erhalten. Ich beschließe, hineinzugehen. Das einzig Wertvolle, das ich mithabe, ist meine Armbanduhr aus einer sächsischen Manufaktur. Die hat neu mal um die 300 Euro gekostet. Nun will ich versuchen, sie anzubieten. Ich trete ein und stoße auf einen Schalter hinter dickem Panzerglas, das bis zur Decke reicht. Zur Begrüßung sage ich der Dame am Schalter, die trotz meines auffälligen Äußeren extrem desinteressiert guckt, dass ich noch nie in einem Pfandhaus gewesen sei und daher die Regeln nicht kennen würde. Gelangweilt spult sie ihren Routinesatz ab: »Sie lassen etwas hier, bekommen ein Pfand und können es bis zu vier Monate einlösen.« Ich nehme meine Uhr vom Handgelenk und reiche sie ihr unter der Panzerglasscheibe durch. Sie mustert das gute Stück, schaut sehr genau auf kleine Kratzer, zieht sich dann zu einer Recherche im Netz hinter ihren Bildschirm zurück und kommt zurück mit den Worten: »Ich kann Ihnen 20 Prozent bieten, 60 Euro.« »Und wenn ich sie zurückhaben will nach den vier Monaten?« »Dann kommen 3,10 Euro pro Monat als Zinsen obendrauf. Andernfalls landet sie in der Versteigerung.« Ich versuche, im Kopf auf die Schnelle eine Überschlagsrechnung hinzubekommen. »Das sind doch über 20 Prozent Zinsen in nur vier Monaten!« Sie zuckt nur mit den Achseln und reicht mir die Uhr zurück.

Längst habe ich verstanden, dass dies kein Ort ist, an dem viel gesprochen wird. Verhandelt erst recht nicht, das verrät die Körpersprache der Dame hinter dem Panzerglas. Ihr hartnäckiges Schweigen lässt nur einen Schluss zu. Ich soll mich gefälligst entscheiden, weil sie es längst getan hat. Aber einen Versuch, mit ihr ins Gespräch zu kommen, will ich noch machen. Ich erwähne den teuren Montblanc im Schaufenster. »Wer kauft sich so einen Luxusfüller und muss ihn dann hierherbringen?« »Viele«, lautet ihre einsilbige Antwort. »Und warum?« »Danach fragen wir nicht.« Entweder ist sie nicht neugierig auf Menschenschicksale, oder sie hat ihre Neugierde hier verloren. Mindestens mit der Frage, warum ich vor ihr mit Rucksack und Schlapphut stehe, hätte ich gerechnet. Wie lautete das Versprechen draußen an der Tür? Dass es hier diskret zugeht. Die Dame hinterm Glas löst es bedingungslos ein.

In St. Tönis bemerke ich beim Gang durch die Fußgängerzone zum ersten Mal, wie Flüchtlinge das Bild von der deutschen Provinz verändern. In der Großstadt fallen sie kaum auf, es sei denn, sie sind in der Gruppe unterwegs. Da sind sie Fremde unter anderen Fremden. Aber hier ist der Kontrast zur bürgerlichen Behaglichkeit der Einheimischen sofort sichtbar. St. Tönis ist ein wohlhabendes Städtchen mit einer Windmühle aus dem 18. Jahrhundert als Wahrzeichen. Die Geschäftsinhaber haben sich zusammengeschlossen, um den Einkauf im Ort als Erlebnis zu inszenieren, damit die Kunden nicht nach Krefeld ausweichen. Und plötzlich flanieren nicht mehr nur Mittelschichtfamilien mit der Eiswaffel in der Hand durch die Fußgängerzone, sondern auch junge Männer mit schlecht sitzenden Hosen aus der Kleiderkammer. Ein junger Araber sitzt auf einem klapprigen, alten Fahrrad, das sichtlich zu groß für ihn ist. Er versucht, mit den Zehenspitzen zu bremsen, sobald er Fußgangern zu nahe kommt.

Am Rathausplatz setze ich mich in den Schatten auf eine Bank und beobachte die Szenerie. Ich möchte wissen, was hier im öffentlichen Raum geschieht, wie sich die Bürger von St. Tönis von den kürzlich angekommenen Flüchtlingen in ihrem äußerlich wahrnehmbaren Verhalten unterscheiden. Nach einiger Zeit halte ich folgende Impression für mich fest: Die einen gehen, die anderen stehen. Die einen konsumieren, die anderen rauchen. Die einen haben Geld, die anderen haben Zeit. Im Zeitraum meiner Beobachtung haben diese beiden Welten keinerlei Berührung miteinander gehabt. Ich habe keinen abschätzigen Blick registriert, aber auch keine Hinwendung. Einfach nur ein fast schon routiniert wirkendes Nebeneinander. Was mir auch auffällt, ist ein akustischer Unterschied. Gespräche unter Deutschen werden leiser geführt.

Ich frage einen Passanten, wo die Flüchtlinge untergebracht sind. Er schickt mich zur alten Turnhalle draußen an der Jahnsportanlage. Dort steht die Tür für mich sperrangelweit auf, eine Aufsicht gibt es an diesem Vormittag nicht. Anscheinend darf hier jeder rein und raus. Die Halle ist klein und mit 40 Betten belegt, ausschließlich für Männer. Es riecht nach ihrem Schweiß. Schätzungsweise in jedem zweiten Bett liegt jemand und schläft. Jeder hat neben dem Kopfkissen für die eigenen paar Habseligkeiten einen schmalen Spind aus Metall stehen, Privatsphäre gibt es hier nicht. Im Waschraum fülle ich meine Wasserflasche auf. Dann frage ich mich unter den jungen Männern durch, bis ich auf den Syrer Mohanned stoße, der als Einziger in der Halle Englisch spricht. Er ist 20 und möchte gern Textilingenieurwesen studieren. Mohanned ist jetzt seit fast zwei Monaten hier und hält es in der Turnhalle kaum noch aus. Er ist genervt von den frommen Moslems unter den Bewohnern, die gerade den Fastenmonat Ramadan halten, deswegen nachts um drei frühstücken und allen anderen den Schlaf rauben. »Kürzlich hat es hier eine Schlägerei gegeben zwischen Arabern und Afrikanern«, erzählt Mohanned, »dann hat die Stadt die acht Afrikaner nach Forst in die Turnhalle verlegt.«

Draußen vor der Halle sind die Süßkirschen reif. Ein Mann in den Vierzigern zieht an den Ästen, um an die Früchte zu kommen. Er ruft mich zu sich und bietet mir welche an. In gebrochenem Deutsch erzählt er, dass er aus dem Kosovo komme. Er sei schon häufiger in Deutschland gewesen, werde aber jedes Mal nach einiger Zeit abgeschoben. »Warum kommen Sie dann wieder?«, will ich von ihm wissen. »Ich habe Arbeit in einer Gärtnerei.« »Und warum haben Sie Asyl beantragt und schlafen hier in der Halle?« »Geht nicht anders«, antwortet er mit einem Grinsen und spuckt einen Kirschkern ins Gebüsch. Als Bürger eines Nicht-EU-Landes hat er keine Chance, eine legale Arbeit zu bekommen.

Nebenan auf dem Sportplatz fegt Herr Jansen die Laufbahn der Leichtathleten. Er ist als Platzwart bei der Stadt angestellt. Ich möchte von ihm gern mehr über die Stimmung in der Halle und im Ort wissen, aber er winkt ab. Sein Kollege, der für die Turnhalle zuständig ist, sei gerade nicht da. »Der muss sich jetzt um zehn Standorte kümmern, also kann er nicht überall gleichzeitig sein.« Immerhin lässt sich Herr Jansen die Bemerkung entlocken, die Belegung der Turnhalle sei ein schwerer Schlag für den Schulsport und die Vereine, die dort nachmittags ihre Kurse hatten.

Auf dem Weg Richtung Süchteln denke ich über meine Eindrücke nach. Das klang nicht gut, was ich eben gehört habe, und passt nicht zu dem, was ich in meinem eigenen Stadtteil in den vergangenen Monaten erlebt habe. Dort hat sich etwas ereignet, was mir im Nachhinein wie ein demokratisches Wunder vorkommt, von dem ich hoffe, dass es noch lange nachwirken wird. Ein Wunder, bei dem man sich hinterher fragt, wer genau es eigentlich ausgelöst hat. Mir fallen zwar ein paar Namen ein, aber die Summe war dann doch viel größer als das, was jeder Einzelne beizusteuern gehabt hätte. Gesellschaftliche Veränderungen benötigen offenbar einen besonderen Moment, die eine entscheidende Gelegenheit, die entweder genutzt wird oder verstreicht. Den gemeinsamen Geist des Augenblicks. Geschichte wird eben nur ab und zu gemacht, dazwischen liegen jeweils lange Strecken gewöhnlicher Alltag.

Aber der Reihe nach. Die Bürger von Köln-Brück haben im Frühjahr 2015 ihr eigenes Quartier dadurch positiv verändert, dass sie freundlich auf die Fremden zugegangen sind, von denen sie anfangs gar nichts wussten. Aber das war nicht einfach. Für manche war die erste Begegnung so aufregend wie ein Rendezvous. Sie fragten sich, mit welchen Sätzen sie über die heiklen ersten paar Minuten hinwegkommen sollten, ob Hände und Füße helfen würden, wenn das eigene Schulenglisch nicht reicht. Wie und worüber spricht man beim ersten Kontakt mit einem Flüchtling? Wie rüberbringen, dass man guten Willens ist und obendrein nicht der Staat, vor dem manche vielleicht etwas verbergen müssen?

Seit Monaten hatten sich die überaus zahlreichen Mitglieder unserer Willkommensinitiative in Köln-Brück auf die Ankunft von 80 Flüchtlingen vorbereitet, die in eine Containereinheit auf freiem Feld ziehen sollten, weitab vom Schuss. Alle paar Tage bin ich mit dem Rad dort vorbeigefahren und habe mich gewundert, dass erst mal ein Zaun um das Gelände gezogen wurde, bevor die Tieflader mit den Containern kamen. Vorher war lange gar nichts passiert, obwohl doch plötzlich so viele Plätze für Flüchtlinge gebraucht wurden. Mehrmals musste die Stadt mitteilen, dass sich der Einzug verzögert. Dann, Anfang März, gab es eine überraschende Wende. Als Übergangslösung mietete die Stadt ein heruntergewirtschaftetes Sporthotel an und belegte es innerhalb weniger Tage mit 93 alleinstehenden jungen Männern. Ein Unbehagen machte sich breit, vor allem bei Frauen, die sich vorgestellt hatten, Kindern bei den Hausaufgaben zu helfen oder mit Müttern gemeinsam zu kochen. Die Initiative kritisierte, dass die Stadtverwaltung dies einfach nur mitgeteilt hatte, ohne vorher den Dialog mit den Bürgern zu suchen, bemühte sich aber gleichzeitig, die freundliche Grundstimmung im Ort zu halten. Denn bei Facebook hatten Einzelne im Trüben zu fischen versucht. Da war von steigender Kriminalität und fallenden Grundstückspreisen die Rede. Zu einer Informationsveranstaltung kamen über 250 Brücker, artikulierten auch ihre Sorgen, manche lautstark, bekundeten aber vor allem, dass es jetzt darum gehe, den Neuankömmlingen zu helfen. Viele trugen sich in Listen ein, um Sprachkurse oder Freizeitaktivitäten anzubieten, andere erklärten sich bereit, die Flüchtlinge bei Behördengängen zu begleiten oder ärztlich zu betreuen.

Ich habe den Ansteckungseffekt gespürt, die Freude, die es bereitet, sich über den eigenen Vorgarten hinaus zu engagieren. Brücker, die sich vorher nur vom Sehen kannten, kamen plötzlich miteinander ins Gespräch, weil es mit den Flüchtlingen nun ein verbindendes Drittes gab. Jeder, der an diesem Abend offenen Herzens dabei war, hat wohl gespürt, dass da etwas Besonderes passiert ist: Bürger, die sich mit ihrem Ort identifizierten, öffneten ihn zugleich für die Neuen. Lokalpatriotismus und Toleranz lagen sich freudig in den Armen. Eine junge Frau, die selbst vor Jahren als Flüchtlingskind nach Deutschland gekommen ist, erzählte mir hinterher, sie könne gar nicht glauben, was hier geschieht, und sei stolz auf Brück. Der Fußballklub machte mit, der Bürgerverein, die Karnevalisten, die Schützen, die Kirchengemeinden, alles sehr bürgerlich. Vor allem aber waren es viele Einzelne, die sich erst mal herantasten mussten an ihr künftiges Engagement und lauter Fragen hatten. Wir wissen ja gar nicht, wer kommt, sagten viele.

Und trotzdem war da dieses Gefühl, selbst handlungsmächtig zu sein, Vertrauen zu haben, dass man die öffentlichen Verhältnisse mitgestalten kann. Das ist heutzutage selten geworden, sicherlich der wichtigste Grund für die wachsende Entfremdung zwischen Politik und Bürgern. Denn wer sich mit seinem Gemeinwesen nicht identifiziert und mit einem diffusen Gefühl politischer Ohnmacht oder sogar Angst lebt, kann die Neuen nicht freundlich begrüßen. Was sich bei Initiativen wie in meinem Viertel besichtigen lässt, ist eine neue Form von Politik, die sich gerade auch an vielen anderen Orten im Land entwickelt und deren Logik von der alten Politik wohl noch nicht verstanden worden ist.

Die alte Politik lebt von der Geduld beim Bohren dicker Bretter in Parteien und Verwaltungen. Sie wird natürlich auch weiterhin gebraucht, ist aber leider fast vollständig zur Angelegenheit von Profis geworden, denn es existiert vielerorts keine wirklich vitale Versammlungsdemokratie in den Parteien mehr. Die neue Politik des Bürgerengagements lebt von dem verbreiteten Gefühl, dass der Zusammenhalt in unserer Gesellschaft gefährdet ist und wir es mit dem Individualismus übertrieben haben. Die neue Politik beginnt vor der eigenen Haustür, gibt lokale Antworten auf globale Probleme und muss ihren langen Atem natürlich erst noch beweisen. Auch sollte sie sich hüten, auf die alte, repräsentative Politik abschätzig zu blicken. Das ist heute ja die einfachste Übung und in ihrer Wirkung ruinös für das Ansehen der Demokratie. Charakteristisch für die neue Politik ist, dass viele, die sie faktisch betreiben, es vermutlich ablehnen würden, das eigene Handeln überhaupt als Form von Politik zu bezeichnen. Der unwiderstehliche Charme dieser neuen Politik besteht darin, dass sie das Vorurteil widerlegen kann, Bürger würden sich nur dann zusammenschließen, wenn sie sich davon einen persönlichen Nutzen versprechen oder irgendetwas verhindern wollen.

In den Wochen nach der Ankunft der Flüchtlinge bemerkte jeder, dass sich das Gesicht des Ortes deutlich verändert hat. Brück war bis vor Kurzem ein Stadtteil, in dem man fast verschlafen konnte, dass Deutschland ein Einwanderungsland ist. Inzwischen sieht man ständig junge Schwarze auf dem Marktplatz oder junge Araber mit Lidl-Tüten in der Hand schlendern. Inzwischen werden viele von ihnen häufig gegrüßt, denn die ersten Rendezvous haben längst stattgefunden. Sonntagnachmittags treffen sich im ehemaligen Restaurant des Sporthotels, wo die Neuen untergekommen sind, Brücker und Flüchtlinge zu Kaffee und Kuchen. Beim ersten Mal hat man, bevor das Eis gebrochen war, noch an getrennten Tischen gesessen, die Atmosphäre war ein wenig verkrampft. Aber bald dauerte es keine fünf Minuten mehr, bis die Gespräche in Gang kamen. Am einen Tisch auf Englisch, am nächsten auf Französisch, und hier und da waren schon die ersten Brocken Deutsch zu hören. Alle wunderten sich, dass vieles so leichtfiel, was vorher so kompliziert schien. Es ist ein Ort der Heiterkeit. Hoffentlich wird er es bleiben.

In Süchteln auf der Hauptstraße ist überraschend das Bürgerbüro der Linkspartei geöffnet. Die politische Sommerpause fällt auch am Niederrhein in diesem Jahr anscheinend aus. Durchs Schaufenster sehe ich die karge Inneneinrichtung im linken Retrolook der 70er-Jahre. Demonstrative Ungemütlichkeit, vermutlich weil es ja sowieso kein richtiges Leben im falschen geben kann. An der Wand lese ich auf einem schmucklosen Plakat: »Millionärsteuer jetzt!«. Welcher Bürger geht in ein solches Bürgerbüro? Ich trete ein und frage Ralf Jung, der überrascht hinter seinem Schreibtisch aufblickt. Freimütig erzählt er, dass ich erst der zweite Besucher innerhalb eines ganzen Monats bin. Der erste hatte Schwierigkeiten mit Behördenpost. Ralf Jung ist Stadtrat für Die Linke im benachbarten Viersen und müsste mit seinen um die 30 Jahren zum Nachwuchs der Partei gehören. Ich möchte etwas über die Zustände in seinem Ort erfahren, frage ihn daher nach der größten Ungerechtigkeit in Süchteln. Das sollte für einen gestandenen, empörungsbereiten Linken doch eine einfache Frage sein. Er überlegt sehr lange, dann hält er mir einen Kurzvortrag über die EU und Griechenland. Nach einiger Zeit bemerkt er meine Irritation und fragt zurück, wo ich denn gerade hergekommen sei. Ich erzähle ihm von meinen Eindrücken aus der Turnhalle in St. Tönis und den Reibereien zwischen Arabern und Afrikanern nur ein paar Kilometer von hier entfernt. Das notiert er, denn davon hatte er noch nichts gehört. Als er erneut ansetzt, um zu referieren, wie wichtig die Solidarität mit Flüchtlingen sei, beschließe ich, zu gehen.

In der Fußgängerzone komme ich an der Königsburg vorbei, einer prächtigen Fassade aus dem Jugendstil. Die Tür ist verschlossen. Auf einem Zettel ist zu lesen, dass hier lange Zeit ein Kino war. Heute müssen die Süchtelner weit fahren, um einen Film nicht nur im Fernsehen sehen zu können. Vermutlich ist man hier ohne Auto sowieso aufgeschmissen. Die Wege werden länger, wenn die lokale Infrastruktur schwächelt. Nun bemüht sich eine Bürgerinitiative, Gelder für die Restaurierung zusammenzubekommen. Dann hätte Süchteln wieder einen Ort für die Kultur. Der historische Festsaal von 1908, so lese ich, war mal die gute Stube des Ortes, berühmt für seine Eleganz. Für viele in Süchteln müssen sich daran persönliche Erinnerungen knüpfen. Wenn es gelingt, das sehr ehrgeizige Projekt der Restaurierung zu stemmen, werden Jugendliche aus dem Ort künftig ihren ersten Kuss nicht in einem Kino im fernen Krefeld erleben. Ein schönes Beispiel jenseits der Flüchtlingsfrage für die neue Politik, die ich meine. Sie rührt sich gerade überall im Land. Sie erschöpft sich nicht darin, gegen etwas zu sein und Wutbürger zu mobilisieren, sie nimmt die Gestaltung des Gemeinwesens selbst in die Hand. Die Idee der Partizipation ist unaufhaltsam.

Aber bislang gilt: Krankenhäuser statt Kinos. In der deutschen Provinz ist es möglich, als Wanderer an einem Tag an drei Kliniken vorbeizukommen. Das ist hier nicht gerade eine dicht besiedelte Gegend, umso mehr verwundert mich dieser Versorgungsgrad. Krefeld, mein Ausgangspunkt am Morgen, ist in dieser Rechnung noch gar nicht enthalten. Das erste Krankenhaus, das auf meinem heutigen Weg lag, war in St. Tönis, das zweite in Süchteln. Im dritten in Lobberich hat sich kurzfristig Michael Pauw Zeit für mich genommen. Wenn man etwas über das gute Leben wissen will, so mein Gedanke dabei, sollte man mit denen sprechen, die ständig mit Menschen zu tun haben, denen es gerade nicht gut geht. Pauw ist dort Chefarzt in der Inneren Medizin und weist darauf hin, dass es in der näheren Umgebung in Kempen und Viersen noch zwei weitere Kliniken gibt. Für ihn sind fünf entschieden zu viel, denn alle Häuser haben unterschiedliche Träger, produzieren also Kosten durch doppelte Arbeit. Pauw kommentiert dies als »Ausdruck der Mutlosigkeit von Politik«, die sich nicht traue, ein Krankenhaus zu schließen, um den anderen mehr Luft zu verschaffen.

Michael Pauw ist ein Mann in den mittleren Jahren, einer, der die leisen Töne beherrscht und dem ich mich, wenn es mir schlecht ginge, sofort anvertrauen würde. Das liegt an seinem Charisma der Gelassenheit. Ein guter Arzt muss ja zwei Tugenden besitzen: gut zuhören können und trotzdem bereit sein, in Krisensituationen, wenn auch sanft, die Führung zu übernehmen. Auch wenn heute gern die Illusion verbreitet wird, Arzt und Patient könnten tatsächlich immer »auf Augenhöhe« miteinander sprechen, weil sich Kranke ein Halbwissen rasch zusammengoogeln können. Die Kritik an den »Halbgöttern in Weiß« – gepaart mit einer ideologisch aufgeladenen Vorstellung von Patientenautonomie, der aus dem Blick geraten lässt, dass wir in Situationen von Hinfälligkeit zuallererst bedürftige Wesen sind – hat dafür gesorgt, dass die weniger starken Charaktere in der Ärzteschaft, von denen es nach meinen Erfahrungen eine Menge gibt, eine Angst vor Verantwortung entwickelt haben. Auch aus der Sorge, für das eigene Handeln hinterher verklagt zu werden. Das dürfte eine wesentliche Quelle für die herrschende Misere sein, dass Behandlungen mitunter auch dann noch fortgesetzt werden, wenn sie längst weit über ihr Ziel hinausgeschossen sind und kein Beteiligter mehr die Sinnfrage für sich ehrlich beantworten kann.

Pauw sagt über sich, er sei im »ärztlichen Dienst« tätig. Er mag den Ausdruck, weil er sich als Diener des Patienten sieht, was ich ihm vorbehaltlos glaube. Umgekehrt hadert er mit den Einstellungen vieler junger Ärzte, bei denen er zu beobachten glaubt, dass sie sich »für den Mittelpunkt der Welt halten«, weil sie einen Beruf mit hohem Sozialprestige ausüben. Sein Spezialgebiet ist der Darm, er hat es häufig mit Krebspatienten zu tun. Er will mir die Palliativstation seines Hauses zeigen, damit ich verstehe, welche Kämpfe in Zeiten des Kostendrucks in Krankenhäusern zu führen sind.

Oben auf der Station bleiben wir im Flur vor einem Krankenzimmer mit geöffneter Tür stehen. Wir hören das Stöhnen eines alten Mannes, das für mich nicht leicht auszuhalten ist. Eine Besucherin steht neben ihm am Krankenbett und hält ihm einen feuchten Waschlappen auf die verschwitzte Stirn. »Der Mann ist Priester, und vermutlich wird es in dieser Nacht zu Ende gehen«, flüstert mir Pauw zu. »Wir sprechen nicht umsonst vom Todeskampf. Jede Zelle des Körpers will leben. Friedliches Einschlafen ist sehr selten.« Sehr beunruhigend, was er da sagt, aber er muss es wissen. Denn er kann vermutlich längst nicht mehr zählen, wie oft er in seinem Berufsleben bereits Begleiter am Lebensende war. Wer ihm zuhört, versteht sehr bald, dass die gesellschaftliche Debatte über Sterbehilfe mit schrecklichen Vereinfachungen geführt wird. Als ob sich die Todesproblematik mit der Logik von Gesetzbüchern bändigen ließe.

Dabei ist die eigene Sterblichkeit unser größtes Lebensproblem. Vermutlich ist der Tod viel zu groß für uns. Erst recht in einer Zeit, in der die wenigsten unter uns noch innerlich davon überzeugt sind, dass danach noch etwas kommt. Selbst bei Priestern bin ich mir da nicht sicher. Da wir das Jenseits als Trostkonzept verabschiedet haben, müssen wir damit klarkommen, auf das eigene Sterben wie auf eine Abbruchkante zu blicken. Dahinter liegt nur noch ein schwarzes gähnendes Nichts. Ein Niemandsland, für das wir keine geeignete Sprache haben, weil wir uns eine Welt, in der es uns selbst nicht mehr gibt, gar nicht richtig vorstellen können. So erkläre ich mir jedenfalls die Leidenschaft, mit der um das rechte Sterben derzeit gekämpft wird: als Ausdruck einer narzisstisch-metaphysischen Kränkung.

Michael Pauw bemüht sich in unserem Gespräch um Ehrlichkeit, was in seinem Fall nur heißen kann, die Widersprüche offen zu benennen, die sich in der Praxis der Sterbebegleitung unweigerlich immer wieder auftun. Er ärgert sich zum Beispiel, wenn behauptet wird, kein Mensch müsse heutzutage Schmerzen haben. Das sei zwar richtig, aber dann müsse auch der Preis für diese Schmerzfreiheit offen angesprochen werden. Der Patient liege unkommunikativ im Bett rum. Pauw erzählt von einer Frau, die erst vorgestern auf seiner Station gestorben ist. Sie hatte einen so schlimmen Tumor, dass ihr der Mund zugewachsen war. Am Ende hat sich der Arzt dafür entschieden, sie in einen Dauerschlaf zu versetzen. »Wir nennen das ›palliative Sedierung‹. Aber faktisch ist das Sterbehilfe. Wer behauptet, dass man auf diese Weise nicht Leben verkürzt, ist unehrlich.« Weil die Verunsicherung so groß ist, erzählt Pauw, gebe es manche Ärzte, die sich zwar für die Sedierung entscheiden, ihre Patienten dann aber einmal am Tag aufwachen lassen, nur um sie zu fragen, ob es auf diese Art weitergehen soll. »Wir Ärzte haben schon immer Dinge gemacht, die nicht genau geregelt waren. Wir müssen das Ungeregelte erhalten und nicht jedes Detail des Sterbeprozesses juristisch fixieren wollen!«

Auch Patienten erliegen mitunter der Versuchung und werden später zur Geisel ihrer eigenen Wünsche von einst, die sie mal in einer Verfügung festgelegt haben. Pauw führt als Beispiel die Geschichte eines Mannes an, der an der Nervenkrankheit ALS gelitten hat, ähnlich wie der berühmte Physiker Stephen Hawking. Er hatte bereits einen Luftröhrenschnitt, wurde von seiner Frau zu Hause beatmet. Dann geriet er in einen halb komatösen Zustand. Anstatt die Dinge ihren Lauf nehmen zu lassen, sahen sich die Ärzte gezwungen, eine sehr aggressive Beatmung durchzuführen, weil der Mann in seiner Patientenverfügung geschrieben hatte, dass er sich das volle medizinische Programm wünsche. Ob das noch gelte, konnte man ihn jetzt nicht mehr fragen. Unser Autonomiestreben, der verzweifelte Wunsch, alle Fäden möglichst bis zur letzten Sekunde in den eigenen Händen festhalten zu können, zerschellt eben immer wieder an der Realität. Wer sich Autonomie bis zum letzten Atemzug wünscht, frage ich Michael Pauw, will der vielleicht aus dem eigenen Tod ein Kunstwerk machen? Der Arzt zögert einen Moment, dann nickt er und notiert sich meine Formulierung. »Manchmal habe ich den Eindruck, dass Patienten nicht sterben können, weil sie daran denken, wie sie auf andere wirken. Sie versuchen sich von außen zu sehen, aus der Perspektive der Angehörigen an der Bettkante. Sie können nicht loslassen.«

Die Palliativstation in Lobberich hat gerade mal sechs Betten. Aber auch die mussten der Geschäftsleitung des Krankenhauses hart abgerungen werden. Denn das Sterben gefährdet die schwarze Null beim Jahresabschluss. Mit dem Tod lässt sich im Medizinbetrieb nichts verdienen. Auf einer Palliativstation benötigt man Einzelzimmer. Richtet man wie hier einen Raum der Stille ein, um eine Atmosphäre zu schaffen, die nicht nach Klinik aussieht, bedeutet auch dies einen Bettenabbau. Wo jetzt sechs Patienten ihre letzten Tage und Stunden erleben, falls sie nicht noch rechtzeitig zum Sterben in ihr häusliches Umfeld zurückkehren können oder in ein Hospiz umziehen, war vorher Platz für 19 Betten. Das Krankenhaus kann eine anspruchsvolle palliative Behandlung für sieben oder 14 Tage bei der Kasse abrechnen, dann ist Schluss. Physiotherapeuten haben auf einer normalen Station fünf Minuten Zeit für einen Patienten, hier aber eine halbe Stunde. Das Sterben ist in Deutschland, betriebswirtschaftlich ausgedrückt, ein Zuschussgeschäft.

Michael Pauw ist gezwungen, auch in einer solch profanen Weise über den Tod zu sprechen. Dabei ist er froh, dass unter seinem Dach gestorben wird. Bei ihm lerne ich, dass die Anwesenheit des Todes die Dinge im Positiven verändert. Das passt nicht zu dem Bild vom klinisch reinen Krankenhaus, das dem gesellschaftlichen Wunsch zu entsprechen versucht, den Tod möglichst unsichtbar zu machen, das Leichen rasch fortschafft, um uns den unangenehmen Anblick zu ersparen. Eine Klinik also, die den Tod als Betriebsunfall betrachtet, als Beleg für eigenes Scheitern. »Zwei Dinge sind gut für Krankenhäuser«, bringt Pauw es auf den Punkt, »wenn Kinder geboren und wenn Sterbende versorgt werden.« Es sind die beiden Enden des Lebens, so verstehe ich ihn, bei deren Betrachtung wir zu unterscheiden lernen, was man ändern und was man nicht ändern kann. Er wünscht sich, dass Ärzte immer wieder Bekanntschaft mit der Demut machen.

Ausgerechnet das, was nicht gelingt, ist nämlich als Lektion geeignet, um die eigene ethische Sensibilität zu entwickeln. Pauw erzählt, dass es in der akuten Situation, wenn das medizinische Personal unter Zeitdruck handeln muss, selten Klärungsbedarf untereinander gibt. Da macht zunächst einmal jeder seinen Job. Die Konflikte entstehen häufig erst im Rückblick, wenn sich das Gefühl einschleicht, man hätte vorher doch etwas anders machen sollen. Pauw führt als Beispiel einen Patienten mit Lungenentzündung und Atemnot an. Am Anfang sind alle einig, dass er an eine Beatmungsmaschine angeschlossen werden muss. Aber irgendwann, manchmal Wochen später, wenn der Krankheitsverlauf unglücklich ist, spricht endlich einer das eigene Unbehagen aus. Aus einer Intuition wird ein offenes Wort. Wenn das geschehen ist, trifft sich nach der Visite in der Küche beim Kaffee eine kleine Ethikrunde und berät, was nun zu tun ist. »Wir bräuchten mehr Worte für Sterbehilfe«, sagt Pauw, »denn eine Therapie zu beenden, die ihr eigentliches Ziel verfehlt hat, ist ja etwas völlig anderes als einem Patienten beim Suizid zu helfen.« Im Zeitalter der Apparatemedizin ist es für Ärzte vermutlich die härteste Lektion, das Geschehen-lassen-Können als wichtige Tugend zu begreifen und immer wieder neu einzuüben.

Am Ende unseres Gesprächs hadert der Arzt ein wenig mit seiner Rolle. »Ich bin Reparaturmediziner«, sagt er, »das ist der Fehler unseres Systems. Es ist ein Reparatursystem.« An den Krankheitsbildern kann er ablesen, wie die Spaltung der Gesellschaft voranschreitet. Wer arm ist, lebt ungesünder und stirbt früher. Ich wende ein, dass ein einzelnes Krankenhaus doch vermutlich überfordert wäre, wenn es versuchen würde, soziale Unterschiede auszugleichen.

Aber er meint es grundsätzlicher, und schon sind wir wieder beim Thema Geld: »Wir geben in unserem Gesundheitssystem viel zu wenig aus für Prävention und verschleudern unsinniges Geld für zweifelhafte Behandlungen.«

Mit diesem Satz betritt er vermintes Gelände. Denn es gibt ja in Deutschland keine offene ethische Debatte über die Frage, wem welches teure Medikament zusteht und wem nicht. Gerade in der Krebsmedizin explodieren momentan die Preise, und gleichzeitig fehlt es an einem moralischen Kompass, worin das rechte Maß zwischen zu viel und zu wenig bestehen könnte. Pauw rät zum nüchternen Blick auf die Statistik, die freilich nichts über den Einzelfall sagt. Er nennt als Beispiel die Wahrscheinlichkeit, bei Lungenkrebs mit einer Chemotherapie die Symptome verbessern und das Leben des Patienten verlängern zu können. Bei der ersten Behandlung betrage sie noch 70 bis 80 Prozent, bei der zweiten nur noch maximal 20 Prozent, bei der dritten gar weit unter zehn Prozent. »Wir verschreiben ein Präparat für hunderttausend Euro und schaffen damit im Schnitt ein Überleben um drei Wochen!« Wenn es nach wirtschaftlichen Kriterien ginge, sei jede zweite onkologische Behandlung überflüssig. »Wann ist der richtige Zeitpunkt«, so seine Frage, »um eventuell gar nichts mehr anzubieten?« Er schweigt, lässt die Frage in der Luft hängen. Mir fällt auch keine schlaue Antwort ein. Denn wer will freiwillig in einer solchen Situation Herr über Leben und Tod sein?

Plötzlich fühle ich mich als Teil einer Gesellschaft, die feige ist. Sie applaudiert jedem, der lauthals verkündet, dass die Fortschritte der modernen Medizin für alle da sind, verurteilt Rationierung und weiß doch, dass sie längst insgeheim praktiziert wird. Oder wie sonst soll man es nennen, wenn nicht Rationierung, dass die Zuwendung am Krankenbett minutengenau getaktet ist? Dass man in vielen

Notaufnahmen der Krankenhäuser Stunden mit Warten verbringen muss, bevor ein Arzt kommt. Zwei beliebige Beispiele von vielen, die zeigen, dass der Mangel allenthalben spürbar ist. Diesen Mangel aber offen einzugestehen wäre für jeden politisch tödlich. Die faire Zuteilung von Gesundheitsleistungen ist eine klassische Gerechtigkeitsfrage, deren Beantwortung aus Feigheit lieber in die Zukunft verschoben wird. Der Preis ist hoch: Wir akzeptieren zunehmende Intransparenz, wenn es ans Verteilen geht, und, noch schlimmer, wir bürden dem einzelnen Arzt die Verantwortung auf, über das Schicksal von Einzelnen zu entscheiden. Aber wie kann Gerechtigkeit herrschen, wenn es keine Regel gibt?

Michael Pauw beteuert, von der Klinikleitung noch nie dazu gezwungen worden zu sein, medizinische Entscheidungen nach betriebswirtschaftlichen Gesichtspunkten zu fällen. In Lobberich gebe es keine Belohnungs- und Bestrafungssysteme für bestimmte Praktiken der Verschreibung. So etwas kennt man ja durchaus aus anderen Häusern, dass Chefärzte Zielvereinbarungen unterschreiben und nach Staffelentgelt honoriert werden. Je mehr operierte Knie, desto höher das Einkommen. »Bestimmte gesellschaftliche Bereiche«, so der Imperativ von Pauw, »sollten nicht ökonomisiert werden. Die Bildung, die Kunst und die Gesundheit.«

4. Juli 2015:

»Trotz Hitze: Als erste Stadt in Nordrhein-Westfalen hat Linnich im Kreis Düren Flüchtlinge in Zelten untergebracht. Rund 200 Asylsuchende zogen gestern in die provisorische Zeltstadt.« (Rheinische Post)

Gestern Abend habe ich in einem Spielsalon zum ersten Mal meine E-Mails gecheckt. Zum Glück gab es dort noch so einen alten Kasten aus den Anfangsjahren des Internets, in den man ein 50-Cent-Stück einwirft und dann 20 Minuten surfen kann. Etwas Wichtiges war nicht dabei. Oder jedenfalls nichts, was ich in meinem derzeitigen Zustand der mentalen Schwerelosigkeit, der Loslösung von üblichen Zeitstrukturen, für wichtig halten würde. Ich habe es mir mühsamer vorgestellt, aus der digitalen Welt vorübergehend auszusteigen. Fünf Tage ohne funktioniert ja in einem normalen Berufsalltag längst nicht mehr. Das Gefühl ist weg, alle paar Stunden nachschauen zu müssen, ob sich wer gemeldet hat. Michael Pauw hat übrigens gestern Abend mit wehmütigem Blick gesagt, dass er, wenn er die Zeit hätte, bei meiner Wanderung gern ein Stück mitgehen würde. Er war ein bisschen neidisch. Ich glaube, er hat verstanden, dass es keine schlechte Idee ist, in dem Durcheinander unserer Zeit das Tempo rauszunehmen und nach Antworten nicht irgendwo in der Ferne zu suchen, sondern um die nächste Ecke herum.

Im Alltag merken wir gar nicht – weil wir ihn so oft sagen – was das für ein seltsamer Satz ist: »Ich habe keine

Zeit.« Ist das ein Besitzverhältnis? Falls ja, verkörpere ich gerade die herrschende Klasse, den Zeitreichtum. Ich habe viel von dem, was bei anderen knapp ist. Die Endlichkeit dieses Reichtums ist für mich momentan nicht die Bohne spürbar. Und wenn ich denen begegne, die arm an Zeit sind, also eigentlich alle, die meine Wege kreuzen, kann ein Gespräch nur dann gelingen, wenn ich nicht wie ein Zeitdieb daherkomme, der anderen etwas wegnimmt. Denn es ist ja ein Vorwurf, wenn wir sagen, jemand stehle uns die Zeit. Es ist immer ein Akt der Verführung, der mir möglichst mit dem ersten Satz gelingen muss, mein Gegenüber aus dem Tagwerk für ein paar Augenblicke herauszureißen.

Der Erste, den es an diesem Tag trifft, ist Bauer Kersten, auf einer Weide zwischen Lobberich und Herongen, dicht an der holländischen Grenze. Er ist ein leichter Fall, denn er hat Zeit, das sehe ich seinen Bewegungen an. Er ist keiner, der bei dieser Hitze die Langsamkeit erst entdecken müsste. Kersten hat gerade mit dem Traktor einen Wassertank auf die Weide gefahren und ist nun dabei, Holzklötze unter die Räder des Tanks zu klemmen. Seine braunen Rinder schauen dösig zu ihm rüber, sie haben sich allesamt schon am Morgen in den Schatten gelegt. Ein guter Tag, um ein Gespräch tatsächlich mal mit dem Wetter zu beginnen. Über den Zaun rufe ich ihm zu, ob seine Tiere mit der Bullenhitze klarkommen. »Mit Kälte kommen Rinder viel besser zurecht«, antwortet er, »bei Hitze geraten sie schnell in Stress. Ohne Trinkwasser wäre das hier lebensgefährlich für die Tiere.« Kersten erzählt, dass Kühe bei hohen Temperaturen nur noch halb so viel Milch geben. »Aber das interessiert mich nicht mehr, ich habe die Milchkühe abgeschafft.« Wenn es nur noch 20 Cent pro Liter gebe, dann lohne sich das für ihn nicht mehr. 20 Cent pro Liter! Das ist eine Zahl, die vermutlich gar nichts auslöst, wenn man sie in der Zeitung liest. Aber wenn man mit diesem Preis ein Gesicht verbindet, einem Bauern bei der Arbeit zusieht, ist das anders.

Mir fällt ein, dass ich als Kind von meinen Eltern abends regelmäßig mit der Milchkanne zum Bauer im Ort geschickt worden bin. Er fuhr in der Milchküche mit der Kelle in einen großen Bottich hinein und füllte eineinhalb Liter in meine Kanne. Meistens war die Milch noch warm. Dafür bekam der Bauer damals eine Mark, also deutlich mehr als heute. Das ist jetzt ein gutes halbes Leben her. Auch ohne umständlich im Kopf nachzurechnen, wie viel weniger wert ein 20-Cent-Stück allein durch Inflation in so vielen Jahren geworden ist, wird mir schlagartig klar, wie viel Verachtung in einem solchen Preis drinsteckt. Verachtung für menschliche Arbeit, Verachtung für das Wohl von Tieren, deren Haltung sich nur dann noch rechnet, wenn sie einen Turboeuter haben, Verachtung für das, was unseren Leib und Magen zusammenhalten soll.

Kersten hat noch 50 Rinder. Die Bullenkälber werden im Herbst verkauft, die weiblichen Tiere kommen bei ihm zur Zucht in den Stall. »Hier gibt es noch echten Bullensex«, lacht er. Denn in der Massentierhaltung wird ja nur künstlich befruchtet, bekommen sich die Geschlechter ein ganzes Leben lang nicht zu Gesicht. Wenn er seine Rinder zum Schlachthof in Viersen bringt, geben sie ihm dort 3,50 Euro pro Kilo. »Fair wären in meinen Augen 4,50 Euro, aber die Verbraucher wollen ja unbedingt billiges Fleisch.« Jetzt im Hochsommer ist der Kilopreis besonders niedrig, weil im Supermarkt nur noch Schweinefleisch als Grillgut gefragt ist. Mit ökonomischer Rationalität hat das, was Kersten an diesem Samstagvormittag tut, nicht das Geringste zu tun. Er verbringt gerade seine Freizeit auf der Weide. Kersten arbeitet unter der Woche im öffentlichen Dienst, er ist ein sogenannter Nebenerwerbsbauer. Ein technischer Begriff für eine Lebensform, die lange Zeit sehr prägend war für unsere Kulturlandschaften, aber längst im Verschwinden begriffen ist. Jedes Jahr geben Tausende Bauern in Deutschland ihre Höfe auf, oft nachdem sie jahrelang von der Substanz gelebt haben. Auf zwei von drei Höfen ist die Nachfolge ungeklärt. Kersten müsste nicht zehn-, sondern hundertmal so viele Rinder halten, um seinen Betrieb rentabel führen zu können, und selbst dann würde er noch längst nicht zu den Großen gehören. Warum diese Mühe, frage ich ihn, während andere gerade in Badehose am Baggersee liegen? »Ich habe nun mal diese Flächen, und ich will sie nicht verkommen lassen.« Kersten hat keine Kinder; damit ist klar, dass er der Letzte in der Generationenfolge sein wird. »Aber selbst wenn ich welche hätte«, fügt er hinzu, »würden die doch einen Teufel tun, freiwillig diese Anstrengung auf sich zu nehmen.« Sagt es und fährt mit seinem Traktor davon. Falls ich irgendwann mal wieder hier vorbeikommen sollte, wird sich das Landschaftsbild vermutlich verändert haben. Keine Rinder mehr im Schatten unterm Baum.

Bald darauf wird der Strukturwandel, den die Landwirtschaft bereits hinter sich hat, für mich in drastischer Weise augenfällig. Ich sehe bei Herongen ein Feld, so groß wie ein Fußballplatz, kann aber aus der Ferne nicht erkennen, was dort angebaut wird. Am Feldrand steht ein Bauer mit Strohhut auf dem Kopf, der überprüft, ob sein Bewässerungsschlitten korrekt arbeitet. Eine riesige Krake auf Rädern, die über das halbe Feld reicht und sich langsam vorwärtsbewegt. Bei dieser Hitze wird der Schlitten wohl pausenlos im Einsatz sein. Ich komme näher und erkenne ein Meer aus Heidekräutern mit noch winzigen Blüten in Rot, Rosa und Weiß. Karl Anton Schwarz, der Mann mit dem schützenden Hut, erklärt mir, dass das Callunen sind, eine Erika-Art, beliebt bei Kunden, die auf ihrem Balkon die Stimmung des Sommers in den Herbst hinein verlängern wollen. Schwarz nennt sich selbst nicht mehr Bauer, sondern Zierpflanzenzüchter. Als er hört, dass ich Richtung Straelen laufe, sagt er, dass ich noch an vielen Blumen vorbeikommen werde, denn diese Gegend hier sei das europäische Zentrum des Gartenbaus, mehr als jede fünfte deutsche Blume oder Zierpflanze komme aus dieser Ecke.

Aber was heißt schon deutsch? Schwarz erzählt mir eine erstaunliche Geschichte über die Produktionsbedingungen in einem globalen Markt. Die meisten seiner eigenen Pflanzen werden bald auf skandinavischen Balkons stehen, die Erde bezieht er aus Lettland. Sie wird in großen Ballen, die mit Plastik umwickelt sind, auf Paletten geliefert. Zu meiner Verblüffung sehe ich, dass eine Erika aus Herongen gar nicht in niederrheinischer Erde wurzelt. Denn das Feld, auf dem sie steht und gerade bewässert wird, ist mit einer riesigen Plastikplane versiegelt. Darüber steckt die Pflanze in einem schwarzen Plastiktopf auf einer Minipalette mit eingestampften Vertiefungen, auf der noch neun andere Töpfe Platz haben. Was von fern wie das blühende Leben aussieht, ist aus der Nähe betrachtet eine tote Landschaft. Ich starre auf Hunderttausende Töpfe und entdecke auf den farbenprächtigen Blüten kein einziges Insekt.

Schwarz ärgert sich selbst über seine Art der Produktion, würde sie lieber heute als morgen verändern. Aber die Verantwortung sieht er bei anderen: »Die Kunden kaufen nur Pflanzen in sauberen Töpfen, die außerdem noch mit einer Cellophantüte verpackt sind. Sonst bleibt die Ware bei Aldi, Rewe oder in der Gartenabteilung von Obi liegen.«

Schon häufiger hat er seine Großkunden aufgefordert, eine umweltverträgliche Lösung zu finden, ist aber jedes Mal vor die Wand gelaufen. Gut, dass der Bewässerungsschlitten reibungslos arbeitet, denke ich, so können wir in Ruhe weiterreden, während aus den Düsen punktgenau über jedem Topf ein feiner Nebel versprüht wird. Denn die Logik des globalisierten Blumenmarktes beginnt mich zu fesseln. Je länger unser Gespräch dauert, umso mehr höre ich bei Schwarz heraus, wie sehr er sich als Getriebener sieht, der Gesetzmäßigkeiten folgen muss, die nicht seine sind, die er selbst kaum beeinflussen kann.

Er zeigt mit dem Finger nach Westen, auf eine Landschaft aus riesigen Gewerbehallen, die man von seinem Blumenfeld aus sehen kann. Ich habe zuerst gedacht, dies sei eine große Fabrik. Tatsächlich ist dies der tägliche Umschlagplatz für Millionen von Zierpflanzen. Landgard ist sein wichtigster Abnehmer, eine Genossenschaft, die die Blumen von Erzeugern aus ganz Europa vermarktet. Schwarz ist nur einer von sehr vielen. Er erzählt mir, wie es im Innern der Hallen zugeht. Dort finden sogenannte Versteigerungen an der Uhr statt. Er liefert seine Heidekräuter an und trifft dort auf potenzielle Abnehmer. »Die Versteigerung beginnt bei einem Euro pro Topf«, erläutert Schwarz. »Dann zählt die Uhr runter, der Preis sinkt kontinuierlich, bis zu dem Zeitpunkt, an dem ein Käufer einen Knopf drückt. Die Uhr bleibt stehen, und der Deal kommt zu diesem Preis zustande.« Aus der Perspektive des Käufers heißt das: Wer zuerst zuckt, hat zwar seine Ware sicher, zahlt aber den höchsten Preis. Wer dagegen die Nerven hat, länger abzuwarten, geht vielleicht leer aus, weil andere ihm zuvorgekommen sind, macht aber im Falle des Erfolgs ein ordentliches Schnäppchen.

Man kennt solche Mechanismen der Verkaufspsychologie von dubiosen Einkaufsfernsehkanälen, die das Fieber bei den Zuschauern gleich doppelt anheizen. Während der Preis sichtbar fällt und fällt, wird auf dem Bildschirm gleichzeitig angezeigt, wie das Angebot mehr und mehr schrumpft. Diese Suggestion eines sehr bald eintretenden Mangels löst bei vielen überhaupt erst die Kaufentscheidung aus. Neulich habe ich mir das im Fernsehen angeschaut, um die Logik zu verstehen. Die Auktion beginnt äußerst langsam, zieht dann das Tempo an, um sich am Ende fast zu überschlagen. Am Anfang gab es hundert Plastikhelikopter zum Einstandspreis von 40 Euro, zwischendrin waren es 30 für 20 Euro, am Ende dann nur noch acht für sechs Euro. In diesem Augenblick hatte der Fernsehverkäufer schon so viel Nervosität verbreitet, dass man fürchten musste, es nicht rechtzeitig zu schaffen, die Rufnummer zu wählen, weil plötzlich so viele zugriffen. Der allerletzte Helikopter ging für einen Euro weg. Auf diese Weise kann man den letzten Schrott verticken, weil immer die starke Emotion mit verkauft wird, allen, die noch kurz vorher deutlich mehr bezahlt haben für das gleiche Produkt, eine lange Nase gedreht zu haben. So funktioniert der Gefühlskapitalismus, wenn er Begierden des Haben-Wollens wecken will, die gar nicht mehr an ein konkretes Bedürfnis gekoppelt sind.

Im Blumengroßhandel dürften kühlere Köpfe am Werk sein, die stets spitz rechnen. Jeder Beteiligte bei der Versteigerung an der Uhr muss sich Rechenschaft darüber ablegen, wo die eigene Schmerzgrenze liegt. Beim Züchter Schwarz sind es momentan 60 Cent pro Topf. Verkauft er für einen Preis, der darunterliegt, hat er nicht kostendeckend produzieren können. Solche Situationen gibt es immer wieder. »Momentan zum Beispiel sind Zierpflanzen nahezu unverkäuflich, weil bei der Hitze kein Mensch etwas im Garten macht«, sagt der Züchter, »und ganz schlimm war es nach den Anschlägen vom 11. September, denn da hat sich hinterher wochenlang niemand mehr für Blumen interessiert.« Die Schwankungen auf dem Markt seien so groß, dass er die Erträge über einen Zeitraum von fünf Jahren anschauen müsse, um zu prüfen, ob sich die eigene Arbeit gelohnt hat. »Kein Bauer«, erklärt Schwarz, »kann heute sicher sein, in fünf Jahren noch das Gleiche zu tun wie jetzt!«

Der Produktionszyklus seiner Callunen dauert jeweils 16 Monate. Drüben in den Gewächshäusern sind bereits die kleinen Stecklinge angewachsen, die nächstes Jahr um diese Zeit auf dem versiegelten Feld stehen werden. Wenn auf dem Hof viel Arbeit ansteht, helfen polnische Saisonarbeiter mit, zum Tariflohn, wie Schwarz versichert. Wären die vor zehn Jahren gekommen, hätte ihre Tätigkeit noch ganz anders ausgesehen. Denn in dieser Region haben, so wie er, in letzter Zeit viele Gemüsebauern auf Zierpflanzenzucht umgestellt. Sie versuchen damit, ihr unternehmerisches Risiko zu begrenzen. Auf dem Feld des Bauern gilt der Grundsatz: Zeit ist Geld. Wer Salat, Tomaten oder Gurken produziert, ist darauf angewiesen, dass die Vermarktung noch am selben Tag reibungslos klappt. Sonst ist die Ware verdorben. Bauern sind dadurch erpressbarer. Schwarz hat mit seinen Topfpflanzen ein größeres Zeitfenster von etwa zwei Wochen. Wenn der Markt gerade schwächelt, kann er die Ernte einige Zeit nach hinten schieben in der Hoffnung, dass die Preise sich unterdessen wieder erholen. Seine Arbeit ist daher etwas weniger krisenanfällig.

Zum Schluss will ich von ihm wissen, wie er seine Zukunft sieht. Die Antwort hätte ich mir denken können: Wachstum. Momentan hat er einen Hektar Fläche zur Verfügung, also etwas mehr als ein Fußballfeld. Das reicht für mehrere Hunderttausend Töpfe, so genau weiß er das gar nicht. Seinen 19-jährigen Sohn hat er gerade in die USA geschickt, in einen Zierpflanzenbetrieb in Oregon mit 60 Hektar. »Die arbeiten in ganz anderen Dimensionen. Ich hoffe, dass der Junge mit neuen Ideen aus Amerika zurückkommt!«

Glücklicherweise wartet auf mich hinter dem Blumenfeld ein längerer Streifen Wald. Beim Gehen im Schatten denke ich darüber nach, was mir der Mann mit Strohhut, den der Strukturwandel vom Bauern zum Risikounternehmer gemacht hat, erklärt hat. Zum zweiten Mal an diesem Tag habe ich die Klage von Produzenten über Macht und Verantwortung der Verbraucher gehört. Die wollen billiges Fleisch und saubere Blumentöpfe und ignorieren deshalb die ruinösen Folgen, so hatte es bei Bauer Kersten und Züchter Schwarz geheißen. Für die kommenden Tage nehme ich mir vor, genauer hinzuschauen, auch bei anderen Bauern, denn jetzt werde ich für einige Zeit in Gegenden unterwegs sein, in denen außer Landwirtschaft nicht viel los ist.

Haben wir als Konsumenten tatsächlich den Schlüssel in der Hand, um die Produktionsbedingungen in der Wirtschaft entscheidend zu beeinflussen, leben wir in der Verbraucherdemokratie? Der verstorbene Soziologe Ulrich Beck war davon überzeugt, dass weltweit immer mehr Bürger entdecken werden, dass man aus dem Kaufakt eine Art Stimmzettel machen kann. Er nannte das »Subpolitik«. Ihm schwebte eine aktive Konsumgesellschaft als Form der direkten Demokratie vor. Der Supermarkt plötzlich ein neuer Ort politischen Handelns. Auf eine solche Idee kann natürlich nur kommen, wer das bisherige Modell von Demokratie in einer schweren Krise sieht. Wenn transnationale Konzerne mit Regierungen Katz und Maus spielen und sich neue Standorte aussuchen und genauso schnell auch wieder verlassen, je nachdem wie hoch dort die Steuerlast für sie ist und wie billig die menschliche Arbeit, macht die traditionelle repräsentative Politik immer wieder Erfahrungen von Ohnmacht. Der britische Politikwissenschaftler Colin Crouch hat für diesen Prozess der zunehmenden Aushöhlung staatlicher Kompetenzen den Begriff der »Postdemokratie« geprägt. Gemeint ist, dass wir äußerlich zwar noch in demokratischen Zuständen leben, weil es Wahlen und Regierungen gibt, aber sich die Machtbalance faktisch verschoben hat hin zu einer Herrschaft der Märkte, auf denen die großen Konzerne das Sagen haben. Ein paradoxer Zustand: Wer gewählt ist, ist ohnmächtig, wer nicht gewählt ist, bestimmt die Spielregeln. Und nun also als Gegengift die direkte Partizipation durch uns als Verbraucher? Erlangen wir neue Gestaltungsmacht, weil wir zuallererst Konsumbürger sind?

Ein Argument dafür ist die unterschiedliche Geschwindigkeit, mit der Handlungen wirksam werden. Die parlamentarische Demokratie ist auf Langsamkeit angewiesen. Bevor aus Meinungen Mehrheiten werden und aus diesen wiederum Gesetze, verstreicht viel Zeit. Das verstehen viele Wähler nicht mehr, weil sie wenig über das Innenleben des Politikbetriebes wissen und nicht selten die Erwartung haben, dass nach der Talkshow am Sonntagabend schon am Montagmorgen gehandelt werden muss. Kaufakte können dagegen sehr schnell wirksam werden, wenn aus vielen individuellen Entscheidungen im Schneeballsystem kollektive Macht entsteht. Das spektakulärste Beispiel, an das Ulrich Beck gedacht hat, ist natürlich der Boykott, die »Machtressource des Nicht-Kaufes«. Wenn viele Kunden gleichzeitig und öffentlichkeitswirksam beschließen, kein Billig-T-Shirt oder Käfigei mehr zu kaufen, werden die Waren sehr schnell aus dem Regal genommen. Gegen den Boykott ihrer Produkte können sich selbst transnationale Konzerne nur schwer zur Wehr setzen, weil man zwar Arbeitnehmer entlassen kann, aber keine Konsumenten. Weil das Druckmittel fehlt, bleibt ihnen nur die Möglichkeit, auf Krisen-PR zu setzen und sich bei ihren Kunden für eigenes Fehlverhalten zu entschuldigen. Dann plakatiert Shell kleinlaut »Wir haben verstanden«. Langfristig dürfen sie natürlich trotzdem auf unsere Vergesslichkeit zählen.

Denn solche erfolgreichen Praktiken können nicht darüber hinwegtäuschen, dass dies eine Form des Protestes ist, der bislang immer nur punktuell geblieben ist. Es gibt nicht die *eine* Arena in der Verbraucherdemokratie, in der sich die unterschiedlichen Diskurse über Produktionsbedingungen einzelner Güter bündeln ließen. Jeder einzelne Skandal schafft sich seine eigene Teilöffentlichkeit, wofür das Internet als Instrument für eine schnelle Kampagne bestens geeignet ist. Aber diese Teilöffentlichkeiten lösen sich bald darauf wieder in alle Winde auf, dann ist der nervöse Schwarm schon längst mit anderen Dingen beschäftigt. Auch als Konsumenten sind wir sehr verschieden. Die einen achten darauf, dass Textilarbeiterinnen in Fernost fair bezahlt werden, den anderen geht es darum, regionale Kreisläufe zu unterstützen und lange Transportwege zu vermeiden. Wieder andere wollen zuallererst wissen, ob bei der Herstellung eines Produkts Tiere gelitten haben. Mir schwirrt der Kopf bei der Vorstellung, vor jedem Einkauf erst recherchieren zu müssen, was vorher alles passiert ist, bevor die Ware im Regal gestapelt wurde. Bis vorhin hatte ich noch nichts von lettischer Erde am Niederrhein, von versiegelten Feldern in der Blumenproduktion und von deutschen Zierpflanzen auf Stockholmer Balkons gehört. Ich stelle es mir verdammt schwer vor, als aktiver Konsumbürger die Komplexität eines globalen Warenhandels auch nur in Umrissen verstehen zu wollen. Und es sträubt sich auch etwas in mir bei der Vorstellung, politisches Bewusstsein vor allem beim Einkaufen beweisen zu müssen. Klingt wie ein Projekt für die gehobene Mittelschicht: Wer es sich leisten kann, wird wählerisch und integriert den korrekten Konsum in ein Lebenskonzept, das sowieso sehr stark um Wohlstand und Shopping herum zentriert ist. Das mag Subpolitik sein, die aus lauter individualisierten Akten besteht. Echte Politik lebt aber davon, dass sich Bürger in einer Arena mit anderen Bürgern treffen, um zusammen ihr Gemeinwesen zu gestalten. Die analoge Versammlungsdemokratie, das berühmte Bohren dicker Bretter, ist allerdings viel mühsamer als die Verbraucherdemokratie im Supermarkt.

Trotzdem ist mir die Idee sympathisch, neue Quellen der Utopie im Alltagsleben ausfindig zu machen. Der amerikanische Soziologe David Riesman hat das, bezogen auf die Gewohnheiten des Konsums, bereits 1950 versucht, in seinem Bestseller »Die einsame Masse«. Darin wird beschrieben, wie sich parallel zur Entwicklung der Konsumgesellschaft ein bestimmter Charaktertyp durchsetzt, der »außen-geleitete Mensch«. Er ist Konformist, einer, der sich in seinem Verhalten sehr stark von den Erwartungen und Wünschen anderer leiten lässt. Weil er von der Anerkennung anderer viel abhängiger ist als ein »innen-geleiteter Mensch«, schaut er auf Moden und Mehrheitsmeinungen, läuft ständig Gefahr, zum Spielball der Manipulateure aus Werbung und Marketing zu werden. Gemessen an heutigen Verhältnissen, wo jeder Konsument digital vermessen wird, um möglichst viel über seine Gewohnheiten und Sehnsüchte zu erfahren, und nach jedem Kaufakt im Netz den Hinweis bekommt: »Kunden, die diesen Artikel gekauft haben, kauften auch …«, waren die Werbeattacken der »Bewusstseinsindustrie« zu Riesmans Zeiten harmlos. Dennoch hat der Soziologe schon damals gesehen, wie schwer es für Verbraucher ist, sich äußeren Konformitätsregeln und Meinungsmoden zu entziehen. Die heutige Konsumgesellschaft beschert mindestens »außen-geleiteten Menschen«, vermutlich aber uns allen ein gravierendes Autonomie-Problem. Wenn wir penetrant als begehrliche Wesen angesprochen werden, die alles wollen, und zwar sofort, laufen wir Gefahr, ständig aufs Neue in infantile Muster zurückzufallen. Die Wachstumsökonomie ist aber darauf angewiesen, dass wir uns für die Steigerungslogik des »Immer mehr« begeistern.

Für Riesman begann der Kampf um Autonomie bei der Verteidigung der Privatsphäre, hier entwickeln wir »unsere kritischen und schöpferischen Maßstäbe«. Heute, da die Privatsphäre von den totalitären Konsummächten des Internets brutal angegriffen wird, ist dies wichtiger denn je. Wer keinen Rückzugsraum mehr hat, der frei ist von der Logik der Arbeit und des Kommerzes, wird Mühe haben, sich dem Sog zu entziehen, der den »außen-geleiteten Menschen« so unfrei macht. Riesmans Utopie bestand darin, dass wir lernen, »nicht nur mit Verbrauchsgütern (…), sondern auch mit den ›größeren Gütern‹ richtig umzugehen: einer Nachbarschaft, einer Gesellschaft und einer Lebensweise«.

Wenn dieser Zusammenhang stimmt, dann haben wir als Verbraucher tatsächlich eine Schlüsselrolle. Konsument sein heißt, eine bestimmte Kultur des Umgangs mit Dingen zu pflegen. Dies kann eine Kultur des schnellen Verbrauchs sein, aber auch eine der Schonung. Dann gilt es zu begreifen, dass nicht das Hüftsteak von Bauer Kersten und der einzelne Blumentopf von Züchter Schwarz jeweils für sich betrachtet das Problem sind, sondern pars pro toto für eine Lebens- und Produktionsweise stehen, die insgesamt prekär geworden ist. Eigentlich weiß es jeder, dass unser verbrauchender Lebensstil endlich ist. Man mag es gar nicht mehr aufschreiben. Und trotzdem dreht sich die Spirale der globalen Ökonomie immer schneller, werden die Handelswege immer weiter, sucht sich Züchter Schwarz seine Zukunftsbilder vom Wachstum eben in Oregon und hat vermutlich auch gar keine andere Wahl. Wer weiß, wenn die paar Rinder von Kersten irgendwann weg sind, haben auf seiner Weide Millionen neuer Blumentöpfe über der Plastikplane Platz.

Inzwischen habe ich eine erste Antwort auf meine Frage, was die Gesellschaft zusammenhält. Am Niederrhein fällt sie symbolisch aus. Immer wieder habe ich gestern und heute in den Ortschaften sogenannte Heimatbäume gesehen. Die stehen in der Dorfmitte, haben einen mächtigen Stamm und tragen rechts und links als stilisierte Äste Tafeln mit den Wappen der ortsansässigen Vereine: Pfadfinder, Rotes Kreuz, Freiwillige Feuerwehr, Schützenverein. Manche Orte kommen da auf anderthalb Dutzend tragende Äste für ein Gemeinwesen, das offenbar im Lokalpatriotismus wurzelt. Wenn ich junge Leute in der Tracht ihres Fanfarenchors schwitzen sehe, weil momentan hier anscheinend überall Schützenfest-Saison ist, wird mir klar, wie anders das Leben in der Provinz immer noch ist. Heutzutage wird medial der Eindruck erweckt, als sei es für junge Leute vollkommen normal, so zu leben wie die globale Elite. Nach der Schule ein Leben als Jobnomade im Ausland. Aber erstaunlich viele Junge scheinen hier immer noch die Plätze einzunehmen, die die wegsterbenden Alten in den traditionellen Strukturen hinterlassen. Vielleicht sind die Blumentöpfe doch mobiler als die Menschen, denke ich.

In Straelen auf dem Marktplatz ist kein Heimatbaum aufgestellt. Hier steht eine alte Eiche in der Mitte, mit mächtigem Stamm. Um ihn herum, wie in einer Idylle, eine sechseckige Holzbank. An diesem Flecken kann man es aushalten. Der Platz ist rot und blau gepflastert, rings herum mit Blumenkästen geschmückt und verbreitet an diesem lauen Abend ein wenig mediterranes Flair. Es liegt ein Flirren in der Luft. Von den Tischen der Restaurants dringt fröhliches, alkoholbefeuertes Geplapper zu mir herüber, der angeblich heißeste Tag des Jahres wird mit starken Getränken verabschiedet. Nur unter der Eiche wird nicht geredet. Dort sitzen zwei afrikanische Flüchtlingsfamilien. Die Erwachsenen stumm und regungslos, ihre Blicke auf die Gäste an den Esstischen gerichtet. Ihre kleinen Kinder klettern johlend auf dem Marktbrunnen nebenan. Auch hier der gleiche Eindruck wie schon in St. Tönis: kein böser Blick von den Einheimischen, die mit sich selbst beschäftigt sind, eher Nicht-Beachtung.

Wie schnell das in diesem Jahr ging, dass die globale Armutsproblematik ihr Gesicht mitten unter uns zeigt! Nichts ist gut in dieser Welt da draußen, und nichts davon lässt sich mehr hier drinnen in unserem Wohlstandskokon ignorieren. Jetzt zeigt sich mir der brutale Riss überdeutlich an einem Sommerabend auf dem Marktplatz in Straelen. Wer dazugehört, verzehrt. Wer nicht dazugehört, schaut anderen beim Verzehr zu. Keiner der Gäste in den Restaurants neidet den Flüchtlingen den Platz auf der Bank unter der Eiche, der bestimmt mal der beste hier war an warmen Sommerabenden. Denn serviert wird woanders.

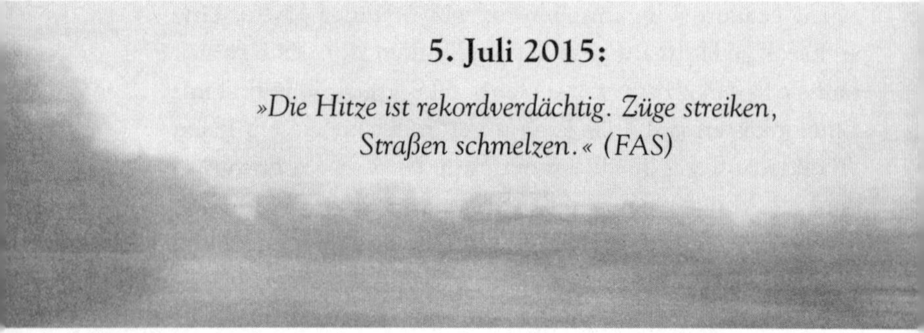

5. Juli 2015:

»Die Hitze ist rekordverdächtig. Züge streiken, Straßen schmelzen.« (FAS)

Für einen Tag werde ich nun doch ein Pilger sein. Eigentlich wollte ich Richtung Geldern laufen und den berühmten Wallfahrtsort Kevelaer links liegen lassen. Aber schon nach ein paar Schritten begegnen mir auf der Hauptstraße in Straelen 28 erschöpfte Wallfahrer, die gerade von dort kommen, heute früh schon um fünf aufgebrochen sind, um ihre Tagesetappe von 50 Kilometern schaffen zu können. Jetzt gönnen sie sich ihre Frühstückspause, holen Verpflegung aus einem Bauwagen, der, von einem Traktor gezogen, die ganze Tour über die Fußtruppe begleitet. Einer erzählt mir zwischen zwei hastigen Bissen ins Frühstücksbrot, dass acht Pilger aus ihrer Gruppe vorzeitig ausgestiegen sind, nach zwei Tagen mit jeweils 50 Kilometern zu Fuß, ausgerechnet an den heißesten Tagen! Heute Abend, nach der dritten Etappe, wollen die Wallfahrer es wieder zurück nach Hause geschafft haben. »Wir haben unsere Sünden nach Kevelaer getragen«, schmunzelt der Pilger, »aber so viel können wir gar nicht gesündigt haben, wie wir jetzt büßen müssen.« Die meisten der Pilger sind älter als ich. Mich beeindruckt, wie sie in Gemeinschaft über sich hinauswachsen und all die Schmerzen, Strapazen und Blasen aushalten. Ich würde es mir jedenfalls nicht zutrauen, 50

Kilometer an einem Tag allein zu laufen. Mit anderen gemeinsam vielleicht.

Nach dieser Begegnung ändere ich meine Pläne. Dann halt doch einen Tag lang dem Zeichen der Jakobsmuschel folgen und mal schauen, wie mich die Hochburg des rheinischen Katholizismus empfangen wird. Hinter Straelen laufe ich an riesigen Gewächshäusern vorbei. Hinter dem matten Glas leuchtet es rot. Ich suche den Eingang, schlüpfe hinein und treffe auf Danuta, die gerade dabei ist, kleine Cherrytomaten in Plastikschalen zu sortieren. Sie schaut mich freundlich an, sodass ich gar nicht erst nach einer Ausrede suchen muss, warum ich hier eingedrungen bin. Anscheinend ist gerade kein Chef in der Nähe, denn Danuta nimmt sich ein bisschen Zeit für mich. Seit 14 Jahren, erzählt sie in gebrochenem Deutsch, kommt sie als Saisonarbeiterin hierher, aus Polen, aus der Nähe von Danzig. »Gute Arbeit!«, sagt sie. »Für wie viel denn?«, frage ich. »Fünf bis sechs Euro bleiben mir die Stunde. Ich muss ja den Schlafplatz bezahlen, in der Halle für die Erntehelfer.« Danuta hat hier offenbar die Rolle einer Vorarbeiterin. Denn als ein junger Mann mit gepiercter Nase vorbeikommt, um sich neue Arbeitsanweisungen abzuholen, ruft sie ihm gestenreich drei Wörter zu: »Schneiden, Blätter, Schere.« Der junge Mann versteht und entfernt sich in Richtung der riesigen Stauden. Er kommt aus Rumänien. Danuta erzählt, dass Sonntagsarbeit hier nichts Besonderes ist. Es wird nonstop gearbeitet. Die Arbeit des Gemüsebauern im Gewächshaus kennt keine Jahreszeit mehr, in der alles ruhen würde. Sie ist so getaktet wie in der Industrie. Die Tomaten stehen in den gläsernen Hallen vier Meter hoch in langen Reihen. Zwischen den Reihen ist jeweils ein Gleis verlegt, über das die Ernteloren geschoben werden. Ob hier denn auch Deutsche arbeiten, möchte ich von Danuta wissen. Sie schüttelt den

Kopf. Die Arbeit sei zu schwer, ist ihre Begründung, sie sagt es mit einem Grinsen. Danuta ist mit ihrem Lohn zufrieden. Sie bleibt jeweils zwei Monate, dann fährt sie nach Hause und genießt ihren bescheidenen Wohlstand. Ich erzähle ihr, dass ich gestern mehrmals rumänische Gesprächsfetzen im Ort aufgeschnappt habe, von jungen Männern in ärmlicher Kleidung, ob denn viele von dort kämen. Die Polin nickt: »Sie kommen mit alten Autos und schlafen nach der Arbeit auch dadrin.«

In Holt wird an diesem Sonntag auch gearbeitet. Ein Gemüsebauer sitzt auf einem gewaltigen Traktor mit mühlradgroßen Rädern, der einen mehrere Tausend Liter fassenden Tank mit Pflanzenschutzmitteln über das Feld zieht. Aus diesem Tank läuft die Lösung in einen Bewässerungsschlitten, der viele Salatreihen auf einmal schafft, wenn er seine Spannbreite ausschöpft. Auf diese Weise kann ein Feld in der Größe dreier Fußballplätze innerhalb einer halben Stunde gespritzt werden. Der Bauer hat vorn in seiner Kabine GPS, das Feld wird digital vermessen. Dank der Satellitennavigation kann er praktisch freihändig treckern und trotzdem zentimetergenau arbeiten. Minutenlang schaue ich fasziniert zu und verstehe, warum im Bündel Rucola, das auf dem Markt verkauft wird, nicht ein einziges Unkraut steckt.

Ich bin nicht der Einzige, der neugierig darauf ist, wie hoch technologisierte Landwirtschaft heute funktioniert. Am Rand des Feldes, hinter einer akkurat geschnittenen Hecke, schaut sich ein älterer Herr von seinem Grundstück aus das Schauspiel an. Hans war bis vor vier Jahren selbst noch Bauer, hat den Hof aber aufgegeben, weil sein Sohn andere Pläne hatte und die Zeit der kleinen Landwirte vorbei sei. »Wir waren hier alle kleine Bauern«, erzählt er, »aber inzwischen bewirtschaften die neuen Pächter Flächen, die hundertmal so groß sind wie unsere eigenen.« Wer überleben wolle, müsse in große Maschinen investieren, und die wiederum lohnen sich nur, wenn sie häufig eingesetzt werden auf möglichst großen Feldern. Beim Gang durch Holt fällt mir auf, wie wenig Landleben heute noch mit den idyllischen Bildern zu tun hat, die gern auf Eierkartons gedruckt werden. Die Bauern hier wohnen in großzügigen Bungalows mit englischem Rasen und hässlichen blau glänzenden Ziegeln auf dem Dach, ihr Wohlstand ist unübersehbar. Holt sieht aus wie ein Gewerbegebiet, in dem auch gewohnt wird, nur dass in den Hallen keine Schrauben sortiert werden, sondern Blumen und Gemüse. Hier kräht kein Hahn, hier zieht auch niemand Obst und Gemüse für den Eigenbedarf, kein Städter käme auf die Idee, sich hier erholen zu wollen. Holt ist ehrlich, weil der Ort darauf verzichtet, Wunschbilder vom Landleben als Kulisse zu inszenieren. In Holt sehe ich auch zum ersten Mal, wie trist rote Rosen aussehen können, wenn sie hunderttausendfach in kleinen Kübeln auf versiegelten Flächen stehen. Auch in diesem Blumenmeer habe ich auf keiner einzigen Blüte ein Insekt gesehen. Die Bienen werden ihre Gründe haben.

Die restlichen Kilometer bis Kevelaer sind eine Qual. Die trockene Hitze, mit der ich eine Woche lang zu leben gelernt habe, hat sich verabschiedet. Das Klima ist jetzt subtropisch, Gewitter liegt in der Luft. Ich fühle mich fiebrig. Jeder Schritt schmerzt, der Körper schreit nach einer Pause. Aber ich muss weiter, denn am Himmel sind die ersten dunklen Wolken zu sehen, und ich möchte nicht auf der Landstraße sein, wenn sich das Gewitter austobt. Irgendwie schaffe ich es bis Kevelaer in die Fußgängerzone, in der die

Geschäfte geöffnet sind. Schlussverkauf geht vor Sonntagsruhe, auch im Wallfahrtsort. Aus der Ferne höre ich einen Bläserchor und bleibe stehen, um ihn zu erwarten. Er gehört zu einer großen Gruppe holländischer Pilger, die angeführt wird von vier älteren Damen, die eine Sänfte mit einer bunt geschmückten Marienfigur schultern. Als die Gruppe an mir vorbeiläuft, mit Gesang auf den Lippen, und in diesem Moment die Posaunen wieder einsetzen, schießen mir Tränen in die Augen, und ich muss aufpassen, nicht auf offener Straße loszuheulen. Überrascht von mir selbst, frage ich mich, was das gerade war, was mich so angerührt hat. Vermutlich die Erschöpfung, sage ich mir selbst, die macht empfänglich für eine sentimentale Stimmung. Zugleich wird mir klar, wie froh ich bin, doch hierhergelaufen zu sein. Ich gehöre dazu, und ich gehöre nicht dazu. Es regt sich ein religiöses Gefühl, und trotzdem bin ich gleich wieder im Modus des distanzierten Beobachters. Verwirrend, das alles, aber ganz bestimmt der falsche Augenblick, um es verstehen zu wollen. Mein Fieber ist gestiegen, das fühle ich an der Stirn.

Dabei ist mir das, was an diesem Ort geschieht, vollkommen fremd. Es bleibt dabei: Ich bin kein Pilger. Ich verstehe die merkwürdige Fixierung auf Maria nicht, schon gar nicht all die religiöse Folklore und Marketenderei in den zahlreichen Nippesläden. Mit einer geschnitzten Figur durch die Fußgängerzone zu laufen, vorbei an den Touristen, die an den Tischen der Straßencafés sitzen und schnell ihr Handy zücken, um Fotos von den Frommen in ihren Trachten zu schießen, stelle ich mir als harte Prüfung vor, selbst in einem Wallfahrtsort wie Kevelaer. Kein Wunder, dass die Pilger in der Gruppe kommen. In der säkularen Gesellschaft muss ja jeder, der seinen Glauben öffentlich sichtbar macht, damit klarkommen, von anderen skeptische, ablehnende oder einfach desinteressierte Blicke zu ernten. Allein die Anwesenheit des anderen, der möglicherweise ganz anders denkt und glaubt, bedeutet für den Frommen immer eine potenzielle Anfechtung. Nichts versteht sich mehr von selbst, weil wir frei sind in religiösen Angelegenheiten. Denn jeder von uns könnte ja in jedem Augenblick des Lebens den eigenen Standpunkt ändern und hier- oder dorthin konvertieren. In der Vergangenheit, als Gott sozusagen überall war, der gesamte öffentliche Raum von christlichen Symbolen durchdrungen war, wusste vermutlich jeder an diesem Ort, was man zu tun hat, um die eigene Frömmigkeit zu bekunden. Aber heute, da Religiosität vor allem mit Innerlichkeit verknüpft ist und immer weniger mit ritueller Praxis, wirken äußere Zeichen häufig fremd, wie übrig geblieben. Die Nonnen und Mönche, die das Konzept der Sichtbarkeit des Glaubens jahrhundertelang gelebt haben, sterben langsam weg. Dann haben wir in der öffentlichen Arena bald nur noch religiöse Zivilisten. Und natürlich die Symbole des harten Islam, Kopftuch, Burka und Pluderhose.

An der Gnadenkapelle ein paar Hundert Meter weiter, dem Ziel der Wallfahrer, herrscht dichtes Gedränge. Es wird Schlange gestanden, um drinnen einen Blick auf das kleine Gnadenbild werfen zu können, das Maria mit einer Krone auf dem Kopf zeigt. Nebenan an der Längsseite der Kerzenkapelle ein Lichtermeer aus brennenden Kerzen, die Wand darüber ist rußgeschwärzt. Heute müssen wieder viele ihre Sünden hierhergetragen haben. Mir ist nicht nach frommen Wünschen für die Zukunft, ich träume von einer Dusche und einem Bett, möglichst sofort. Plötzlich kommt auf dem Platz starker Wind auf, das Gewitter ist nah.

Im Priesterhaus gegenüber klingele ich an der Pforte und frage nach Unterkunft. Eine freundliche Dame will von mir wissen, ob ich Pilger sei. Arglos blickt sie auf meinen Rucksack, den Schlapphut und in mein müdes, verschwitztes Gesicht. Ich bin zu erschöpft für die Wahrheit, nicke leicht mit dem Kopf und murmele etwas von Fieber; dass ich dringend ins Bett müsse. Ich habe Glück. Weil Sonntagnachmittag ist und die großen Pilgerströme abgereist sind, ist für mich nicht nur Platz im Priesterhaus, sondern dort sogar im Bischofstrakt. Am Ende eines langen Flurs, der vollgehängt ist mit Ölporträts der Bischöfe aus dem Bistum Münster, liegt mein Zimmer. Ich trete ein und stoße auf ein altes Holzbett mit hoher Kopf- und Fußkante, wie ich es vor Jahrzehnten zuletzt bei meiner Oma gesehen habe. Prunk ist woanders, hier herrscht franziskanische Einfachheit. Das macht mir die hohen Würdenträger, die vor mir in diesem Bett gelegen haben, gleich sympathischer. Außerdem ein schwerer Sekretär aus Eiche mit der geschnitzten Heiligenfigur des St. Theodor und – als einziger Luxus im bescheidenen Zimmer – ein gemütlicher schwarzer Ledersessel mit Fernbedienung. Per Knopfdruck werden meine Füße in die Horizontale gehoben, der müde Rücken fällt sanft zurück. Der Tag ist geschafft.

Am Abend, nach einem offenbar heftigen Gewitter, das ich verschlafen habe, ist der Platz vor der Gnadenkapelle mit Blättern und abgebrochenen Ästen übersät. Die Pilger sind weg, der Sturm hat alle Kerzen gelöscht. Hunderte weiße Stummel werden bis morgen früh bestimmt abgeräumt sein. Dann kommen die nächsten Sünder, die ihre schweren Gedanken nach Kevelaer tragen. Ich beschließe, morgen als Ablass für meine kleine Lüge, dass ich Pilger sei, einen ordentlichen Geldschein hierzulassen.

6. Juli 2015:

»Kubas Staatspräsident Raúl Castro sagte nach einem Treffen mit dem Papst: ›Ich habe alle Reden gelesen, seine Kommentare, und wenn er so weitermacht, werde ich wieder anfangen zu beten – das ist kein Witz.‹«
(Rheinische Post)

Beim Frühstück im Priesterhaus habe ich Gesellschaft von zwei Schwestern, Theresia und Franziska, beide nicht mehr jung. Die eine arbeitet in einer Klosterschule in Paderborn, die andere in einem Krankenhaus in Düsseldorf. Beide haben von ihrem Orden Urlaub bekommen, beide sagen, dass sie erschöpft sind und sich auf ein paar Tage mit stillen Exerzitien freuen.

Ich hätte gedacht, dass Nonnen im Urlaub, um neue Kraft schöpfen zu können, nicht wiederum die Begegnung mit Gott suchen müssen, weil sie das sowieso andauernd tun. Aber offenbar kommt auch im seelsorgerischen Alltag einer Ordensfrau mitunter die Stille zu kurz. Theresia und Franziska wirken vertraut miteinander, dabei haben sie sich erst gestern Abend vor der Kirche kennengelernt. Die Sichtbarkeit ihres Glaubens hat für sie den persönlichen Vorteil, schon vorher voneinander zu wissen, dass sie etwas gemeinsam haben. So sind sie schnell miteinander in Kontakt gekommen. Wobei die eine eine weiße Haube trägt, die andere eine schwarze. Ich entscheide mich, im Gespräch gleich mit der Tür ins Haus zu fallen, und sage den beiden, dass es ihre Existenzform bald nicht mehr geben wird. Schwester Theresia wird sofort ernst. »Das kann ich gar nicht verstehen«, sagt sie, »wir sind in Paderborn seit 350 Jahren an unserem Platz, und das soll bald vorbei sein? Anscheinend hat Gott etwas Neues vor«, seufzt sie. Ihr Orden hat die Trägerschaft für die Schule bereits ans Bistum abgegeben. Ein deutliches Zeichen für den Rückzug. Auch bei Franziska habe ich mit meiner Bemerkung einen wunden Punkt getroffen. Gerade ist nämlich eine Mitschwester aus ihrem Krankenhaus gestorben. Jetzt sind sie dort nur noch zu dritt. Nach Kevelaer ist sie auch gekommen, um sich von diesem Schicksalsschlag zu erholen. »Der Wandel im Krankenhaus ist unglaublich«, entrüstet sie sich. »Bald sind wir ein Wirtschaftsbetrieb wie jeder andere. Nach zwei Tagen werden Kranke nach Hause geschickt, egal ob sie können oder nicht.« Ich will von ihr wissen, woran man denn noch einen Unterschied merken kann zu anderen Kliniken, die nicht in katholischer Trägerschaft sind. »Wenn Sie drinliegen als Patient, dann merken Sie es!«, sagt sie mit Verve. »Wir kümmern uns auch um die seelische Dimension.«

Ich merke, dass beide Schwestern auf ihre alten Tage das Gefühl haben, die Welt da draußen spiele verrückt. Ein ganzes Leben lang haben sie auf Gott vertraut, und nun wissen sie nicht mehr, was ihr Allwissender für einen Plan hat. »Die ganze Welt ist im Umbruch«, meint Schwester Theresia, »und keiner kennt die Richtung.« Auf meine Frage, was es denn sei, das den Umbruch vorantreibt, antwortet sie nach einem Moment des Zögerns: »Der Wohlstand hat uns fest im Griff!«

Das Gewitter gestern war nur eine kurze Episode. Die Schwüle ist weg, der heiße Sommer geht weiter. Ich laufe Richtung Xanten an ausgetrockneten Feldern vorbei, auf einem werden sogar noch mittags die Kartoffeln künstlich bewässert, obwohl dann viel Feuchtigkeit durch Verdunstung gleich wieder verloren geht. Eigentlich beregnen Bauern bei Hitze ihre Felder vorwiegend in der Nacht, aber weil sie es in diesem Jahr in der Zeit nicht schaffen, müssen sie, so wie hier, auch tagsüber die Wasserpumpen anwerfen. Zwischendurch habe ich das Gefühl, etliche Kilometer nur an Maisfeldern entlanggegangen zu sein. Die Vermaisung der Landschaft ist ja schon beim Vorbeifahren eine Zumutung. Für den Wanderer ist sie erst recht eine Qual, eine unfreiwillige Demutsübung, diese totale optische Einförmigkeit irgendwie auszuhalten. Man meint, nicht vom Fleck zu kommen, weil die Augen sich an nichts Neues in der Ferne heften können.

Umso dankbarer bin ich für eine kleine Beobachtung an einem Wassergraben. Dort entdecke ich eine Teichralle mit ihren Jungvögeln. Kleine schwarze Wasservögel mit rot-gelben Schnäbeln, die auf der Roten Liste gefährdeter Arten geführt werden. Ab und zu lassen sie sich im Graben blicken, dann schwimmt das Teichhuhn voraus und die sechs Jungen wie an einer Schnur gezogen hinterher. Aber ihren geschützten Unterschlupf haben sie offenbar in einer Wasserhöhle unter einer freigespülten Baumwurzel gefunden. Aus nächster Nähe schaue ich möglichst regungslos zu, damit sie sich wieder ins Freie trauen.

Schwer zu sagen, warum es guttut, so etwas zu sehen. Es gelingt auch nur, wenn die einzelne Minute nicht zählt. Normalerweise nehme ich die Umgebung, in der ich mich bewege, wie einen Film war, der schnell geschnitten ist. In der Großstadt mit ihren Reizen und ihren zahlreicher werdenden Gesichtern des Elends kommt man emotional sowieso nur dadurch zurecht, dass man häufig gezielt wegguckt. Urbanität ist schließlich die Kunst, Abstand zu halten. Wenn man in der Stadt mit dem Fahrrad unterwegs ist, mit Knöpfen im Ohr, bekommt man zu diesem Film auch noch seinen Lieblingssoundtrack und kann sich eigene Gefühlswelten schaffen. Aber vermutlich müssen wir modernen Menschen mit unserem Alltagsleben in diesen künstlich geschaffenen urbanen Kulissen ab und zu auch etwas kompensieren. Sonst gäbe es keine Tierfilme und auch keine Zuschauer beim 100-Meter-Lauf, bei dem die Natur des Körpers verherrlicht wird, als ob wir noch im antiken Athen leben würden. Das sind winzige Ausstiege auf Zeit aus dem Großstadtdschungel.

Ein paar Kilometer weiter sehe ich mitten auf der Landstraße einen Tierkadaver liegen. Ein Igel, denke ich von Weitem. Beim Näherkommen stutze ich, weil es mir komisch vorkommt, dass ein Tier beim Aufprall in so viele Stücke zerrissen worden sein soll. Ich schaue genauer hin, zähle durch. Auf der Straße liegen sieben tote Entenküken! Ein kleines Massaker, für das vermutlich niemand aus dem Auto ausgestiegen ist.

Die Siedlung Grenzdyck besteht nur aus ein paar Häusern und Gehöften. Hier lerne ich Reiner kennen, auf dessen Hof in rascher Folge Traktoren mit Anhängern voller Getreide vorfahren. Im verstaubten Blaumann flucht er über das Wetter. Das Gewitter von gestern Abend, auf das er gehofft hatte, ist an seinem Hof vorbeigezogen, wieder mal. In diesem Jahr muss er sogar den Mais beregnen, damit er nicht auf dem Feld verkümmert. Das macht Arbeit und kostet. Rainer hat für sich eine Nische im Agrarhandel gefunden. Bei ihm können Bauern aus der Umgebung ihre Ernte deponieren, hier wird deren Getreide getrocknet. Außerdem verkauft er Körner und Einstreu an Kleintierhalter. Früher war Reiner Geflügelzüchter und hat damit eine Zeit lang auch gutes Geld verdient. Aber inzwischen sieht er diesen Berufsstand durch Diskussionen über die Zustände in der Massentierhaltung öffentlich abgewertet. »Die Gesellschaft hat hohe Ansprüche, leistet aber selber nichts dafür!« Reiner ist bei dem Thema schnell auf hundertachtzig. »Die Verbraucher haben eine Billigheimer-Haltung, und die Geflügelzüchter müssen es ausbaden.« Bis vor drei Jahren, erzählt er, hat er beides parallel gemacht. Im einen Stall war das Viehzeug, im anderen lagerte das Getreide zum Trocknen. Aber dann wurde ihm dieses Geschäftsmodell zu heiß. Denn wenn eine Geflügelpest bei ihm ausgebrochen wäre, hätte er nicht nur seine Hähnchen vernichten müssen, sondern auch das Getreide. Für die Tiere wäre zwar die Versicherung aufgekommen, aber den Verdienstausfall bei Roggen und Gerste hätte ihm niemand ersetzt. Deshalb kam das für Krankheiten so anfällige Geflügel bei ihm vom Hof.

Reiner erwähnt die Entwicklung der Bodenpreise hier in der Gegend. Die Tierzucht benötige immer größere Flächen, das treibe die Preise nach oben. »Bei uns hier hat sich die Pacht in den vergangenen zehn Jahren verdreifacht!« Dazu komme der Flächenfraß durch Straßen- und Häuserbau und neu ausgewiesene Gewerbegebiete. »Wie wir mit unseren Ressourcen umgehen«, sagt Reiner, »ist der Wahnsinn.« Ich erzähle ihm, dass er in diesen Tagen nicht der erste Bauer ist, der mir von den Widersprüchen des eigenen Handelns berichtet, der Zustände beklagt, die man selbst durch die Art des eigenen Wirtschaftens mit hervorgebracht hat. »Wir Bauern stecken mit beiden Beinen in der Wachstumsfalle drin«, antwortet er. »Wer nicht wächst, ist in kürzester Zeit weg.« Und dann schiebt er den Satz hinterher, den ich vorher woanders auch schon gehört habe: »Ich weiß nicht, was ich in fünf Jahren mache.«

Die Bauern vom Niederrhein haben mich überrascht, denke ich unterwegs nach unserer Begegnung. Bislang war ich davon überzeugt, dass sich gesellschaftliche Beschleunigung zuallererst in den Städten abspielt. Der Ort des Wandels in der Arbeitswelt, dachte ich, sei das Büro und die Fabrik. Im Wirtschaftsteil der FAZ ist immer wieder davon die Rede, in welchem Maße die Digitalisierung Arbeitsplätze bedroht. Laut einer Studie der Deutschen Bank werden die entwickelten Länder die dramatischsten Veränderungen seit Generationen erleben. Computeralgorithmen übernehmen klassische Schreibtischarbeit, Roboter ersetzen Menschen in der industriellen Produktion. Wenn das eintritt, was in der Studie prophezeit wird, dann wird zum ersten Mal seit Beginn der industriellen Revolution durch technische Innovation mehr menschliche Arbeit verschwinden als im Gegenzug neue entsteht. Künftig werde es, so das Szenario, noch vier Formen von Beschäftigung geben: Erfinder, Erzieher, Verkäufer und Arbeiter. Im Vorteil sei, wer sich zu den ersten drei Kategorien zählen dürfe, weil die damit verbundenen Kompetenzen nicht ohne Weiteres von intelligenten Maschinen übernommen werden können. Aber für Arbeiter sei die Zukunft trostlos. Sie müssten sich selbst auf »Jobauktionen« anbieten und besäßen dabei keine Verhandlungsmacht gegenüber interessierten Arbeitgebern. Vollends zum Horror wird diese Studie durch die Prognose, künftig würden Arbeitsvermittler »Stallungen« einrichten für einfache Arbeiter auf Jobsuche. Beim Lesen dieses Artikels fiel mir ein, wie Friedrich Engels im Jahr 1845 in seinem Buch »Die Lage der arbeitenden Klasse in England« die brutalen Verhältnisse des Frühkapitalismus angeprangert hat. Eine wichtige Schrift am Anfang einer historischen Bewegung. 170 Jahre später steht so etwas Deprimierendes, das nicht aus der Feder eines Revolutionärs stammt, sondern aus der Denkfabrik einer globalen Bank, in einer großen Tageszeitung, aber nirgendwo wird das zum Thema. Bin ich der Einzige, der das gelesen hat? Oder hat sich der Zukunftsfatalismus längst in allen Köpfen festgefressen?

Jedenfalls ist es das, was mich am Niederrhein bislang so überrascht hat: Früher galten die Verhältnisse auf dem Land als besonders veränderungsresistent. Der Stand der Bauern war lange Zeit vermutlich der behäbigste in der Gesellschaft. Ich stamme zur Hälfte von einer Bauernfamilie ab und weiß daher, welchen Stellenwert es hatte, dass Söhne von ihren Vätern gelernt haben, ein Auge für die Vorgänge in der Natur zu entwickeln und möglichst alles genau so zu machen wie der Alte. Dann schien die Zukunft gesichert, wenn nicht die Launen der Natur dazwischenkamen. Mit Beginn der industriellen Landwirtschaft hat sich das Denken der Landwirte schlagartig geändert. Seitdem gilt eine neue Zeitrechnung, die Logik des Anthropozän. Menschen schauen nicht mehr darauf, welchen Gesetzmäßigkeiten der Natur sie in welcher Weise am besten gehorchen können, sondern sind nun selbst ein entscheidender Einflussfaktor für das, was in der Natur vorgeht und sich künstlich verändern lässt. Aber dass sich die Entwicklungen derart überschlagen und Bauern mit einem so kurzen Zeithorizont leben müssen, für den sie noch mit einiger Sicherheit ihre Existenz planen können, scheint mir noch dramatischer zu sein als das, was derzeit in den meisten Büros und Fabriken läuft. In der Welt der Angestellten sind es heute noch nicht so viele, die unsicher sind, ob es ihre Tätigkeit in fünf Jahren noch geben wird. Die Existenzangst wuchert momentan anscheinend in der Provinz, und die Metropolen bekommen davon kaum etwas mit.

Am Nachmittag geschieht ein seltsames Malheur. Beide Wanderschuhe kündigen gleichzeitig ihren Dienst auf, obwohl ich sie seit vielen Jahren trage. Die Sohlen lösen sich vorn an der Spitze und schlappen bei jedem Schritt, sodass mir unterwegs ein Desaster droht. Glücklicherweise schaffe ich es gerade noch vor Geschäftsschluss bis Xanten in den Laden eines Schuhmachermeisters. Er prüft die Sohlen und zeigt auf tiefe Löcher darunter: »Da hat sich eine Chemikalie, ein Weichmacher, selbst aufgelöst. Das geschieht mit der Zeit. Aber bei der Hitze geht es ganz schnell.« Dem Schuhmacher widerstrebt es, die Sohlen provisorisch wieder anzukleben. »Das hält sechs Kilometer, und dann verfluchen Sie mich!«

Er schickt mich zum Schuhkauf ins Sportgeschäft nebenan. Dort bekommt Trude, die Verkäuferin, gleich ein fürsorgliches Gesicht, als ich ihr von meinen Wanderer-Nöten erzähle, und berät mich geduldig. Nach einiger Zeit verrät sie, dass sie selbst Jakobspilgerin ist und schon oft für ein paar Tage im Zeichen der Muschel gelaufen ist, meistens nicht weit von Xanten entfernt. Dass es auch in Deutschland so ziemlich in jeder Ecke einen Jakobsweg gibt, ist mir ja bereits vor einiger Zeit klar geworden. Trude war auch schon in Santiago, ist allerdings nicht die überlaufene Ameisenroute im spanischen Norden gelaufen, sondern die viel ruhigere Strecke vom portugiesischen Porto an der Atlantikküste entlang bis zur Hauptstadt der Pilger. Warum immer der Jakobsweg, will ich von ihr wissen. Sie zögert, antwortet dann aber nicht mit einem dezidiert religiösen Bekenntnis, sondern mit einer Formulierung, die das, was mit ihr unterwegs geschieht, in der Schwebe hält: »Da verändert sich was in mir.« Genauer wird Trude nicht, fügt schließlich aber noch hinzu: »Ich brauche auf dem Jakobsweg nur zwei Tage, um alles hinter mir zu lassen, was sonst den Alltag schwer macht.«

Ich bezahle meine neuen Schuhe und denke hinterher,

Trudes Worte im Ohr, dass das Wandern vielleicht doch eine zumindest religionsähnliche Erfahrung ist. Dann wäre die Muschel als Symbol an die Stelle des Kreuzes getreten. Dazu müsste man allerdings bereit sein, die religiöse Erfahrung des Wanderers als mentalen Zustand zu verstehen, als Form der Verwandlung der inneren Gemütsverfassung. Glaubenslehren und erst recht dogmatische Verhaltensregeln spielen logischerweise nicht die geringste Rolle. Der Wanderer ist der moderne Mystiker. Ich bin ein anderer als der, der ich zu Hause bin. Mein Blick ist klarer, mein Verhältnis zur Welt dichter. Was mich erschöpft, macht mich glücklich. Ich triumphiere über meine Bequemlichkeit. Ich bin viel allein und befreunde mich mit mir selbst. Ich suche nicht nach der einen Wahrheit, für die es eine Sprache gäbe. Weil es sinnlos wäre, etwas festhalten zu wollen, was seinem Wesen nach flüchtig ist. Ich will den Weg, nicht das Ziel. Obwohl ich abends dann doch froh bin, wenn ich es erreicht habe. Bereits jetzt weiß ich, dass es eine Sehnsucht nach Wiederholung geben wird, sobald ich erst wieder zu Hause sein werde. Aber ich weiß auch um die Vergeblichkeit dieser Sehnsucht. Der Wanderer als moderner Mystiker steigert seine subjektive Wahrnehmung von Zeit. Hinterher, wenn der Tag geschafft ist, erinnere ich mich daran, in welchen Momenten sie sich gedehnt oder gerafft hat, wann der eine Kilometer ewig gedauert oder wie im Fluge vergangen ist. Ich schärfe auf diese Weise das Bewusstsein für meine Endlichkeit. Ich weiß, dass das, was ich jetzt tue, mir irgendwann nicht mehr gelingen wird, weil die Kräfte unweigerlich weniger werden. Darüber denke ich unterwegs viel nach. Mal in friedlichem Einverständnis, mal melancholisch, nicht selten rebellisch. Wie gut es mir gerade geht, merke ich daran, dass ich am liebsten die Uhr anhalten möchte.

7. Juli 2015:

»Praktikanten bei den aufstrebenden Technikfirmen im Silicon Valley werden fürstlich entlohnt. Ein Facebook-Praktikant bekommt ein Grundgehalt von 6700 Dollar pro Monat und auch noch Zuschüsse für Miete, Essen und Transport im Wert von 3000 Dollar.« (SZ)

Eigentlich hatte ich vor, heute Morgen in Xanten die Fähre über den Rhein nach Bislich zu nehmen, aber die fährt erst am Mittwoch wieder. Folglich muss ich einen Schlenker nach Süden in Kauf nehmen, um über den Fluss zu kommen, über die Weseler Rheinbrücke. Weil ich morgen in Bocholt mit dem Fabrikanten verabredet bin, den ich in der Düsseldorfer Privatbank kennengelernt hatte, und die Zeit knapp wird, entscheide ich mich, bis Wesel mit dem Bus zu fahren.

Wie sich herausstellt, bin ich an diesem Morgen der einzige Fahrgast. Der türkische Fahrer hat neben sich an der Tür noch einen deutschen Kollegen in der Uniform der Verkehrsbetriebe stehen. Ich habe Gelegenheit, das Gespräch der beiden zu belauschen. Es handelt von der eigenen Arbeit als Busfahrer, wie der Stress immer mehr wird. »Ja was machst du, wenn du Verspätung hast und eigentlich gleich wieder losmüsstest, ohne Pause?« »Das tue ich mir nicht mehr an«, antwortet der Mann an der Tür entschlossen, »dann lasse ich die Fahrt ausfallen. Alles andere dankt dir dein Unternehmen nicht und auch nicht die Fahrgäste.« Sie sprechen über Todesfälle von Kollegen in den besten Jahren und überraschen sich gegenseitig mit dem Eingeständnis, schon jetzt, mit Ende 40, häufig über die Rente nachzudenken. Anscheinend sind sie froh, mal nicht allein hinterm Steuer zu sitzen wie sonst den ganzen Tag, sondern jemanden zum Quatschen zu haben, der den Sinn der eigenen Klagen versteht, die sich um mangelnde Anerkennung und schlechte Bezahlung drehen. Der Beifahrer erzählt, dass er den Jahresbescheid von der BFA mit der Rentenprognose sehr sorgfältig gelesen und anschließend einen Schreck bekommen hat. »Im Alter sind wir beide arm.« »Ich nicht!«, widerspricht sein Kollege im Fahrersitz. »Ich gehe dann in die Türkei. Da bist du mit 500 Euro ein König.« Der Deutsche schweigt und schaut gedankenverloren aus dem Fenster. Wir fahren an einer Haltestelle vorbei, an der niemand wartet. »Kennst du den älteren Herrn, der sonst immer hier einsteigt?« Der Fahrer nickt. »Der war Bergmann, der kriegt eine Rente von 2000 Euro!« »Dafür hat der sich aber auch kaputtgeschuftet.« Beide sind sich einig, dass sie als Busfahrer auch einen Knochenjob machen und nicht wissen, wie lange sie noch durchhalten. Die Nerven und der Rücken. »Aber Hartz IV?«, fragt der Deutsche rhetorisch und antwortet sich schließlich selbst. »Das kommt nicht infrage. Dann hätte ich zwar auch nur 400 Euro weniger als jetzt, aber so bin ich nicht erzogen worden. Das passt nicht zu meiner Mentalität.«

Vom Busbahnhof in Wesel aus laufe ich durch die Stadt Richtung Norden und sehe am Ortsausgang einen Mann mit einem Schuffeleisen in der Hand. Er steht in der prallen Sonne in einem Beet mit langen Reihen Schnittlauch. Unter seinem Sonnenhut rinnt der Schweiß. Das Feld ist knochentrocken. In Windeseile kappt er mit dem Eisen knapp unter der Erde die Wurzeln der Unkräuter. Er ist der erste

Landwirt, den ich seit meinem Aufbruch mit einem klassischen Gartengerät in der Hand sehe. Ich sage ihm das, und er antwortet: »Ja, ich bin ein Auslaufmodell. Ich mache noch zehn Jahre, ich wirtschafte den Betrieb ab. Keine Investitionen mehr und dann ist Schluss.« Klaus ist Gemüsegärtner mit einem Feld von zwei Hektar und mehreren Gewächshäusern daneben, denen man ihr Alter ansieht. Hier passen keine vier Meter hohe Tomatenstauden rein wie in Straelen. Auf seinem kleinen Acker baut er alles an, was zu einem Marktstand mit Gemüse gehört. Ein ungewohnter Anblick, der das Auge freut, nach all den Monokulturen der vergangenen Tage. Im maschinellen Gemüsebau, erklärt Klaus, gibt es dagegen üblicherweise nur zwei verschiedene Kulturen. In seinen Beeten lässt sich ablesen, wie sich die Kundenwünsche mit den Jahren geändert haben. Früher hatte er Kopfsalat und viel Hartgemüse, Rotkohl und Weißkohl. »Aber damit kocht ja heute kaum noch jemand«, sagt Klaus und zählt ein halbes Dutzend Salatsorten auf, die an deren Stelle getreten sind. Alles sieht nach bio aus, ist es aber nicht. »Ich bin irgendwas dazwischen. So wenig Kunstdünger und Spritzen wie nötig. Aber ganz ohne geht nicht.« Für bio sei er auch zu klein. Da bräuchte man als Minimum 20 Hektar, damit die Flächen zwischendurch auch mal Ruhe haben. Klaus vertreibt sein Gemüse auf dem Markt in Bocholt. Dort hat er viermal in der Woche einen Stand mit vier Verkäufern. »Lidl und Aldi haben für uns zerstörerische Wirkung«, sagt er mit Blick auf die Preise. Er orientiert sich als Markthändler an den Großhandelspreisen, muss aber etwas mehr nehmen, um halbwegs über die Runden zu kommen. »Wenn ich meine Arbeit in Geld rechne, komme ich bei Weitem nicht auf den Mindestlohn.« Reiner erzählt, dass er mit 14 Stunden am Tag nicht hinkommt. Seine Frau hilft mit und zusätzlich eine Halbtagskraft. »Mein Sohn ist klug, der ist Beamter geworden.«, fügt er trocken hinzu. Reiner ist Gemüsebauer in der dritten und letzten Generation. Und in zehn Jahren, wenn der Betrieb abgewirtschaftet ist? »Vielleicht habe ich Glück«, sagt er, »und ich kriege die Fläche bebaut.«

Ein paar Schritte weiter stoße ich auf die Biologische Station Wesel, die für die Betreuung der Vogelschutzgebiete am unteren Niederrhein zuständig ist. Ich reiße Klaus Kretschmer aus seiner Arbeit. Ihn beschäftigt gerade ein sogenanntes Monitoring. Man hat die Bestände von seltenen Arten durchgezählt und wieder mal festgestellt, wie stark sie schrumpfen. Er nennt lauter Vogelarten, die ich gar nicht identifizieren könnte: Uferschnepfe, Brachvogel, Wiesenpieper, Rotschenkel. Der Biologe Kretschmer ist ein moderner Don Quichotte. Er kann zwar viele Naturschutzmaßnahmen aufzählen, um die jeweils politisch hart gerungen werden musste, aber das sind lauter verzweifelte Insellösungen gegen den starken Trend fortgesetzter Naturzerstörung. Kretschmer muss zusehen, wie sich der Artenschwund fortsetzt, weil die Bauern immer mehr tote Landschaften schaffen. »Bei intensiver Landwirtschaft ist für die Natur nichts mehr da«, stellt er frustriert fest. Der Biologe nennt als Beispiel den Maisanbau. Die Körner auf den Feldern seien schon gebeizt, damit sie den Vögeln nicht schmecken. Am Boden werde jedes Ackerwildkraut totgespritzt. Dadurch verlieren die Insekten ihren Lebensraum, was wiederum die Insekten fressenden Vogelarten zu spüren bekommen. »Die gesamte Nahrungskette funktioniert nicht mehr.«

Seinen Windmühlenkampf führt er, um am Niederrhein möglichst viel Grünland zu erhalten. Wiesen und Weiden, auf denen pro Hektar höchstens zwei Kühe stehen und keine Pestizide gespritzt werden. Die Flächen sollen ausmagern, denn fast überall herrscht auf den Wiesen inzwischen

Nährstoffüberschuss. Das liegt daran, dass sie bei konventioneller Bewirtschaftung viermal im Jahr gemäht und öfter gedüngt werden. Dann wächst auf einer Wiese buchstäblich nur noch Gras, eine Freude für den Bauern, der viele Kühe hat, aber ein Todfeind für den Artenreichtum. »Wenn eine Wiese artenreich sein soll, dürfen die Gräser frühestens am 15. Juni zum ersten Mal geschnitten werden.«

Große Sorge macht dem Biologen auch die allmähliche Austrocknung der Rheinauen. Damit meint er nicht diesen besonderen Sommer mit seiner Hitzewelle, sondern die langfristigen Folgen von durch Menschen gemachten Landschaftsveränderungen entlang des Stroms. Durch Begradigung hat sich dessen Fließgeschwindigkeit erhöht. Der Rhein vertieft sich dadurch, das Grundwasser in den Auen sackt ab. Abgesehen von wenigen Tagen Hochwasser ist es dort das ganze Jahr trocken, die Bestände von seltenen Vogelarten gehen zurück. Aber eine gute Nachricht hat Kretschmer doch: Die Weißstörche vermehren sich fleißig. Vor 15 Jahren gab es im Kreis Wesel kein einziges Paar, jetzt sind es 16. Das liegt an der kräftigen Mithilfe der Heimatvereine, die Weiden um alte Wagenräder geflochten haben, als Starthilfe für die Vögel. Wenn erst ein Anfang da ist, bauen die Störche weiter. Jeder Ort wünscht sich, ein Paar zu beherbergen, weil der Storch ein Sympathieträger ist. Aber die unbekannten Arten verschwinden, ohne dass wir das bemerken. Vermisst wird schließlich nur, was man kennt.

In Hamminkeln warten Jay und Zeko auf bessere Zeiten. Beide leben seit gut vier Jahren in Deutschland, beide haben schon ihren Abschiebungsbescheid in der Tasche. Sie verständigen sich in flüssigem Deutsch, ihrer Lingua franca.

Denn Jay ist Sohn einer Inderin und eines Afghanen, Zeko ist Roma und kommt aus Serbien. Die beiden Anfang-20-Jährigen wohnen in Containern in Hamminkeln, ihre Hauptbeschäftigung besteht darin, Zeit totzuschlagen. Keine einfache Aufgabe in diesem dösigen Nest, das anscheinend noch die Mittagsruhe kennt. Die beiden sind mir schon von Weitem aufgefallen, wie sie Zigaretten drehend auf dem Mäuerchen hockten, die Kappen umgedreht auf dem Kopf. Ich meine nämlich inzwischen einen guten Blick dafür zu haben, wer als Asylbewerber in einem Heim wohnt. Gerade bei jungen Leuten sticht es ins Auge, wenn das Geld für die Boutique fehlt und die Klamotten am Leib nicht richtig sitzen, weil sie schon von anderen getragen worden sind. Inzwischen in fast jedem Ort, an dem ich vorbeikomme, ein täglicher Anblick. Jay freut sich sichtlich, von mir angesprochen zu werden. Er erzählt, dass er das Zimmer im Container mit einem Afrikaner teilen muss, der aber zu seinem Glück ständig weg ist. »Er kommt nur zweimal im Monat vorbei. Will den Platz im Heim behalten.«

Jay und Zeko würden gern arbeiten, für eigenes Geld und gegen die Langeweile. »Aber bei der Arbeitsagentur«, sagt Jay in empörtem Ton, »haben sie gesagt: Ihr seid an vierter Stelle!« Erst kämen bei der Jobvermittlung die arbeitslosen Deutschen dran, dann die Ausländer aus der EU, an dritter Stelle Asylbewerber mit guter Aussicht, in Deutschland bleiben zu können, und zum Schluss Leute wie sie. Abgelehnte Asylbewerber, bei denen die Ausländerbehörde nicht weiß, wie sie sie aus dem Land kriegen soll. Ihnen wird keine Arbeit angeboten, weil sie gehen müssen, umgekehrt müssen sie auch gehen, weil sie keine Arbeit haben. So dreht sich das Leben der bloß Geduldeten immer im Kreis. Denn wer schon so lange in Deutschland ist wie die beiden, würde seine Perspektive, doch bleiben zu dürfen, mit einer geregelten Arbeit erheblich verbessern. Jay ärgert sich über die Behörde, weil er längst selbstständig einen Job gefunden hat, in Hamminkeln, bei einem Bauern im Kuhstall an der Melkmaschine. Aber er darf nicht anfangen, weil die Genehmigung auf sich warten lässt.

Jay ist ein klassischer Fall für die Versuchung namens Schwarzarbeit, geht es mir durch den Kopf. Ich spreche ihn darauf an. »Zu gefährlich«, antwortet er ohne Zögern. »Das traue ich mich nicht, aber viele aus dem Heim machen es.« Wer einen illegalen Job haben wolle, finde ihn hier in der Gegend sofort. »Arbeitest du in der Pizzeria in der Küche fulltime, bekommt du 800 Euro auf die Hand.« Aber wie findet man einen solchen Job, will ich wissen. »Kein Problem«, zwinkert Jay, »jeder weiß das hier.«

Unser Gespräch erinnert mich daran, dass es Zeit wird, Basel anzurufen. Ich versuche es unterwegs auf dem Weg nach Bocholt, vergeblich. Wir sind auseinandergegangen mit der Verabredung, ungefähr einmal in der Woche zu telefonieren. Am Tag vor Beginn meiner Wanderung haben wir noch mit der Eiswaffel in der Hand auf dem Marktplatz gesessen. Unvorhergesehen stellte sich in diesem Moment heraus, dass Basel, den es als Flüchtling aus dem Irak nach Bonn verschlagen hat und von dem ich bislang nur wusste, dass er als Lehrer Mathematik unterrichtet hat, Gedichte schreibt und bei einem großen Autorenwettbewerb in seinem Land aufgetreten ist. Ich bat ihn, eines seiner Gedichte vorzutragen. Er ließ sich nicht zweimal bitten, hub an und deklamierte mit ernster Miene und feierlichem Pathos. Ich kann kein Arabisch, habe nichts verstanden, außer dies: Hier ging es wirklich um Wesentliches, hier hat ein Mensch, dem vor

Kurzem die Weltgeschichte fürchterlich um die Ohren geflogen ist, die Gelegenheit genutzt, eine ganz andere Facette seiner Persönlichkeit zum Klingen zu bringen. Beim Zuhören bekam ich eine Gänsehaut. Nie hätte ich für möglich gehalten, dass sich ein Mensch in Worten offenbaren kann, die sein Gegenüber nicht versteht. Dieser Moment hat uns einander noch ein Stück nähergebracht. Ich werde es morgen wieder bei ihm probieren.

8. Juli 2015:

»Die Menschen im Westen kämpfen für den Erhalt vom Aussterben bedrohter Tierarten. Wie können sie dann tatenlos zusehen, wenn ein ganzes Volk vertrieben wird? Wie können sie zusehen, wie es langsam, aber stetig aus der Menschheitsgeschichte verschwindet?« (Erzbischof Yohanna Petros Mouche aus dem irakischen Mossul über die Massaker des IS, FAZ)

Es gibt anscheinend keinen Morgen mehr, der einem nicht durch das, was in der Zeitung steht, verhagelt wird. Dieser Sommer verändert komplett unsere Wahrnehmung von Geografie. Bis vor Kurzem schien sich das, was in Syrien und Irak geschieht, fernab von Europa zu ereignen. Jetzt ist es mit einem Mal sehr nah, weil Menschen täglich beweisen, dass man den Weg bis zu uns notfalls zu Fuß schaffen kann. Was wäre eine glaubwürdige Antwort auf die moralische Anklage des Erzbischofs aus Mossul? Er berichtet nicht nur von Massakern des IS, sondern auch vom Verrat der muslimischen Nachbarn an der Minderheit der Christen. Ein von außen gewiss unauflösliches Knäuel, ein übles Gemisch aus Kultur und Religion. Kein Mensch wagt in diesem Augenblick mehr ein grundsätzliches Bekenntnis zum Pazifismus; die Worte, die man dafür bräuchte, würden auch schal schmecken im Mund. Nichteingreifen wird allein historisch taktisch begründet, mit dem Hinweis auf das Scheitern früherer Militärmissionen. Also schauen wir gelähmt zu und hören die Schreckensgeschichten der Flüchtlinge, die sich nach Europa hinüberretten konnten.

Basel hat mich in den vergangenen Wochen mit seinen

Schilderungen immer wieder verstört. Ich habe ihn im März in einem Flüchtlingsheim in Bonn kennengelernt. Da war er gerade erst angekommen. Der Körper ein Strich, das Gesicht weiß wie die Wand, die Seele erkennbar geschunden. Beim ersten gemeinsamen Kaffee habe ich versucht, ihm deutsche Umlaute zu erklären. Häufig nahm er sein Smartphone zur Hand, um deutsche Wörter, die ich ihm gesagt hatte, mit einem digitalen Sprachprogramm ins Arabische übersetzen zu lassen. Er wollte gern schnell die neue Sprache lernen, ist dabei aber immer wieder an sich gescheitert, weil sein Kopf voll von dem Schrecken war, den er im Irak hatte erleben müssen. Wie ein Horrorfilm, der sich nicht stoppen lässt. In einer solchen Situation lernt es sich schlecht. Wenn es Wichtiges zu sagen gab, wechselten wir daher immer wieder ins Englische und tun es bis heute. Irgendwann war der Augenblick für ihn gekommen, mir anzuvertrauen, was man ihm angetan hatte. Jedes Wort fiel ihm schwer, ständig hatte ich das Gefühl, dass er gleich losschreien wird.

Männer mit schwarzen Masken hatten ihn entführt und in einen Keller gesperrt. Auf ihrer Stirn stand geschrieben, Allah ist groß. Sie verlangten Lösegeld von seinen Eltern. Um ihren Forderungen Nachdruck zu verleihen, erschossen sie einen Mitgefangenen vor seinen Augen. Nach einiger Zeit bekamen sie von den Eltern das Geld, steckten Basel mit verbundenen Augen in ein Auto und warfen ihn nach einer Irrfahrt irgendwo am Straßenrand wieder hinaus. An dieser Stelle brach Basel seine Schilderung mit den Worten ab, es gebe noch so viel zu sagen, was er mir über die Situation in seinem Land erklären müsse, aber dafür bräuchten wir viel Zeit. Wenn er erst gut Deutsch könne …

Das für mich besonders Verstörende war sein Bild vom Islam. Jedes Mal, wenn wir uns sahen, haben wir darüber gestritten. Basel, der in einem christlichen Dorf aufgewachsen ist, hat in den vergangenen Wochen genau verfolgt, wie immer mehr Flüchtlinge nach Deutschland gekommen sind. Er hält unser Land für verrückt, weil wir bereit sind, so viele Muslime willkommen zu heißen. Nach seiner Überzeugung halten sie sich nur so lange an Gesetze, wie sie sie nicht beeinflussen können, weil sie Minderheit sind. Ich habe versucht, dagegenzuhalten. Mit dem Argument, dass sich auch harte Überzeugungen ändern, wenn sich für den Einzelnen erst die Vorzüge einer offenen Gesellschaft erweisen, der Charme der Freiheit. Überhaupt müsse man doch immer den einzelnen Menschen sehen, dessen religiöse Überzeugung nur ein Teil seiner Persönlichkeit sei und obendrein jederzeit veränderbar. Und unsere Erfahrungen mit ein paar Millionen türkischen Muslimen im Land seien doch auch alles in allem gut. Aber Basel wollte davon nichts wissen, gab mir lächelnd zu verstehen, dass er mich für naiv hält. »Wir haben die Erfahrung gemacht«, lautete sein Gegenargument, bei dem ich dann stets an dem Punkt war, in der Debatte mit ihm die Waffen zu strecken, »dass wir grundsätzlich nicht akzeptiert werden. Fromme Muslime glauben, dass sie die besseren Menschen sind, und alle anderen sind für sie Ungläubige.«

Mehr als einmal hat mir Basel zu verstehen gegeben, dass er auch in Deutschland keinem Landsmann etwas Wichtiges anvertrauen würde, weil man vor Verrat immer auf der Hut sein müsse. Jedes Mal war ich nach unseren Gesprächen zu diesem Thema irritiert. Weil ich mir nämlich eingestehen musste, mir meines Standpunktes nicht mehr länger sicher sein zu können. Und seinen nicht damit abtun konnte, zu denken, er sei als Traumatisierter in seinem Urteil getrübt.

Wenn ich Basel zu überzeugen versuche, das wird mir immer klarer, führe ich in Wahrheit eine Art Selbstgespräch, das mich davor bewahren soll, in einen Fatalismus hineinzurutschen. Hätte ich nämlich statt eines klugen Christen einen klugen Moslem vor mir, würde ich vermutlich ganz anders argumentieren. Denn ich verstehe nicht, dass in der islamischen Welt zwar innerhalb weniger Stunden Massendemonstrationen gegen irgendwelche Mohammed-Karikaturen mobilisiert werden können, aber nichts Vergleichbares zustande gebracht wird gegen die galoppierende Gewalt im Namen des Islam. Wer dies versuchte, würde freilich sofort sein Leben riskieren. Ich verstehe auch nicht die abwiegelnde Haltung der Islamfunktionäre in Deutschland, die es wieder und wieder mit der Ausrede probieren, das alles habe mit ihrer Religion nichts zu tun. Psychologisch verständlich, aber politisch fatal. Auch die deutschen islamischen Eliten hängen offenbar theologisch immer noch am Gängelband der Al-Azhar-Universität in Kairo, dem religiösen Zentrum des sunnitischen Islam, in der gelehrt wird, dass es sich beim IS um eine zionistische Verschwörung handele und deren oberster Scheich erst kürzlich empfohlen hat, IS-Kämpfern die Gliedmaßen abzuhacken. Das allein zeigt, wie tief der Mainstream der islamischen Theologie inzwischen gesunken ist und als Gegengift zur eskalierenden Gewalt nicht taugt. Wie kann man darüber öffentlich sprechen, ohne sich gleich des Eurozentrismus und der Islamophobie verdächtig zu machen?

Die Bocholter sind stolz auf ihr Rathaus aus dem frühen 17. Jahrhundert. Es hat eine schöne symmetrische Schauseite zum Marktplatz hin. Wenn man genauer hinschaut, entdeckt man allerdings doch eine Asymmetrie: Das zweite Fenster von links im Obergeschoss hat einen kleinen Ziererker. Seine vier Fenster stehen symbolisch für die Tugenden, denen sich die Stadt verpflichtet fühlt: Klugheit, Gerechtigkeit, Mäßigung und Tapferkeit. Ich laufe über den Platz und nehme dies als Zeichen für mein Gespräch mit dem Fabrikanten. Soll er mal sagen, was dieser Tugendkatalog für den CEO eines globalen Unternehmens heute noch bedeuten kann. Vom Marktplatz ist es nur einen Steinwurf bis zum Stammhaus der Borgers AG. Weil es ein Traditionsunternehmen in der Stadt ist, liegt es nicht irgendwo draußen in einem Gewerbegebiet. Es hat zudem eine standesgemäße Adresse, die Borgersstraße 2–10.

Es ist ein seltsames Gefühl, in Wanderschuhen und mit dem Rucksack auf dem Rücken von der Chefsekretärin durch den Flur geleitet zu werden, in dem die Geschäftsführung eines Unternehmens mit weltweit über 6000 Mitarbeitern und einem Jahresumsatz von 680 Millionen Euro residiert. Anscheinend ist sie aber gut über mein Wanderprojekt unterrichtet und wundert sich nicht, denn ich bemerke keinerlei prüfende Blicke auf mein Äußeres. So deplatziert ich in dieser Welt momentan auch wirke, Werner Borgers, der Chef im taubenblauen Anzug und gestreifter Krawatte, lässt es mich nicht spüren und bittet mich in einen Konferenzraum mit ausladendem Tisch, auf dem ein Teller mit Schokolade bereitsteht. Von Beginn an lässt er mich mit großer Freundlichkeit spüren, dass wir Zeit haben. Ihm ist es wichtig, über die Rolle des Unternehmers im globalen Kapitalismus zu sprechen.

Als wir uns kennengelernt haben, damals in der vornehmen Düsseldorfer Privatbank, war seine Borgers Group gerade dabei, die schweren Verwerfungen infolge der globalen Finanzkrise hinter sich zu lassen. »Ich wundere mich noch im Nachhinein«, hatte er damals unter vier Augen bei einem Glas Wein gesagt, »dass uns in der Zeit niemand vor Wut die Fensterscheiben eingeschmissen hat!« Damit meinte er nicht sich und seinen Betrieb im Speziellen, sondern das Verhalten der sogenannten Wirtschaftseliten. Bevor er seinen Leuten mit Zumutungen kam, hatte er erst mal seinen S-Klasse-Mercedes abgeschafft und durch ein bescheideneres Modell ersetzt. Gute Unternehmensführung beginnt für ihn nämlich mit Symbolpolitik auf dem Firmenparkplatz. Auch die Schokolade kam vom Tisch. Borgers setzte viele kleine Zeichen, damit alle kapierten, dass die fetten Jahre einstweilen vorbei sind. Die Zumutungen bestanden damals darin, der Belegschaft harte Einschnitte bei der Bezahlung abzuverlangen, im Tausch gegen Beschäftigungsgarantien. Die eigenen Leute im Werk halten und irgendwie über den Winter 2008/2009 kommen, in der Hoffnung auf bessere Zeiten – das war seine Strategie.

Damals in Düsseldorf hatte er sich über Manager und Banker geärgert, die ein abgehobenes Luxusleben führen und sich der sozialen Kontrolle durch das Gemeinwesen dadurch entziehen, dass sie in Reichen-Gettos ziehen und ihre Kinder auf teure Privatschulen schicken, wo sie nur auf ihresgleichen treffen. »Ein solches Verhalten«, erinnere ich mich an seine damaligen Worte, »untergräbt die Akzeptanz für unser Wirtschaftssystem. Wer so lebt, versteht nicht mehr das Denken und die Nöte der kleinen Leute.« Eine Klage über »die da oben« von einem Mann, der selbst zu denen da oben gehört. Das war der Grund, warum ich seitdem auf eine Gelegenheit gewartet habe, Werner Borgers ein bisschen näher kennenzulernen.

Heute geht es seinem Unternehmen viel besser, es ist seit der großen Krise kontinuierlich gewachsen. Deutlich aufgeräumter kann er jetzt mit zeitlichem Abstand darüber sprechen. Was er damals erlebt hat, nennt er eine »Nahtoderfahrung«. Ausgerechnet auf dem Höhepunkt der finanziellen Tumulte lief nämlich eine Finanzierung aus, er benötigte neue Kredite. Doch das Konsortium aus 16 Banken, auf deren Wohlwollen er dringend angewiesen war, war sich gegenseitig nicht grün. Eine griechische Bank, die dazugehörte, war bereits pleite, sein Hauptpartner, die Commerzbank, ebenfalls hoch gefährdet. Jede einzelne Bank wollte sich in Sicherheit bringen, und wer zuerst am Tisch zucken würde, drohte zu verlieren. Das schien die Spielregel zu sein. Der Geldfluss stockte, weil die Angst vor faulen Krediten geradezu paranoid war. »Wenn ich gewollt hätte«, blickt Borgers zurück, »hätte ich zum Amtsgericht mit dem Insolvenzantrag gehen können und wir hätten den Laden dichtgemacht.« Täglich habe man zählen müssen, wie viel Geld in der Kasse war, und zu seiner Frau habe er gesagt, er wisse nicht, wie lange sie im eigenen Haus noch wohnen bleiben könnten.

Das wäre das Ende eines Familienunternehmens mit langer Tradition gewesen. Seit 1866 hat es seinen Stammsitz in Bocholt, Borgers leitet seine Geschicke in der fünften Generation der Gründerfamilie. Kurz zuvor erst hatte er die Geschäftsführung übernommen, war mit seiner Frau aus einer kleinen Wohnung in Düsseldorf in die stattliche Textilfabrikantenvilla des Urgroßvaters gezogen und hatte sich für die Renovierung in beträchtliche Unkosten gestürzt. Die Aktiengesellschaft ist im Besitz von 45 Familienmitgliedern, außer seinem eigenen Firmenanteil besaß er nichts mehr. »Wie abhängig sind wir von Geld und Wohlstand?«, erzählt er heute. »Darüber habe ich damals in der Krise abends immer wieder mit meiner Frau gesprochen.« Als Konsequenz dieser existenziellen Erfahrung hätten sie sich darauf geeinigt, möglichst jederzeit bereit zu sein, Rückschritte zu machen. »Anders leben können, das ist wichtig!« Statt des Anzugs vom Designer lieber einen von der Stange. Die Kinder so erziehen, dass sie nicht im sozialen Gefüge auffallen. Normale Schulen und normale Universitäten besuchen. Das sind heute Borgers Beispiele. Sie klingen sehr nach der protestantischen Ethik als Wurzel des Kapitalismus, wie sie Max Weber beschrieben hat. Askese statt Protz, bloß nicht so leben wie die Middelhoffs dieser Welt, die in einen Oberschichtenkokon eingesponnen sind. So ließe sich Weber in unsere heutige Zeit des globalen Kapitalismus übertragen, der seine Bürgerlichkeit mehr und mehr einbüßt, indem er Erfolg an der Höhe von Managergehältern und Boni misst. Immer wieder kommt Borgers darauf zu sprechen, wie wichtig es für ihn ist, Teil eines lokalen Gemeinwesens zu sein. »Man weiß, wo wir wohnen, ich werde in der Stadt gegrüßt, und ich lasse mich lieber in Bocholt in den Kirchenvorstand wählen als in einen Beirat im Bistum Münster.« Borgers nennt nicht nur Beispiele, er hat auch Begriffe für seine Haltung, spricht von »sozialer Bildung« und dem Prinzip, »vertikal durch die Gesellschaft hinweg verbunden zu sein«.

Dann will er mir die Produktion im Werk zeigen, wir schlüpfen in schwere Sicherheitsschuhe. Unten in der Halle herrscht ziemlicher Lärm. Borgers ruft mir zu, wozu die großen Maschinen da sind. In einer von ihnen werden textile Abfälle in kleine Stücke gerissen. Ich sehe, wie die Flocken fliegen. Sie stammen aus Altkleidersammlungen. In der nächsten Maschine wird gekrempelt, aus losen Textilfasern entsteht ein Vliesstoff, der im nächsten Schritt von vielen feinen Nadeln bearbeitet wird. Ganz am Ende der Produktionsstraße wird maschinell eine fertige dunkelgraue Hutablage fürs Auto ausgespuckt, der man nicht mehr ansieht, dass in ihr Altkleider und geschredderte Plastikflaschen als Rohstoffe enthalten sind. Das funktioniert nur in hoch entwickelten Ländern, erklärt mir Borgers, weil dort die Kleidung nicht lange getragen wird, bevor sie in den Sammlungssack wandert. Schnelles Wegwerfen als Basis für Wiederverwertung? Komische Recycling-Welt. 11 000 Hutablagen entstehen hier jeden Tag, außerdem Verkleidungen für den Kofferraum und die Rückenlehnen.

Der Gründer Johann Borgers hat im 19. Jahrhundert als Lumpensammler angefangen. Er hat in der Textilstadt Bocholt aufgesammelt, was in der Industrie als Abfall übrig blieb, und daraus Polsterwatte für Sättel und Kutschen gemacht. Logisch, dass daraus irgendwann ein Zulieferer der Automobilindustrie wurde. Vom Gründer hat Werner Borgers sein Credo: »In guten Zeiten sechsspännig, in schlechten Zeiten zweispännig«. Borgers hat, wenn er durch die Fabrikhalle läuft, die Rolle des freundlichen Patriarchen. Er kennt die Ingenieure und Vorarbeiter mit Namen, schüttelt viele Hände, lässt sich Probleme erläutern. Ab und zu greift er in den Stapel mit halb fertigen Produkten und prüft deren Qualität. Er ist stets erkennbar der Chef, bemüht sich aber immer, kleine Zeichen des Respekts für die Arbeit seiner Untergebenen zu liefern. Er hat nichts dagegen, wenn ich ihn einen Vertreter des alten rheinischen Kapitalismus nenne. Die einfachen Arbeiter, die nur ein paar Handgriffe beherrschen müssen, bezahlt er ordentlich, mit 16 Euro pro Stunde. Was deren Existenz bedroht, sehe ich in der Werkhalle allerdings auch: einen Roboter mit Greifarm, der viel schneller und viel genauer arbeiten kann als ein Mensch.

Wer sich für das Phänomen der Beschleunigung interessiert, ist hier sowieso am rechten Ort. Denn die Lieferkette ist in der Automobilindustrie Zug um Zug immer enger geworden, Zeit ist auch hier Geld. Zulieferer wie Borgers müssen sich den Produktionsrhythmen der großen Hersteller anpassen. Bei denen lief früher den ganzen Tag auf einem Band ein Automodell. Überall wurde das Gleiche eingebaut. Inzwischen herrscht auf den Bändern aber eine wilde Modellfolge. Kein Auto ist mit dem nächsten vollständig identisch, jedes hat seine eigenen Extras. Das verlangt eine hohe Kunst der Produktionssteuerung. Denn neben den Bändern können ja nicht lauter Kisten herumstehen, um alle Einbauvarianten abdecken zu können. Also muss möglichst punktgenau geliefert werden. Vorbei die Zeit, als man das Prinzip *just in time*, also die stundengenaue Anlieferung von gleichförmigen Teilen, für den Gipfel der Beschleunigung in der industriellen Arbeit hielt. Heute erwarten die Autokonzerne *just in sequence*. Die individuell passenden Teile werden parallel zur Produktion angeliefert, der Abruf kommt erst zwei Stunden vor dem Einbau. Ein sehr labiles System der Bewirtschaftung von knapper Zeit, das schnell kollabiert, wenn Lkw-Fahrer im Stau stehen oder Grenzen dicht sind. »Jede Minute Bandstillstand«, bringt Borgers die Beschleunigungslogik auf den Punkt, »kostet Tausende Euro.«

Zurück im Konferenzraum, will ich nun wissen, wie sich seine Ethik des rheinischen Kapitalismus mit den Gesetzmäßigkeiten der entfesselten Globalisierung noch verträgt. Was ich daraufhin zu hören bekomme, schwankt zwischen der Überzeugung, dem Rest der Welt eigentlich eine vorbildliche Art des Wirtschaftens aufzeigen zu können, und dem Eingeständnis, von diesem Rest der Welt faktisch auf eine ungute Art getrieben zu werden. »Globales Wirtschaften heißt, jeder größere Brand greift auf uns über«, bringt Borgers die Gefahrenseite auf den Punkt. Für ihn ist klar, der derzeitige Boom wird nicht ewig halten. Er spricht von seinem Gefühl, dass es bald runtergehen wird. Und dann erklärt er den verblüffend einfachen Sinn der Wachstumslogik in einem einzigen Satz: »Wir wachsen stärker als der Markt, also bleibe ich in der Krise ein Stückchen über der Wasserlinie und saufe nicht ab.«

Bereitwillig gibt er zu, nicht selbst über die Geschwindigkeit des Wachstums entscheiden zu können. Denn so wie viele andere Zuliefererfirmen in der Automobilindustrie ist er abhängig von einem Oligopol. Fünf Großkunden, darunter die Premiummarken Mercedes, BMW und VW, bestimmen mit ihrer Nachfrage, wohin sich sein Unternehmen entwickelt. Die Borgers Group hat inzwischen 22 Werke auf der ganzen Welt, sie muss immer neue Fabriken gründen, um den Großkunden um den Globus zu folgen. Das hätte sich der Gründer beim Lumpensammeln im Jahr 1866 bestimmt nicht träumen lassen, und das ist auch der Grund, warum das Unternehmen heute ständig auf das Wohlwollen der Banken angewiesen ist. Die Instandhaltung des bestehenden Maschinenparks könne man zwar mit dem Geld finanzieren, das gerade in der Kasse ist, dem sogenannten Cashflow, Wachstum aber nicht. Immer herrscht Kapitalmangel, weil wieder irgendwo investiert werden muss. Die Alternative zum Wachstum heißt für den Firmenchef daher Untergang: »Unsere Kunden würden sagen, du bist nicht in China, nicht in den USA, nicht in Brasilien, also suchen wir uns jemand anderen.«

Borgers erklärt mir, warum so viele Arbeitsplätze im »Hochlohnland Deutschland« an der Herstellung von Premiumprodukten hängen. Wer als Zulieferer nur auf das Massengeschäft setzt, also zum Beispiel auf Ford, Fiat und Opel, müsse, weil die Konkurrenz mit Discounterpreisen im Nacken sitzt, die Arbeitskosten drücken. »Wir sind verdammt dazu, auf Premium zu setzen. Der Kostendruck in der Automobilindustrie ist brutal!« Wer nur über den billigen Preis in den Markt gehe, sei als Anbieter austauschbar und erpressbar. Deshalb ist Borgers froh, 70 Prozent seines Umsatzes über das Premiumgeschäft zu machen.

Und dann wechseln wir vom Thema Abhängigkeit zur

Freiheit. Werner Borgers' Freiheit besteht darin, nicht die Renditewünsche von Aktionären als Grundlage seines Handelns nehmen zu müssen. Das Geld bleibt auch in guten Zeiten im Unternehmen. An die 45 Familienmitglieder als Eigentümer der Aktien würden nie mehr als ein Viertel des Gewinns ausgeschüttet. Und in Krisenzeiten seien die Arbeitsplätze in Familienunternehmen sicherer als in Kapitalmarkt-orientierten Konzernen, die schnell entlassen, wenn die Shareholder ungeduldig werden, weil sie um ihre Dividende fürchten. »Wir könnten viel mehr verdienen«, vertraut mir Borgers zum Schluss an, »wenn wir den Standort Bocholt schließen würden.« Die anderen Werke in der Welt haben eine günstigere Gewinnerwartung. Aber Bocholt müsse bleiben, denn hier hat alles angefangen, und hier, am Familiensitz, funktioniert noch die soziale Kontrolle, die sich der rheinische Kapitalist Borgers für Leute wie sich selbst wünscht.

Am Bocholter Aasee entlang geht es raus aus der Stadt. Vor mir liegen viele Kilometer durch das wohlhabende Münsterland. Nicht gerade eine bevorzugte Gegend für Wanderer, genauso wie der Niederrhein, den ich jetzt hinter mir lasse. Das merke ich daran, dass die Wegweiser auf den Pfaden abseits der Straße an Radler gerichtet sind, nicht an Fußgänger. Immer wieder grüßen mich Senioren auf ihren E-Bikes. Das alternde Deutschland genießt den Sommer und die Wasserschlösser der Gegend. Und ich merke es daran, dass niemand außer mir zu Fuß längere Strecken unterwegs zu sein scheint. Jedenfalls habe ich auch nach zehn Tagen noch niemanden getroffen, der etwas Ähnliches täte wie ich, wenn ich mal den christlichen Gewaltmarsch der

Gruppe in Kevelaer beiseitelasse. Dass das Pilgern ein Trend sein soll, halte ich allmählich für ein Gerücht. Aber vielleicht treffe ich ja welche im Kloster Gerleve, in dem ich morgen sein werde.

Unterwegs erreiche ich telefonisch meinen arabischen Freund Basel. Er wird gerade seelisch zerfressen von Sorgen um seinen jüngeren Bruder. Das nimmt ihm die Kraft, weiter im Deutschbuch zu lernen, sagt er. Leute von der irakischen Armee haben bei seinen Eltern vor der Tür gestanden und wollten ihn einberufen. Die Eltern haben es mit einer Notlüge versucht und angegeben, der Bruder sei nicht mehr im Land, sondern unterwegs nach Europa. Denn wer jetzt eine Uniform anziehe, meint Basel, sei in ein paar Wochen tot. Deshalb müsse die Familie unbedingt die Einberufung verhindern. Seit einiger Zeit lebt der Bruder irgendwo in der Nähe versteckt in einem Gartenhaus. Er kann nur nachts im Dunkeln raus, und auch das sei gefährlich, sagt Basel, weil man inzwischen fürchten müsse, von fast jedem verraten zu werden. Basels Weg nach Deutschland hat die Familie viel Geld gekostet. Nach jeder Grenzüberquerung von der Türkei bis hierher waren Zahlungen an die wechselnden Schlepper fällig. Nun fehlt den Eltern, die selbst zu alt sind, um den Irak zu verlassen, das Geld, um den jüngeren Sohn auf die gleiche Weise außer Landes zu bringen.

Basels Leben im Bonner Flüchtlingsheim hat mit seinem alten Leben und dem seiner Eltern im Nahen Osten nichts mehr zu tun. Dort war er relativ wohlhabend in einer armen Gesellschaft. Hier ist er relativ arm in einer wohlhabenden Gesellschaft. Alles, was er hatte, hat er verloren. Nun muss er mit Ende 30 neu anfangen, und die alten Eltern im Irak wollen über jeden zarten Anfang genau unterrichtet werden. Jeden Tag ist er über Stunden mit ihnen in Kontakt, das Smartphone ist für den Flüchtling des 21. Jahrhunderts oft wichtiger als eine warme Mahlzeit. Sein Schlafrhythmus hängt davon ab, ob es in seinem irakischen Dorf gerade Netzempfang gibt oder nicht. Wenn es eine gute Verbindung gibt, schlagen sich beide Seiten die Nacht um die Ohren und versuchen, während des langen Gesprächs die eigenen Sorgen möglichst zu verstecken, um sich gegenseitig zu schonen.

Mit dem Smartphone leben wir nun wirklich im globalen Dorf. Raum und Zeit werden komplett neu erlebt. Aber es macht das Leben gewiss nicht leichter, wenn man immer weiß, was beim fernen Nachbarn geschieht. Globalisierung heißt auch, ständig die Grenzen unserer emotionalen Ressourcen auszutesten, wie viel von dem Wissen über den Zustand dieser Welt noch erträglich für uns ist. Werner Borgers muss als Unternehmer frühmorgens schauen, was auf den Märkten in Fernost los ist. Und vor dem Schlafengehen checkt er die Neuigkeiten aus den USA. Immerhin achtet er darauf, dass die Mails, die er um 23 Uhr schreibt, erst morgens rausgehen, damit niemand zu unchristlicher Zeit zu einer Antwort genötigt wird. Nur ich, der an Zeit reiche Wanderer, dessen Bewegungsräume gerade klein sind, brauche kein Smartphone, privilegiert, wie ich bin.

9. Juli 2015:

»Ohne Verständigung werden wir in vier Tagen in einem anderen Europa aufwachen« (EU-Ratspräsident Donald Tusk über die Griechenlandkrise, FAZ)

Morgens vor dem Frühstück frage ich die Dame an der Rezeption, ob sie eine Tageszeitung hat. »Da geht es immer nur um Griechenland«, antwortet sie unwirsch, »ich kann es nicht mehr hören!« Sie hat recht, die Nachrichten sind voll davon, die politische Sommerpause lässt weiter auf sich warten. Im Frühstücksfernsehen kommen besorgte Bürger zu Wort, die um ihr Erspartes fürchten. Sie fluchen auf die Griechen, die sie für lotterhaft halten. Während in Athen die Armut immer bedrängender wird, blühen bei uns die nationalen Stereotype.

Die Summen, die momentan öffentlich verhandelt werden, übersteigen jedes Fassungsvermögen. Seit der Finanzkrise haben wir unzählige Lehrstunden in paradoxem Denken hinter uns, sollen verstehen, dass die Brandherde, die aus wundersamen Geldvermehrungen resultieren, nur durch noch mehr Geld gelöscht werden können. Politik wird religiös, sie zehrt mehr und mehr davon, dass Bürger glauben und vertrauen. Nein, nicht zuerst die Bürger, sondern die »Finanzmärkte«. Ein ominöser Plural hat sich da durchgesetzt, der die Macht des großen Geldes, die kein Gesicht mehr hat, verschleiert. Womöglich sind es die Algorithmen intelligenter Maschinen, die da ihre Niemandsherrschaft ausüben. Und wir hängen mit drin, weil sich unsere Lebensversicherer und unsere Pensionskasse gezwungen sehen, mit am großen Rad zu drehen. Kredit kommt von credere, und das heißt tatsächlich glauben. Kredit wird in der Erwartung gewährt, dass in einer besseren Zukunft die Probleme der Gegenwart schnell Vergangenheit sein werden. Aber wer teilt heute noch mit innerer Überzeugung dieses Verständnis von Zeit? Wir leben davon, ständig neue Blasen zu schaffen. Wir sitzen in einem Theater der Illusionen und hoffen auf weitere Zugaben, damit die Vorstellung möglichst nie zu Ende geht. Dieses prekäre Gefühl hat sich fest eingenistet. Gegen diesen Schwindel im Kopf nach der Zeitungslektüre hilft nur, loszulaufen.

In Coesfeld suche ich nach dem richtigen Weg zum Kloster Gerleve, das keine zehn Kilometer entfernt auf der Höhe liegen muss. Ich frage zwei ältere Herren. Der eine sitzt im Rollstuhl, der andere schiebt ihn durch den Stadtpark. Beide halten mich anscheinend für einen frommen Pilger, sind geradezu beseelt, nachdem ich mein Ziel genannt habe. »Wir sind schon oft dort hochgelaufen«, sagt der eine, »wir sind nämlich beide Priester. Aber jetzt schaffen wir den Weg nicht mehr zu Fuß.« Ich bekomme den dringenden Rat, vorher noch in die St.-Lamberti-Kirche am Markt zu gehen. Das Coesfelder Kreuz müsse ich unbedingt sehen.

Den kleinen Schlenker nehme ich noch mit und stehe dann in der Kirche vor einem Kreuz, das meinen Blick tatsächlich sofort fesselt und mir immer rätselhafter erscheint, je länger ich es betrachte. Dieser Jesus ist nämlich mit seinen Händen nicht an einen Querbalken genagelt, das Kreuz hat die Form einer Gabel. Dieser Jesus ist auch nicht der athletische Jüngling mit langen Haaren, wie in so vielen Christus-Darstellungen, er ist abgemagert und wirkt fast greisenhaft. Kein verklärter Blick im Gesicht, allein die Darstellung dramatischen Leides. Der Anblick ist brutal. Seit dem 14. Jahrhundert, lese ich, muss dieses größte Gabelkreuz Deutschlands Wallfahrer in Massen angezogen haben. Sie meinten, es sei wundertätig, und waren besonders fasziniert von zwei verborgenen Höhlen im Kopf und in der linken Brust der Christus-Figur, in die man Reliquien stecken konnte. Reformatorische Pfarrer sind daran gescheitert, den Kult um dieses Coesfelder Kreuz, das bei Prozessionen durch die Gegend getragen wurde, zu beenden. Der Volksglaube war stärker.

Ich überlege, was es ist, das mich fesselt und zugleich befremdet. Es ist das Rohe, die Anwesenheit nackter Gewalt, der Verzicht auf jegliche Verharmlosung. Wenn jemand gequält wird, so deute ich für mich diese Darstellung, dann haben wir gefälligst hinzusehen. Mir erscheint es mutig, dass eine Religion den Gedanken so sehr in den Mittelpunkt rückt, dass ein Riss durch diese Welt geht. Sie ist nicht in Ordnung, denn Gewalt ist allgegenwärtig. Ihr nicht mit Stärke, also Gegengewalt, zu begegnen, sondern mit selbstbewusster Schwäche, ist so raffiniert, dass es immer wieder ausprobiert werden sollte, auch wenn stets das Scheitern droht. Das eigene Scheitern ist geradezu Teil des Konzeptes. So verstehe ich die eine Botschaft des Kreuzes, sie leuchtet mir ein, auch wenn wir vorerst, wie ich fürchte, in bestimmten Situationen ohne die fantasielose Gegengewalt nicht auskommen werden. Mahatma Gandhi und Nelson Mandela stehen aber immerhin für den möglichen Erfolg dieses Sonderweges. Die andere Botschaft dagegen kann eigentlich nur verstehen, wer die Bereitschaft zum intellektuellen Selbstmord aufbringt. Sie lautet: Wir sind erlöst, weil er gestorben ist. Das verstehe ich nicht, weil es jenseits von Rationalität liegt. Vielleicht kann man es gar nicht verstehen, sondern nur, so wie hier, zu sehen versuchen. Aber das gelingt mir nicht beim Anblick dieser gequälten Gestalt.

Vermutlich muss man, wie Kierkegaard es genannt hat, in den Glauben springen, um die Einwände im Namen der Rationalität hinter sich lassen zu können.

Aber ich bin kein Springer, ich bin Zweifler. Wer den Zweifel nicht kennt und ehrt, ist in meinen Augen ein Dummkopf. Ich bin, in religiöser Hinsicht, eine multiple Persönlichkeit und leide nicht einmal allzu sehr darunter. Vielleicht kommt das ja noch. Nur ganz selten bin ich neidisch auf Menschen, die meinen, ihre Zweifel ein für alle Mal erfolgreich abgeschüttelt zu haben, und es nun für eine Tugend halten, nicht mehr zu wackeln. Solche Leute gibt es in allen religionspolitischen Lagern, und sie sind in der Regel menschlich unangenehm. In manchen Wochen gibt es also bei mir theistische, atheistische und auch agnostische Tage, und an vielen Tagen des Jahres interessiert mich die Gottesfrage gar nicht. Da lebe ich dann wie der letzte Mensch, den Nietzsche für das verachtenswerteste Geschöpf auf Erden gehalten hat, weil er mit den kleinen Dingen des Alltags und sich selbst zufrieden ist und keine Sehnsucht nach etwas Größerem kennt. Den letzten Menschen interessiert kein Morgen. Das ist dann kein reflektierter Atheismus mehr, sondern ein fröhlicher, latent einfältiger, der leichtsinnigerweise bereits die Frage und das Problem vergessen hat, auf die Religion eine Antwort geben will.

Aber dann gibt es eben auch die anderen Tage, in denen ich spüre, dass es gut wäre, wenn ich alles, worauf es im Leben ankommt, nicht nur aus mir selbst schöpfen müsste. Dass es gut wäre, wenn diese zerbrechliche Kreatur, die ich bin und die ausgerechnet in Momenten des Nichtgelingens verzweifelt darum ringt, nicht auf andere angewiesen zu sein, sondern immer stolzes autonomes Ich sein will, sich getragen fühlen würde von jemandem, der größer ist als wir. Ganz selten habe ich sogar die Gewissheit, dass es genau so ist. Das sind dann die erstaunlichsten Momente im Jahr, und eine angemessene Sprache für diese Erfahrung kenne ich nicht. Aber diese Gewissheit ist so haltbar wie ein Windhauch.

Wenn ich mir Gott, was selten genug vorkommt, in seinen Eigenschaften vorzustellen versuche, dann als einen, der Sympathien hat für die Zweifler und Zauderer, dem die überzeugtesten unter seinen Anhängern und Verächtern gleichermaßen suspekt sind. Gegen die hundertprozentig Frommen oder Unfrommen möchte ich das Recht verteidigen, dass es auf jede dieser widerstreitenden Erfahrungen ankommt, wenn wir uns nicht auf eine konstruierte Geschichte festlegen wollen, die wir fälschlicherweise für unser eigenes Leben, unsere Identität halten. Einen Möglichkeitsraum der Transzendenz zumindest einen kleinen Spalt offenzuhalten, das schwebt mir vor. Ein Denken, das um die eigene Irrtumswahrscheinlichkeit weiß. Wie verrückt die Annahme ist, dass in diesem Riesenuniversum, auf dem die Erde nur ein winziger Punkt ist, ausgerechnet wir von einem höheren Wesen gezielt beim Namen genannt sein sollen. Zugleich wäre unsere intellektuelle Welt aber auch ärmer, wenn wir keine ätzende Religionskritik hätten. Was wären wir ohne Voltaire? Es gibt eine schöne chassidische Geschichte, die Martin Buber erzählt hat. Sie handelt von einem aufgeklärten Lehrer, der einen Rabbi immer wieder damit nervt, dass er ihm schlaue Bücher aufnötigt, in denen die Gottesidee zertrümmert wird. Eines Tages steht er wieder in der Stube des Rabbis Jizchak, der gerade in der Thora liest, und macht einen neuen Versuch. Der aufgeklärte Lehrer will unbedingt, dass der Geistliche entweder vor den erdrückenden Argumenten der Gottesgegner kapituliert oder aber wütend seinen Glauben verteidigt. Doch der Rabbi macht keins von beidem. Er antwortet dem Lehrer mit einem einzigen, leisen Satz: »Vielleicht ist es aber wahr.«

Wenn man Coesfeld im Tal hinter sich gelassen hat und oben auf der Anhöhe steht, wird irgendwann in der Ferne das Kloster sichtbar, die beiden Türme der neuromanischen Abteikirche. Das Korn steht hoch, ein leichter Wind geht durch die Ähren, und der staubige Weg zwischen den Feldern hindurch gehört mir ganz allein. Dieser Sommer ist auf meiner Seite. Ich genieße die letzte Etappe dieses Tages und bin gespannt darauf, das Innere des Klosters kennenzulernen, in dem seit 1904 die Benediktiner von Gerleve leben. Pater Elmar Salmann hat mir am Telefon ein Zimmer unter seinen Brüdern angeboten, ich muss nicht im Gästehaus übernachten. Ich klopfe an der Pforte und werde von ihm strikt zur vereinbarten Zeit abgeholt. Denn mit Benediktinern kann man sich nicht lose verabreden, da ihr Tag sehr streng getaktet ist.

Der Pater will mir zunächst mein Zimmer zeigen. Auf dem Weg dorthin fällt mir auf, dass er sehr schnellen Schrittes eilt, obwohl er mit Ende 60 nicht mehr der Jüngste ist. Ich habe Mühe, mit dem Rucksack hinterherzukommen. Darauf angesprochen, lächelt Salmann und erzählt, seine Mitbrüder würden ihn immer kritisieren, weil er so hastet, aber er sage dann stets, er sei bloß zielstrebig. Pater Elmar wäre gewiss nicht beleidigt, wenn man ihm sagte, er habe ein Clownsgesicht mit funkelnden Augen und roten Wangen, was tatsächlich beim Kennenlernen mein erster Gedanke war. Er hat nämlich theologisch über die Existenzform des Clowns nachgedacht, sieht ihn als Fremdling im Heimatland, so wie sich im Übrigen selbst, und hat in seinem Buch

»Zwischenzeit« den Gedanken formuliert, die großen Mystiker seien ort- und zeitlose Narren gewesen. Logisch, dass mich dieser Mann interessiert.

In Italien war er bis vor ein paar Jahren eine öffentliche Person, hier in Westfalen kennt ihn kaum jemand. Als Professor für Philosophie und Theologie an den päpstlichen Hochschulen in Rom hat er 30 Jahre lang Schüler aus der ganzen Welt angezogen. Anfangs hatten die meisten noch die klassische Bildungsbiografie des europäischen Gymnasiums. Aber kurz vor seiner Emeritierung saßen schon 80 Prozent Nichteuropäer bei ihm im Hörsaal. Der Dalai Lama hat die besten Schüler zu ihm geschickt. Natürlich nicht, damit sie europäisch und römisch werden, sondern um die besten Rosinen aus der christlichen Tradition zu picken.

Bald darauf sitzen wir uns in einem Besprechungszimmer gegenüber, und der Mönch erklärt mir zunächst die Tischsitten beim gemeinsamen Abendessen, das um Viertel nach sechs stattfinden wird. Bis dahin haben wir Zeit für ein ausführliches Gespräch. Er hat sofort gemerkt, dass ich mit den Regeln des klösterlichen Lebens unvertraut bin, und will nun wissen, woran er mit mir ist. Mein Anliegen lässt sich unverändert nur schwer in einem Satz beantworten, noch immer fehlt mir die Kurzformel, was mich ein wenig verlegen macht. Also erzähle ich ihm von den vergangenen Tagen, wen ich getroffen habe und was mich bewegt hat, aber aus seinem Gesichtsausdruck meine ich herauszulesen, dass ihm unklar geblieben ist, warum ich zu ihm nach Gerleve gekommen bin.

Nun versuche ich es geradeheraus mit der Frage, ob ich denn der Einzige sei, der heutzutage mit unklaren Erwartungen ein Kloster besuche. Salmann schüttelt den Kopf und berichtet vom Phänomen des neuen Pilgerns, das sich immer wieder bei ihnen an der Klosterpforte bemerkbar mache.

Plötzlich stehe da ein VW-Manager mit dem Lebensgefühl, nur ein Rädchen im Getriebe zu sein. Menschen würden angezogen von diesem Sehnsuchtsort, an dem gegen die Logik unserer Zeit gelebt wird, könnten aber dennoch wenig anfangen mit der Praxis sehr formbewusster Religiosität, die für die benediktinischen Mönche gerade so wichtig ist. Oder genauer: Sie schauten sich das fasziniert an, blieben aber in der Rolle des Gastes, der für eine kurze Zeitspanne im Leben an einer rituellen Praxis teilnimmt, die trotzdem nicht aufhört, exotisch auf ihn zu wirken. Das Selbstverständliche sei weg. Salmann betont, er wolle solche Suchbewegungen nicht denunzieren, sondern im Gegenteil ehren. Die Sehnsucht nach Spiritualität, vorsichtige Formen von Glauben, er nennt es »das vage Rituelle«, kämen jetzt an die Oberfläche. Für große Sakramente seien die meisten Menschen dagegen nicht mehr bereit, die hätten fast etwas Verbotenes, weil sie theologisch inzwischen so überfrachtet worden seien. »Wir leben in einer Zeit mit vielen Entdeckungsbewegungen, mit Abenteuersinn. Es ist eine Mutationszeit hin zu einem anderen religiösen Stil, der kompatibler ist mit der Existenz des postmodernen Menschen. Wir sind auf allen Ebenen auf Stilsuche nach gelingenden Formen des Lebens.«

Ich will mich vergewissern, was ich da gerade gehört habe. Hat Pater Elmar dieses »Wir« nur rhetorisch gemeint, oder bezieht er sich selbst und seinen Orden in diese kollektive Suchbewegung ausdrücklich mit ein? Zweifelt er am Ende gar selbst daran, ob die Existenzweise des Mönchs, für die er sich als junger Mann entschieden hat, noch zeitgemäß ist? »Früher waren wir hoch geehrt«, antwortet er, »heute besitzt unsere Lebensform keine Plausibilität mehr. Religion ist auch für uns nicht selbstverständlich, der Zweifel bleibt nicht vor den Toren.« Wer wie er gesellschaftlich auf verlorenem Posten stehe, benötige die Tugenden der Demut und Ritterlichkeit, um ein »Leben ohne Ressentiment gegen die heutige Zeit« führen zu können.

Diese Wortwahl gefällt mir. Da widersteht einer mit heiter-melancholischer Haltung der Versuchung, sich intellektuell einzumauern, die Welt da draußen einfach für unverständig zu halten, sich selbst dagegen für ungerührt und gesinnungsstark. Elmar Salmann macht keinen Hehl daraus, dass sein Spiel einstweilen verloren ist. »Wir haben 1600 Jahre die Seelen beherrscht, und nun sind wir eine Minderheit. Hoffentlich eine freisetzende, inspirierende Minderheit und keine Sekte!« Er ist fürs Erste vom Feld und betrachtet seine Interventionen als »Einwürfe von der Seitenlinie, um den Ball wieder ins Spiel zu bringen«. Salmann sucht beharrlich nach neuen Bildern, um seine Rolle in der heutigen Zeit, die mit streng gefasster Religiosität fremdelt, zu beschreiben. Einmal nennt er sich einen Fährmann, der zwischen Welten unterwegs ist, die sonst wenig miteinander zu tun haben, »hin- und herfahrend in der Schärenlandschaft des Daseins«. Er verlässt häufig das Kloster Gerleve, um als Seelsorger für Ärzte und Unternehmer da zu sein.

Aber auch im Kloster selbst hat sich viel geändert, obwohl es äußerlich den Anschein hat, als ob die Benediktiner ihr regelgeleitetes Leben noch genauso führen wie vor 1400 Jahren, als Benedikt die Ordensregel fixierte. »Früher sind wir vor dem Abt hingekniet, heute sagen wir zu ihm ›Hej‹ und ›Ciao‹. Was besser ist, wissen wir Sterblichen nicht.« Gerleve gehört noch nicht zu den Klöstern in Deutschland, die bereits vergreist sind und unmittelbar vor der Auflösung stehen. Der Altersdurchschnitt beträgt 63 Jahre, was im Vergleich mit anderen Häusern geradezu jung ist, und auch die Anzahl von 40 Brüdern und Patres, die hier leben, ist noch beachtlich. Als Salmann eingetreten ist, vor

42 Jahren, waren es freilich noch 75 Mönche. Der Neigungswinkel ist klar, auch hier setzt man sich mit der Perspektive für übermorgen auseinander, dass es zu Ende gehen wird. Was wird dann aus der Bibliothek mit 250 000 Bänden? Salmann drückt es im Futur II aus, als weitere Kostprobe seines melancholischen Grundtons: »Dort ist das nie gelesen sein Werdende gesammelt.«

Eine gewisse Gelassenheit verschafft ihm das Denken in großen Bogen. Denn im planetarischen Maßstab betrachtet werden die Probleme des Mönchtums in den säkularen Gesellschaften Europas zur historischen Ausnahme. Die Entchristlichung auf unserem Kontinent kontrastiert mit den religiösen Konjunkturen anderswo. Sein Orden werde sein Wirken künftig wohl nach Asien verlagern, weil es vor allem in der buddhistischen Kultur interessante Andockstellen gebe. »Das Mönchtum ist ein transkultureller Archetyp. Was für uns Benediktiner wichtig ist, die Mystik, die Seelsorge am Einzelnen, das Stoische, die Struktur von Raum und Zeit, Ruhe und Gastfreundlichkeit, haben wir nicht für uns allein.«

Nun wird es Zeit, über den postmodernen Menschen zu sprechen, der sucht, aber nicht findet. Der die Leerstelle im Leben noch spürt, die ein banaler Atheismus des Alltags hinterlässt, sie aber nicht schließen kann. Bevor ich den Mönch darauf anspreche, fällt mir ein, in letzter Zeit immer häufiger Menschen begegnet zu sein, die fröhlich flöten, das Ding mit der eigenen Sterblichkeit sei doch gar kein Problem, aus die Maus. Wir sollten endlich kapieren, dass jeder Mensch in diesem kalten Universum nicht bedeutender sei als ein Staubkorn. Aber diese demonstrative Fröhlichkeit, mit der verkündet wird, dass man bereit sein müsse, sich und seinen Körper als künftigen Kompost zu betrachten, als Elementarteilchen im Räderwerk der Evolution, ist mir zumeist eine Spur zu laut, als dass ich sie vorbehaltlos für echt halten könnte. Man kann aus guten Gründen Atheist sein. Aber wer das Drama dahinter übersieht, wird zum Höhlenbewohner.

Salmann beschreibt als Paradox des postmodernen Menschen, dass er zwar materiell gesichert sei wie nie zuvor in der Menschheitsgeschichte, opulenten Wohlstand leben könne, aber trotzdem ein starkes Empfinden des Prekären, des Verpassten, des Unglücklichen habe. Der Mensch wird, so verstehe ich den Pater, zum Opfer der Freiheiten, die er sich mühsam erkämpft hat. Immerzu schauen wir auf die Optionen, die wir gerade nicht realisieren können, und machen uns, weil wir Begrenzung als Beschränkung deuten, selbst zum Opfer. Salmann nennt das »Unendlichkeitswahn«. Das, was früher in der Perspektive der Ewigkeit aufgehoben gewesen sei, würden wir nun als ständige Glücksverheißung auf die diesseitige Welt übertragen. Dann ist genug eben nie genug. Niemand wird mehr vor sich selbst geschützt, wenn er am nächsten Superlativ arbeitet, an der Work-Life-Balance, an der idealen Partnerschaft, an Wellness und Fitness.

Salmann weiß, dass es wenig originell ist, solche Beispiele zu nennen, weil die Optimierungszwänge, denen wir uns unterwerfen, natürlich längst durchschaut sind. Wir wissen es und tun es trotzdem, denn diesen Zwängen ist nur schwer zu entrinnen. »Wir sind alle überaufgeklärt«, meint der Mönch. »Jeder Idiot kann dem anderen heute seine Psychopathologie erklären.« Dieses Wissen um uns ändert aber offenbar nichts am Problem. Der postmoderne Mensch hadert immer dann, wenn er von Dingen weiß, die er nur sehr bedingt in der eigenen Hand hat, ihm fehlt die Geduld für alles, was vorläufig oder gar brüchig ist. Dabei sei doch das meiste im Leben Kompromiss. »Wir können nicht mit Kontingenz umgehen«, bringt Salmann es auf den Punkt, also mit Ereignissen, die uns widerfahren, die wir aber nicht allein beeinflussen können: Krankheit, Schmerz, Trennung, Scheitern, Altern, Tod. Also der ganze Katalog von Grenzerfahrungen, die so wesentlich sind für die menschliche Existenz. Deshalb leben wir mit einem unglücklichen Bewusstsein, wissen, dass wir zwar viele Handlungsoptionen haben, weil wir zum Glück viel freier sind als Menschen in früheren Epochen, wissen aber auch, dass uns niemand vor der falschen Wahl beschützen wird, wir uns also immer nur selbst anklagen können, wenn im Leben etwas schiefläuft.

Wenn prinzipiell alles möglich ist, wird zugleich alles fraglich. Dann geht Sicherheit verloren. Salmann nennt als Beispiele Eltern, die unsicher sind, wie man Kinder erzieht, Ärzte, die jeden kleinen Schritt dokumentieren, um sich unangreifbar zu machen. »Was wir bräuchten«, so sein Therapievorschlag für den postmodernen Menschen, »wäre ein demütiger Gemeinsinn, dass wir gemeinsam zerbrechlich sind.« Der Zeitgeist habe etwas Hypertrophes, das uns Sterblichen nicht gegeben sei. Ein Versuch, diesem Zeitgeist zu begegnen, könne sein, gezielt einzuüben, »das Gute des Daseins zu sehen«, statt immer nur mit dem Defizitären zu hadern.

Ich höre, was der Pater sagt, und fühle mich erwischt. Schwer zu leugnen, dass ich auch auf dem Optimierungskarussell sitze. Mit einem Mal wird mir klar, dass unsere Gesellschaft der Beschleunigung, die jeden Tag ein bisschen besser und effizienter sein möchte, einen guten Grund hätte, noch einmal neu auf die Existenzweise des Mönchs zu blicken, und zwar gar nicht mal aus religiösen Gründen. Vielleicht ließe sich von Mönchen lernen, wie man Pionier eines anderen, geradezu luxuriösen Umgangs mit Zeit sein kann. »Wir haben eine ungeheure Geduld des Seins, einen Überschuss an Aufmerksamkeit, eine verschwenderische Freude am Nutzlosen. Sonst kann man sich nicht täglich zweieinhalb Stunden dem lateinischen Chorgesang widmen.«

Der Pater schaut auf die Uhr und mahnt zum Aufbruch. Gleich werde ich Gast beim gemeinsamen Abendessen im Refektorium sein. Salmann schärft mir noch einmal ein, dass während der Mahlzeit am Tisch nicht gesprochen wird. Stattdessen gebe es einen Vorleser, der *er* zufälligerweise an diesem Abend sei. Schnellen Schrittes rauscht er hinaus, um das Buch aus seiner Zelle zu holen. Ein wenig nervös öffne ich die schwere Tür des Refektoriums. Ich bin unsicher, ob ich mich am Tisch richtig verhalten werde. Das Schweigegebot macht mich etwas beklommen.

An der Stirnseite des Saals sehe ich den Abt mit fünf älteren Brüdern sitzen, ihnen gegenüber, am anderen Ende des Refektoriums, ist der Platz des Vorlesers. Die Mönche sitzen an den beiden Längsseiten des Saals, wir Gäste in der Mitte. Zwei Brüder schieben einen Servierwagen und tischen wortlos auf. Es gibt kleine Stücke Gemüselasagne, Brot und Käse. Nachdem der Abt das Gebet gesprochen hat, greifen alle zum Besteck. Salmann beginnt mit seiner Lesung. Er hatte mir vorher gesagt, dass im Moment ein Buch aus dem 19. Jahrhundert dran sei mit Alltagsbeschreibungen aus einem protestantischen Pfarrhaus. Ich schaue reihum in die Gesichter und habe nicht das Gefühl, dass hier intensiv zugehört wird. Auch ich habe Mühe, in den Text einzutauchen. Salmann liest laut gegen das Klappern der Teller und Bestecke an, das hat etwas Absurdes. Mir erschließt sich nicht, warum hier während des Essens gelesen wird. Nur um das Reden zu verhindern? Denn um einen theologischen

Gehalt geht es hier nicht. Meine Unsicherheit werde ich während der gesamten Mahlzeit nicht los. Ich weiß nicht, wohin mit den Augen. Denn wenn das Sprechen verboten ist, dann doch vermutlich auch der Blickkontakt. Ich schaue abwechselnd auf den Teller und ins Irgendwo und habe das neidische Gefühl, dass die wenigen anderen Gäste am Tisch schon vertrauter mit dieser Atmosphäre sind.

Gegessen wird im Übrigen ziemlich zügig. Nach 20 Minuten wird die Mahlzeit mit einem Dankgebet des Abtes beendet, die beiden Brüder stapeln rasch das Geschirr auf den Servierwagen. Jetzt sind es noch knapp zwei Stunden bis zum letzten von sechs Gottesdiensten am Tag, der Komplet. Anschließend wird Stille im Kloster herrschen. Bis zu diesem Nachtgebet, das hat mir Elmar Salmann vor dem Abendessen angekündigt, wird er sich wie jeden Abend in seinen Schaukelstuhl ans Fenster setzen und die vertraute Landschaft betrachten. Entweder kommt er in der Zeit auf einen neuen Gedanken, oder er schlummert ein.

10. Juli 2015:

»Das ist die Bilanz: Die wenigen, die sich gegen den Hass gewehrt haben, wurden ins Visier genommen. Aber jene, die durch rassistische Hetze alles angestachelt haben und die dies weiter tun, werden aus Feigheit oder innerer Übereinstimmung in Ruhe gelassen.« (Markus Nierth, ehemaliger Bürgermeister von Tröglitz in Sachsen-Anhalt, SZ)

Das Frühstück ist die einzige Mahlzeit am Tag, bei der die Mönche im Kloster von Gerleve zu festgesetzter Zeit im Refektorium unter sich bleiben. Im Gastzimmer kann man dagegen frühstücken, wann man möchte. Ich treffe dort auf einen Mann in den Vierzigern im teuren Designerhemd und setze mich zu ihm. Ich frage ihn nach dem Grund für seinen Besuch im Kloster. Er schaut mich streng an und antwortet knapp: »Ich schweige während meines gesamten Aufenthalts.« Ein Satz wie eine Ohrfeige. Hätte ich mich doch etwas abseits hingesetzt! Aber das geht nun nicht mehr. Die folgenden Minuten ziehen sich endlos. Als mein Gegenüber schließlich aufsteht und den Raum verlässt, erlebe ich das als befreiend.

Bald darauf kommen weitere Gäste an den gedeckten Tisch. Durch die Peinlichkeit soeben vorgewarnt, will ich die Dinge gleich offensiv klären und frage daher in vorsichtigem Ton, ob in der Runde geredet werden darf. Vom Ältesten am Tisch ernte ich für diese Frage ein wissendes Schmunzeln. Ich berichte, was mir gerade passiert ist, und der Mann antwortet: »Man kann es auch übertreiben! Das tun hier manche.« Er erzählt, dass er schon seit 40 Jahren regelmäßig ins Benediktinerkloster komme, um sich Zeit für

Besinnung zu nehmen. Ein guter Ort sei das für Exerzitien. Ein Zweiter am Tisch ist Priester und will sich ein paar freie Tage in Gerleve gönnen, bevor er bald eine neue Gemeinde in Leverkusen übernehmen wird. Es ist eine der neuen Großeinheiten, die die katholische Kirche wegen des Priestermangels schaffen musste. Künftig wird der neue Priester für acht Kirchen gleichzeitig verantwortlich sein. Der Seelsorger der Zukunft wird viel hinterm Steuer sitzen und muss sich überlegen, wie viele Gottesdienste an einem Sonntag zu schaffen sind. Der Dritte und Jüngste in unserer Runde hat gerade sein juristisches Examen hinter sich und will sich im Kloster davon erholen. Die Stühle vier und fünf schließlich sind von zwei Männern in den Dreißigern besetzt, die offenkundig am Morgen viel Aufmerksamkeit in die Gestaltung ihrer Frisur gesteckt haben. Beide tragen teure, auffällige Uhren und sind frisch parfümiert. Ich müsste mich sehr irren, wenn die beiden kein Paar sind. Der eine von beiden sagt mit einem Stoßseufzer, er müsse dringend mal runterfahren. Der andere ergänzt, dass es verdammt schwer sei, hier ein Zimmer zu kriegen. Ich staune, wie unterschiedlich die Sinnsucher sind, die an diesem Ort der Stille aufeinandertreffen. Dann packe ich meine Sachen.

Die Kilometer vom Kloster nach Billerbeck sind die bislang schönsten auf meiner Wanderung. Elmar Salmann hatte mir gestern bereits erklärt, dass ich durch die Baumberge auf dem Ludgerusweg laufen würde. Der heilige Ludgerus hat bereits im 8. Jahrhundert das erste Kloster und eine Schule in Münster gegründet. Das war der Anfang einer kulturellen Prägung, die das katholische Münsterland zwar bis heute noch sehr bestimmt, deren Ende aber auch hier absehbar ist. Dann endet ein historischer Bogen von gewaltiger Länge, und aus dem Kloster wird – wer weiß? – vielleicht mal ein Wellnesshotel, in dem die letzten verbliebenen Mönche bis zu ihrem Tod als Kulisse für Gäste dienen, die auch mal dringend runterfahren müssen. Ich bin mir sicher, dass unsere Gesellschaft, die mit einem akuten Mangel an Kontemplation lebt, eines Tages wehmütig feststellen wird, dass es da mal Leute gegeben hat, die auch äußerlich Zeichen davon gegeben haben, dass ein vollkommen anderes Leben prinzipiell möglich ist. Eines, das auch Menschen beeindrucken kann, die sich mit der Gottesfrage gar nicht beschäftigen.

Auf dem Weg nach Billerbeck komme ich an einem Hof vorbei, der optisch dem entspricht, was man als unbedarfter Städter mit idyllischem Landleben verbindet. Hühner und Rebhühner laufen neben Ziegen her, Enten haben sich bei der Hitze unter einen Baum in den Schatten gelegt, ein paar Schafe blöken. Ich spreche über den Zaun hinweg einen Gärtner an, der eine Schubkarre schiebt. Herr Appelbeck erklärt, dass er nicht der Besitzer dieses wirklich schönen Anwesens mit einer prächtigen Fülle blühender Sommerblumen ist, sondern sich nur ein wenig darum kümmert. Er macht das auf 450-Euro-Basis für ein Ärzteehepaar aus Gelsenkirchen, das nur am Wochenende hier lebt. »Jedes Tier hier«, erklärt der ehemalige Landwirt, der seinen eigenen Betrieb aufgegeben hat, »stirbt eines natürlichen Todes, keins wird gegessen.« Ob denn die Besitzer Vegetarier seien, will ich wissen. »Nein, die essen Fleisch, aber nicht ihre eigenen Tiere.« Er sagt das mit einer Miene, die verrät, dass er das etwas seltsam findet. Pech für mich, dass das Paar aus Gelsenkirchen gerade nicht da ist, denn zu gern hätte ich mit ihnen darüber gesprochen, was moralisch für sie den Unterschied ausmacht. Ändert sich unsere Haltung zu Tieren durch Nähe? Fällt es leichter, ein Tier aus der industriellen Landwirtschaft zu essen, weil wir den hässlichen Akt des Tötens an andere delegieren können? Diese Tiere hier zu essen erscheint mir viel plausibler. Sie hatten ein gelebtes Leben, keine Elendsbedingungen in der Tierfabrik. Obendrein sind sie echt bio. Ich vermute, dass der Mönch aus Gerleve auf diesem Hof ein weiteres schönes Beispiel für die verlorene Instinktsicherheit des postmodernen Menschen gefunden hätte, der, egal was er tut, sich immer wieder in Ambivalenzen verstrickt.

Herr Appelbeck erzählt mir noch eine Geschichte aus den vergangenen Tagen. Eines der Schafe war krank. Er ist mehrmals hier gewesen, um es aufzurichten, weil es so schwach war. Irgendwann wusste er, dass kein Weg daran vorbeiführt, es einzuschläfern. Er hat die Arztgattin in Gelsenkirchen angerufen, um ihre Einwilligung zu bekommen. Auf keinen Fall sofort einschläfern war ihre Antwort. Sie ist direkt ins Auto gesprungen, über die Autobahn gerast und war innerhalb einer halben Stunde hier. Ihr war es wichtig, sich persönlich von dem Schaf zu verabschieden. Dann erst konnte die Spritze gesetzt werden.

Die restlichen Kilometer bis Billerbeck, das zwischen Coesfeld und Münster liegt, laufe ich zügig durch, abgesehen von ein paar kurzen Stopps an Süßkirschenbäumen am Wegesrand, die voller Früchte hängen, aber von niemandem abgeerntet werden. Ich habe eine kindische Freude daran, die Kerne möglichst weit zu spucken, vielleicht weil ich mich so sehr auf meine nächste Verabredung freue. Die Philosophin Susanne Boshammer, mit der ich heute verabredet bin, zieht sich regelmäßig nach Billerbeck ins Haus ihrer verstorbenen Großeltern zurück, wenn sie in Ruhe nachdenken und schreiben will.

Wenige haben mich in den vergangenen Jahren in meinem Denken so beeinflusst wie sie. Nicht, weil sie für eine bestimmte Gesinnung steht, sondern für eine innere Haltung. Alle paar Monate hatten wir Gelegenheit, uns auszutauschen. Ich habe noch eine Äußerung von ihr im Ohr, die sie selbst vermutlich längst vergessen, mich aber sehr bewegt hat. Damals hatte sie mich aufgefordert, mal einen Selbsttest vorzunehmen, ob ich in den vergangenen fünf Jahren in einer wesentlichen Frage meine Position geändert hätte. Mir war bald klar, worin die Tücke dieser Frage bestand. Sie wollte nicht meine Standhaftigkeit prüfen. Im Gegenteil, wenn mir jetzt kein Beispiel einfiele, würde ich mich vor mir selbst intellektuell blamiert haben. Zum Glück fiel mir eins ein, ich war regelrecht erleichtert. Nicht wenige aus ihrer Zunft üben sich gern in der Kunst der Beharrlichkeit. Sie argumentieren oftmals über viele Jahre geradezu überselbstbewusst für die eigene unverändert gebliebene Position und wollen dadurch Punktsiege über ihre Kontrahenten erringen, dass sie deren Argumente regelrecht durch den Wolf drehen. Susanne bringt dagegen aus tiefster Überzeugung die so fabelhafte wie seltene Bereitschaft in jedes Gespräch mit ein, auf der Stelle die eigene Meinung zu ändern, wenn vom Gegenüber etwas Klügeres kommen sollte. Was bei ihrem scharfen Verstand vermutlich nicht allzu häufig der Fall sein wird. Ihr Fachgebiet ist die Ethik, nicht die Besserwisserei.

Susanne zeigt mir das kleine Haus ihrer Großeltern mit dem schönen Garten drum herum. Mit diesem Ort verbindet sie viele angenehme Kindheitserinnerungen. Seitdem das Haus ihr gehört, hat sie alles unverändert gelassen, stößt immer noch auf überraschende Hinterlassenschaften ihrer Großeltern. Im Inneren könnte man sofort einen Film über die 70er-Jahre drehen. Susanne berichtet freimütig von ihrem schlechten Gewissen, das sie plagt, weil doch hier

Flüchtlinge wohnen könnten. Sie sei nicht angewiesen auf den Wohnraum, folglich sei dies für sie ein Ort des Luxus, der in diesen Zeiten fragwürdig sei. Aber eben eines Luxus, an dem sie sehr hänge. Ich versuche, ihr das schlechte Gewissen auszureden, bin aber innerlich froh, einen Menschen neben mir zu haben, der mein Gefühl teilt, dass sich momentan in unglaublicher Geschwindigkeit die Welt um uns herum so verändert, dass wir persönlich auch nicht einfach unser bisheriges Leben werden fortsetzen können.

Ich erzähle ihr von meiner gestrigen Begegnung mit Pater Elmar im Kloster. Mich interessiert nämlich, in welchem Verhältnis sie ihre Disziplin, die Ethik, in der es um Begründungen für moralisches Handeln geht, das sich nicht allein auf Konventionen und Traditionen stützen lässt, zur Religion sieht. Müssen heute die Ethiker das leisten, was früher das Geschäft der Priester war? Susanne schüttelt den Kopf. »Theologen können nicht besser denken als andere, und sie haben sich verdammt oft geirrt!«, sagt sie mit Emphase und fährt dann fort: »Meine Richtung ist nicht, etwas in Leute reinzukriegen, sondern etwas aus ihnen herauszuholen.« Moderne Ethik dürfe dem anderen nicht mehr sagen, was er tun solle, sie dürfe nur dabei helfen, dass er es selbst herausbekommt. Es sei eine Hebammentätigkeit beim Prozess des Gebärens guter Gedanken. Susanne ist wohl der Überzeugung, dass schlechtes Handeln damit zu tun hat, dass in unseren Köpfen Überzeugungen festsitzen, die sich niemals einer kritischen Prüfung stellen mussten, weil sie nicht ausgesprochen worden sind. Mit der Zeit versteinerte Vorurteilsstrukturen, die wir häufig selbst gar nicht bemerken, aber durch unser Handeln immer wieder bestätigen. Der eigentliche Feind ist also die eigene Dummheit. Anschauen kann man die Dinge aber erst, wenn sie offen auf dem Tisch liegen. »Bring die Dinge ans Licht!«, zitiert sie die alte Idee der Aufklärung. Diesem Ethos fühlt sie sich verpflichtet. Einlösen können wir die Idee, indem wir uns vor uns selbst rechtfertigen, ob das, was wir tun oder lassen, tatsächlich klugen Einwänden standhält oder bloß darauf beruht, dass wir tun wollen, was wir immer getan haben oder was andere von uns erwarten. »Die wirklich guten Ethiker erschrecken sich nicht, versuchen nicht zu korrigieren, sondern schauen sich Überzeugungen vorurteilsfrei an, ob sie tragen.« Gute Antworten haben Ethiker also nicht immer schon parat, sondern finden sie erst, indem sie beobachten, wie andere Leute leben.

Trotzdem sieht Susanne ein gemeinsames Anliegen zwischen sich und dem Pater, zwischen philosophischer Ethik und religiöser Tradition. Die Vorstellung nämlich, dass es von Bedeutung ist, was man tut. Es ist nicht egal, ob man aufrichtig ist oder nicht. »Es kommt auf dich an. Das ist der gemeinsame Pulsschlag.« Mit der Idee der Freiheit gehe oft ein Gefühl der Beliebigkeit einher oder des Zynismus. Daher sei das Erste, was man in der Ethik vermitteln müsse: »Du hast dich zu interessieren, Ignoranz verbietet sich!«

Nun ist die Ethik noch deutlich älter als die christliche Theologie. Aristoteles hat sie im 4. Jahrhundert v. Chr. begründet. Seitdem streiten Philosophen über das gute Leben, haben konkurrierende Denkschulen ausgebildet und werden sich wohl auch künftig niemals einig sein. Ob es der philosophischen Ethik in zweieinhalbtausend Jahren gelungen ist, einen Beitrag zur moralischen Entwicklung der Menschheit zu leisten, der praktisch wirksam geworden wäre, ist zwar wahrscheinlich, aber kaum zu beweisen. Deshalb will ich von Susanne wissen, worin sich heute das Handwerk der Ethiker von den Zeiten des Aristoteles unterscheidet. Der antike Philosoph, erklärt sie, habe noch das Gefühl gehabt, eine Antwort zu finden auf die Frage nach dem guten Leben, dem Universum, dem großen Ganzen. »Aber das Einzige, was ich richtig gut kann, ist, Fragen zu stellen.«

Das ist mir dann doch zu bescheiden. Denn gute Fragen sind, platt gesagt, zu allen Zeiten gefragt. Sosehr es mir einleuchtet, dass Susanne die handwerkliche Seite der Ethik in den Mittelpunkt rückt, möchte ich sie doch ein wenig von dem Feld weglocken, auf dem sie sich zu Hause fühlt, und etwas darüber erfahren, wo sie den Zeitgeist verortet. Ob es immer nur die individuelle Dummheit ist, die aus dem Kopf rausmuss, oder ob es auch kollektive Diagnosen gibt, die auf den Tisch gehören. Ich versuche die Philosophin mit der Frage zu provozieren, was in ihren Augen die Krankheit unserer Zeit sei. Susanne zögert, so lange, dass ich schon mit der Erklärung rechne, sie sei für Zeitgeistdiagnosen nicht zuständig. Schließlich antwortet sie dann doch, und was sie sagt, hat es in sich: »Bis vor zehn Jahren hätte ich gedacht, es ist die Ohnmacht. Das sehr verbreitete Gefühl, dass die Bedingungen des Gelingens des eigenen Lebens in den Händen anderer Leute liegen, nicht in den eigenen. Heute dagegen beobachte ich, dass viele Leute gar keinen Begriff mehr davon haben, was gelingendes Leben überhaupt ist!« Es sei ein gewaltiger Unterschied, ob die Macht in anderen Händen liegt, dann wisse jeder, welche Kämpfe trotz der Ohnmachtsgefühle eigentlich zu führen seien, oder ob es schon an der Vorstellung fehlt, wie ein besseres Leben aussehen könnte. »Wir haben keine Feinde mehr«, fasst sie lapidar zusammen. Das sei auch der Grund, warum das zornige Büchlein von Stéphane Hessel, »Empört Euch«, zum Bestseller geworden ist, in dem ein alter Mann mit flammenden Worten zu einer engagierten Lebenshaltung auffordert. Viele hätten sich selbst darüber erschrocken, dass ihr Gefühl der Empörung verloren gegangen ist. »Die Welt ist so groß geworden«, so der Erklärungsversuch von Susanne für dieses Phänomen, »deshalb ziehen sich viele zurück ins ganz Kleine.« Ich versuche ihr zu entgegnen, dass die Philosophie heute häufig ein Spiegel dieses Problems sei, indem sie auch nur noch klein denkt und immer nur Individualethik betreibt, als ob jeder von uns nur für sich allein die Frage nach dem guten Leben beantworten könne. Susanne überlegt einen Moment, dann antwortet sie bescheiden: »Ich komme nicht über die Idee hinaus, dass es immer auf den Einzelnen ankommt.«

11. Juli 2015:

»100 000 Flüchtlinge nach NRW. Minister Jäger: Land wird 2015 mehr Asylsuchende aufnehmen als ganz Frankreich.« (Münstersche Zeitung)

In Münster führt mein erster Weg in den Waschsalon. Seit Ewigkeiten habe ich keinen mehr von innen gesehen. Ich schaue mich um, ob mir jemand den Gebrauch der Maschinen erklären kann, blicke aber nur in geistesabwesende Gesichter von jungen Leuten mit Knöpfen im Ohr. Die hocken im Schneidersitz auf den Vollautomaten, sind gerade mithilfe ihres Handys in eine andere Welt abgetaucht und kommen in meine vermutlich erst dann wieder zurück, wenn ihre Waschmaschine nach dem letzten Schleudergang Pieptöne von sich gibt. Also mache ich mich selbst mit den Regularien vertraut und habe nun reichlich Zeit, während die Wäsche läuft, darüber nachzudenken, warum das Modell Waschsalon nicht beispielgebend für den Umgang mit vielen anderen Dingen des Alltags ist. Das könnte doch ein Weg sein, um wegzukommen von der Logik, wonach jeder von uns unbedingt Eigentümer von zehntausend Gegenständen sein muss. In meiner idealen Welt wäre der öffentliche Raum nicht zerstört durch hässliche parkende Autos, die in den meisten Stunden des Tages gar nicht bewegt werden. Stattdessen gäbe es in jeder Straße ein paar Autos mit Schlüssel im Zündschloss, die jeder benutzen kann. An einem intelligenten Abrechnungssystem kann das doch nicht scheitern. Carsharing für alle, nicht bloß als Nischenlösung. Einmal im Jahr träume ich diesen Traum besonders intensiv. Am Karnevalssonntag nämlich, wenn der Umzug durch unsere Straße führt, alle Autos vorher verschwinden müssen und der öffentliche Raum mit einem Mal zum Ort der Begegnung wird. Genauso wünsche ich mir Salons für Rasenmäher, Leitern, Werkzeuge, eigentlich für alles, was man so selten braucht, dass es vollkommen idiotisch ist, den Gegenstand selbst besitzen zu wollen. Kürzlich hat der amerikanische Soziologe Jeremy Rifkin prophezeit, der Kapitalismus in seiner bisherigen Gestalt mit seinem hohen Maß an Ressourcenverschwendung werde absehbar zusammenbrechen, weil sich allmählich eine Ökonomie des Teilens durchsetzen werde. Jeder Tausch zwischen Menschen, bei dem kein Geld fließt, drücke auf die Profite, die erwirtschaftet werden können. Der Charme der Vision von Rifkins »Sharing Economy« besteht darin, dass er uns eine künftige Welt ausmalt, die angeblich weiterhin eine des Überflusses sein kann, keine Welt des Verzichts. Allerdings darf man skeptisch sein, ob es so kommen wird, denn bereits in den 90er-Jahren hat der Soziologe, der gern periodisch neue Zeitalter ausruft, die Prognose vom absehbaren Ende der Arbeit riskiert, aber seitdem hat Erwerbsarbeit ihren Stellenwert eher noch erhöht.

Mit der sauberen Wäsche im Rucksack laufe ich Richtung Schloss. Dort bin ich mit Rainer Hagencord verabredet, der eine Doppelqualifikation besitzt, die vermutlich nicht allzu häufig ist. Er ist Priester und Zoologe. Hans Scholten, der Leiter des Raphaelshauses in Dormagen, hatte mir dringend geraten, ihn zu treffen, wenn ich in Münster bin, denn er verdankt ihm viele Impulse für seine eigene Pädagogik, in der der Umgang mit Tieren eine wichtige Rolle spielt. In Dormagen lernen Kinder an der Seite von Tieren, sich selbst wieder besser wahrzunehmen, Pferde und Kamele sind ihnen eine Brücke zur Welt, helfen bei der seelischen Heilung. Hagencord hat in Münster ein Institut für theologische Zoologie gegründet, er beackert als Solist ein Feld der Wissenschaft, das es vor ihm gar nicht gab. Der Grundgedanke ist einfach: Es gibt eine lange Tradition des theologischen Nachdenkens über das Wesen des Menschen, die theologische Anthropologie. Was fehlt, ist ein systematisches Nachdenken über Tiere. Hagencord sucht nach biblischen Belegen, die helfen könnten, die Rede vom Menschen als »Krone der Schöpfung« als falschen Anthropozentrismus zu entzaubern. Außerdem wünscht er eine Auseinandersetzung der Theologie mit den Erkenntnissen der Verhaltens- und Evolutionsbiologie. Er wirbt für eine Theologie, in der Tiere als Mitgeschöpfe gesehen werden. Das Logo seines Instituts benutzt einen Kupferstich, auf dem Hieronymus, der im 4. Jahrhundert das Alte Testament ins Lateinische übersetzt hat, mit einem Löwen abgebildet ist. Der Legende nach soll Hieronymus dem Tier einen Dorn aus der Pranke gezogen haben, woraufhin der Löwe sein treuer Gefährte wurde.

Hagencord führt mich hinters Schloss in den botanischen Garten, der Tausende Pflanzenarten beherbergt. Dort suchen wir uns einen Platz im Schatten, denn wieder mal brennt die Sonne brutal. Kaum sitzen wir auf einer Bank, macht mich der Theo-Zoologe auf einen schweren, süßlichen Duft aufmerksam. »Der kommt von dem Mädesüß da drüben.« Er zeigt auf eine krautige weiße Pflanze, die ich schon häufiger gesehen, deren Name ich aber noch nie gehört habe. Hagencord hat die Pflanzenbestimmung während seines Biologiestudiums gelernt. Er erklärt mir, dass das

Kraut so heiße, weil das frisch geschnittene Gras, die Mahd, süßlich riecht, wenn die Pflanze mit auf der Wiese gestanden hat und untergemischt ist. Er hält schon den Akt der Namensgebung für ein Zeichen des menschlichen Respekts vor Pflanzen und Tieren, den wir inzwischen kulturell fast verloren hätten. »Es ist ein stilles Verschwinden. Mit dem Vergessen von Namen geht Kenntnis verloren.« Drei Viertel aller Käfer- und Schmetterlingsarten stünden inzwischen auf der Roten Liste, und nur wenige hätten ein Gespür für den Verlust.

Sehr bald merke ich, dass Hagencord, wenn er von Tieren spricht, implizit immer auch über den Menschen spricht, über unser entgleistes Verhältnis zur Natur. Er will nicht nur Käfer retten um ihrer selbst willen, sondern auch einen Riss heilen, der durch uns hindurchgeht. Wir tun uns selbst Gewalt an, so verstehe ich ihn, wenn wir Tiere wie Sachen behandeln. Wir beschädigen unsere Seele. Philosophisch macht er dafür das dualistische Denken verantwortlich, das die Welt über Gegensätze zu erklären versucht: Mensch und Natur, Geist und Körper und eben auch Mensch und Tier. Wer den Menschen auf einen Sockel stellt, nur ihm allein Würde zuspricht, müsse Tiere automatisch abwerten. »Descartes hat Tiere als seelenlose Automaten betrachtet«, erklärt der Zoologe, »für ihn gab es wohl keinen Unterschied, ob ein Vogel singt oder eine Tür quietscht.« Auch mit dieser Haltung kann man durchs Leben kommen, entgegne ich ihm, wir sind ja in unserem Alltag nicht mehr darauf angewiesen, Tiere als Mitgeschöpfe an unserer Seite zu haben. Wir müssen nicht, wie früher die agrarischen Gesellschaften, im Buch der Natur lesen, um unser Leben meistern zu können. Seine Antwort darauf fällt überraschend persönlich aus. »Meine Kindheit hätte ich ohne Tiere nicht überlebt!« Ich bin einen Moment verwirrt, was er meint. Dann fährt Hagencord fort und erzählt von seinem Elternhaus. Sein Vater und seine Mutter seien in ihrem Geschäft befangen gewesen, er habe als Junge mit dem Gefühl gelebt, immer nur zu stören. Gerettet habe ihn die Zuwendung zu Tieren. Im Kontakt mit einem Wellensittich habe er Anteile an sich entdeckt, »der Dackel hat mich besser verstanden als meine Eltern«. Unvergesslich sei für ihn die Entdeckung des ersten Molchs. In diesen Kindheitstagen habe sich seine Haltung zu entwickeln begonnen, ihre Grundlage sei die Einsicht: »Ich bin nicht Herr über das Ganze.«

Mich berührt, was Hagencord da gerade gesagt hat. Für einen Moment bin ich in Gedanken nicht mehr neben ihm auf der Bank im botanischen Garten, sondern in einer fast menschenleeren Landschaft in Südfrankreich. Ich erinnere mich daran, wie ich vor einigen Jahren mit meinen Söhnen eine Woche lang mit einer Eselin an der Seite gewandert bin. Eine Reiseagentur hatte uns das Tier als Begleiter organisiert, abends waren wir zu Gast in französischen Familien.

Die Eselin hieß Zezette und war ein eigenwilliges Tier. Am Anfang hat sie uns das gemeinsame Leben sehr schwer gemacht, sie wollte nicht vom Fleck. Wir lernten ihre Kräfte kennen und die Sinnlosigkeit von Gewalt. Vergeblich zogen wir fest an ihrem Strick um den Hals. Je roher wir mit ihr wurden, desto hartnäckiger war ihr Wille, uns nicht zu gehorchen. In diesen Situationen bewies sie, dass sie einen Charakter hat. Erst als wir es mit Sanftmut probierten, wendete sich allmählich das Blatt. Wir bekamen heraus, dass Zezette es mochte, wenn wir viel und ruhig mit ihr sprachen, sie liebte es, etwas ins Ohr geflüstert zu bekommen. Und so kam es, dass die Eselin, deren Körperkräfte unseren weit überlegen waren, doch plötzlich bereit war, sich von uns führen zu lassen und den Transport des Gepäcks zu übernehmen. Führung war wichtig, Sanftmut allein hätte nicht gereicht. Sonst hätte Zezette den ganzen Tag am Wegesrand Äpfel und Kastanien gefressen, und wir hätten unser Ziel nie erreicht. Die Begegnung mit ihr war mir eine Lehre. Ich habe verstanden, dass sie für diese Zeit wie ein Spiegel meiner Seele war. In ihren Reaktionen habe ich mich selbst gesehen. Wenn ich ungeduldig war, war sie es auch. War ich gelassen, gelang mir alles, was ich von ihr wollte. Wir haben lange gebraucht, um nach dieser Woche intensiver Nähe den Abschied von ihr zu verwinden.

Hagencord reißt mich aus meinen Gedanken mit der verblüffenden Frage: »Wie bewegt man sich in einer Welt, in der die meisten das Falsche tun?« Er meint damit den prekären Lebensstil der Konsumgesellschaft, der ohne Naturzerstörung nicht zu denken ist. Auch nicht ohne das Leid in den Tierfabriken der industriellen Landwirtschaft. Der Theologe gibt sich selbst die Antwort: »Für Optimismus gibt es keinen Grund, aber die Hoffnung darf man sich nicht nehmen lassen. Sie wird gestärkt durch das, was trotzdem möglich ist, sie ist der Gegenpol zur Depression.« Für ihn verbindet sich die Hoffnung mit einem Namen, Jane Goodall, die prominente Primatenforscherin. Sie ist für ihn ein Vorbild, weil sie die genaue Beobachtung der Natur mit Kampagnen zu ihrem Schutz verbindet. Jane Goodall hat als Erste das Leben der wild lebenden Schimpansen erforscht und eines Tages entdeckt, dass sie Werkzeuge benutzen, um ihr Ziel zu erreichen. Goodall war Zeugin, wie Schimpansen mit Strohhalmen Termiten aus einem Hügel geangelt haben. Bis dahin hatte man angenommen, dass der Werkzeuggebrauch ein Alleinstellungsmerkmal des Menschen ist, ein Beleg für dessen exklusive Intelligenz. Damit war eine Trennlinie zwischen Mensch und Tier gefallen, ein Beispiel für dualistisches Denken. Das Studium der Schimpansen erbrachte allerdings auch, dass die Tiere uns zudem in einem schrecklichen Sinne nah sind. Sie führen nämlich Kriege, mitunter von höchster Aggression. Tiere sind Persönlichkeiten, nicht bloß Automaten, die nach einem simplen Reiz-Reaktions-Schema funktionieren, dies ist für Hagencord die eine wichtige Erkenntnis der Forscherin Goodall. Die andere ist, dass ihre Lebensräume vollends zu verschwinden drohen. Das hat sie zur Umweltaktivistin gemacht. Goodall ist Schirmherrin des Instituts für theologische Zoologie.

Bevor wir uns verabschieden, erzählt mir der Theo-Zoologe noch, dass er kürzlich mit einer katholischen Schweinezüchterin gesprochen hat. Die Landwirtin habe sich intensiv mit der Frage beschäftigt, ob Tiere eine Würde haben, und sei letztlich zu dem Ergebnis gekommen, dass sich das nicht leugnen lasse. Das war bei ihr, sagt Hagencord, der Anfang für schwere psychische Belastungen. Wenn sie nämlich diese Erkenntnis auf ihre eigenen Tiere im Stall anwende, habe sie ihm geklagt, dann könne sie ihre Arbeit nicht mehr tun. Aber das müsse sie doch.

Ich laufe am Aasee entlang Richtung Südwesten, um aus Münster rauszukommen. Sobald ich die Stadt hinter mir habe, sehe ich zum ersten Mal in diesem Sommer, dass die Mähdrescher unterwegs sind. Bei großer Hitze hat die Getreideernte begonnen, vielleicht ist ja Regen angekündigt. Schwere Maschinen ziehen auf den Feldern gewaltige Staubwolken hinter sich her. Ich muss aufpassen, dort nicht hineinzugeraten. Auf dem Weg nach Senden fällt mir ein, dass ich einen iPod im Rucksack habe, ich also Radio hören kann. In den Nachrichten ist davon die Rede, dass in den vergangenen Tagen Tausende Tiere in der industriellen Landwirtschaft wegen der Hitze in ihren Ställen verendet sind.

Es ist erst wenige Wochen her, dass ich zum ersten Mal einen Schweinemastbetrieb von innen gesehen habe. Ein Ehepaar aus Hessen hat mir die Produktionskette gezeigt, ihnen war daran gelegen, ihr schlechtes Image zu korrigieren. In der darauffolgenden Nacht habe ich lange wach gelegen, weil das, was ich dort gesehen habe, nicht aus meinem Kopf wollte. Vor allem ein Bild hat sich in mein Gedächtnis eingebrannt: der Anblick von schweren Sauen, die in Schräglage zwischen Gittern eingezwängt und daher vollkommen bewegungsunfähig waren. Ihre Ferkel schnappten zwischen den Gittern durch nach den Zitzen der Sau, um zu trinken. Die Sau wird zwischen die Gitter geklemmt, so die Erklärung der Schweinemästerin, weil sonst die Gefahr bestünde, dass sie ihre eigenen Ferkel mit ihrem Gewicht erdrückt. Das Muttertier bleibt 28 Tage in dieser Gefangenschaft, danach werden die Ferkel von ihm getrennt, und die Sau wird auf die nächste Schwangerschaft vorbereitet.

Die Produktivität eines solchen Betriebes hängt wesentlich daran, den Zeitraum zwischen dem Abferkeln und der nächsten künstlichen Befruchtung möglichst kurz zu halten. In der Sprache der Schweinemäster sind das die »Leertage« zwischen »Absetzen und Wiederbelegen«, von denen es nach dem betriebswirtschaftlichen Ideal nicht mehr als fünf bis sieben geben sollte. Deshalb wird der Sexualzyklus jeder einzelnen Sau genau beobachtet. Ihre Paarungsbereitschaft, die sogenannte Rausche, muss punktgenau getroffen werden. Aus diesem Grund schickt man in dieser Zeit einen Eber durch den Gang, der die Sauen durch seinen Geruch und seine Geräusche stimuliert. Natürlich darf es dabei zu keinem echten Kontakt kommen, die Sauen bleiben eingesperrt. Dann drücken die Züchter zur Probe mit einer Hand auf den Rücken der Sau. Steht sie still, zeigt also einen Duldungsreflex, ist das der Zeitpunkt, um sie mit der Spritze zu besamen.

Alles ist bis hinters Komma durchgerechnet in einer Schweinefabrik. Die Sauen kommen beispielsweise pro Jahr auf 2,4 Geburten, nach acht bis zehn Würfen gelten die Hochleistungstiere, die in Dänemark darauf gezüchtet wurden, möglichst große Würfe zu schaffen, als unrentabel und werden zum Schlachthof gebracht. Wenn eine Sau mehr Babyferkel wirft, als sie säugen kann, werden die Jungtiere auf andere Sauen umverteilt. Bereits am zweiten Tag nach ihrer Geburt wird den Ferkeln die Schwanzspitze abgeschnitten. Eine schmerzhafte Operation, die ich allerdings nicht gesehen habe und die dazu gedacht ist, Kannibalismus unter den Tieren zu verhindern. Andernfalls würden die Ferkel mit blutigen Schwänzen herumlaufen. Nach ihrer Trennung von der Muttersau ist es nun das Ziel, sie in möglichst kurzer Zeit auf ein Standardgewicht von 120 Kilogramm zu bringen. Das ist die Norm, die in den Schlachthöfen gilt. Ältere, schwerere Tiere kauft keiner ab.

Die Schweinemästerin, so mein Eindruck während unseres Gesprächs, führt einen verbissenen Kampf um Anerkennung. Als »Rohstoffproduzentin« sei sie das schwächste Glied in der Kette. Denn die Preise, die ihr vom Schlachthof gezahlt werden, sind niedrig. Im Jahr 2014 schwankten sie zwischen 1,28 Euro und 1,90 Euro pro Kilo. Gleichzeitig wächst der gesellschaftliche Druck auf die Züchter. Sie geraten mehr und mehr unter Rechtfertigungszwang, weil die Bedingungen, unter denen die Tiere gehalten werden, unter kritischer Beobachtung stehen. Das Konzept, in Randlagen stinkende Hallen hochzuziehen, in die man von außen nicht hineinschauen kann, stößt an seine Grenzen. Die Praxis des gezielten Wegschauens, weil man nicht so genau wissen will, was in diesen Parallelwelten geschieht, gilt vielen inzwischen als fragwürdig. Das Schweinemästerpaar aus Hessen führt den eigenen Hof inzwischen in der vierten Generation. Obwohl die Produktivität um ein Vielfaches gestiegen ist und jedes Jahr viele Tausend Schweine an die Schlächter verkauft werden, führen die Landwirte einen permanenten Existenzkampf. Dass es ihnen dabei auch seelisch nicht gut geht, war für mich unübersehbar. Nach den Stunden auf dem Hof habe ich mir so dringlich wie noch nie im Leben eine Dusche gewünscht. Mehrmals hintereinander habe ich mir die Haare gewaschen. Ich hatte das Gefühl, den Gestank am Leib nie wieder loszuwerden.

12. Juli 2015:

»Als Sigmar Gabriel vor ein paar Jahren Vorsitzender wurde, forderte er die Genossen auf, offen zu sein, rauszugehen ins Leben, wo es anstrengend ist, wo es brodelt, riecht, manchmal auch stinkt. Von wegen. Man hat den Eindruck, dass die sogenannten Funktionsträger sich abschließen, um nur ja unter sich zu bleiben.« (Der Tagesspiegel)

Die Bauern haben alles richtig gemacht, als sie gestern das Getreide geerntet haben. Denn der heutige Tag ist der erste, an dem ich morgens beim Aufbruch in Senden ein Cape überziehen muss. Aber was da vom Himmel kommt, reicht bei Weitem nicht, um die Dürre auf den Feldern zu beenden. Schon bald haben sich die Schauer wieder verzogen. Ich merke, dass in diesem platten Münsterland Selbstdisziplin gefragt ist, um ordentlich Strecke machen zu können, denn dem Auge wird hier wenig Abwechslung geboten. Eine Ödnis aus Mais und Stoppelfeldern, bis ich an einem Flecken namens Getrup vorbeikomme. Dies ist offenbar keine Gegend für Fußgänger, jedenfalls begegne ich lange Zeit niemandem. Zwischen den Höfen entlang der Straße ist reichlich Platz, unverkennbar ist der hiesige Wohlstand. Vermutlich hat man sich hier früher gegenseitig mit der Kutsche besucht. Pferde auf der Koppel gehören jetzt zum Landschaftsbild.

Irgendwann sehe ich, dass in der Nähe einer Wasserburg viele Autos mit auswärtigen Kennzeichen kreuz und quer geparkt sind. Mich macht neugierig, was so viele Leute aus allen Teilen Deutschlands hierhergelockt hat. Neben der Burg liegt das Gestüt Moorhof. In einem Schaukasten lese ich, dass hier das Zentrum für akademische Reitkunst untergebracht ist. Einer Reiterin, die gerade ihr Pferd über den Hof führt, rufe ich zu, ob mir jemand erklären könne, was hier geschieht. Sie macht mich mit Stefanie Niggemeier und Brigitte Schneider bekannt, die hier heimisch sind. Als die beiden hören, dass ich für ein paar Wochen zu Fuß unterwegs bin, bieten sie mir sofort eine deftige westfälische Kartoffelsuppe an. Während des Essens würden sie mir gern ein paar Erklärungen geben, anschließend hätte ich dann Gelegenheit, in der Reithalle dem Meister der akademischen Reitkunst beim Vortrag zuzuhören. Die Art, wie sie das sagen, lässt keinen Zweifel daran, dass die beiden freundlichen Damen voller Bewunderung für ihn sind.

Bald erfahre ich auch seinen Namen: Bent Branderup, ein Däne. Der hat, so wird mir erklärt, vor 25 Jahren damit begonnen, die vergessenen Lehren der alten Meister der Reitkunst wieder zu verbreiten. Er hat antike Texte des griechischen Philosophen Xenophon aus dem 4. Jahrhundert v. Chr. studiert, die Bewegungsfiguren auf klassischen Reitergemälden analysiert, alles zusammengetragen, was sich über die Reitkunst des Adels aus der Zeit des Barock finden lässt. Ein gewisser Pluvinel, so erfahre ich, war im frühen 17. Jahrhundert Reitlehrer am Hof von Ludwig XIII. und hat aus der menschlichen Wahrnehmung des Pferdes eine ganze Pädagogik entwickelt, eine Schule des Sehens. Schnell wird mir klar, dass ich Glück mit dem Zufall hatte, ausgerechnet heute hier vorbeigekommen zu sein, denn Branderup besucht nur viermal im Jahr den Hof und begegnet seinen Anhängern, die den Weg aus der Schweiz, aus Schweden, sogar aus Australien auf sich nehmen, um von ihm zu lernen. Unverhofft bin ich auf einem abgelegenen Hof unter Menschen geraten, die sich in einer ganz eigenen Art philosophischer Lebenskunst üben, von der ich zuvor nie gehört hatte. Sie wollen ihrem Gegenüber, dem Pferd, mit Demut begegnen, damit das Tier bereit ist, »sich ganz und gar zu schenken«. Ich bin auf einer Insel gelandet – mitten im ansonsten wettkampforientierten Reitbetrieb des Münsterlands.

Staunend erfahre ich von Frau Niggemeier, dass sich die akademische Reitkunst in der Zeit vor Napoleon als Geisteswissenschaft verstanden hat, die in hohem Ansehen stand. Universitäten hatten eigene Reitmeister. Der in Göttingen soll zwanzigmal so viel verdient haben wie ein ordentlicher Professor. Das Ideal aus der Zeit des Barock bestand darin, die Liebe zum Pferd sichtbar zu machen in den gemeinsamen Bewegungen – damals natürlich eine Sache des Adels, der für solche Dinge Zeit hatte. Frau Niggemeier erklärt mir, dass Pferde heute, in der modernen Gesellschaft, ja nicht mehr gebraucht würden, nicht mehr auf dem Acker und nicht mehr im Krieg. Die Begegnung mit ihnen ist also nicht mehr an einen Zweck gebunden, sondern potenziell frei. In Deutschland gibt es fast eineinhalb Millionen Reiter, die ihre Freizeit mit Pferden verbringen. Eigentlich ein guter Ausgangspunkt, um der Kreatur mit Demut zu begegnen, »zwei Seelen aneinanderschwingen zu lassen«, wie sich die akademische Reiterin an meiner Seite mit Bezug auf ein Gedicht von Rilke ein wenig romantisch ausdrückt. Sie sieht darin die Chance für einen »Kultivierungsprozess des Menschen«, knüpft also an die Vorstellung an, dass über das Reiten menschliche Tugenden entwickelt werden können, diesmal nicht nur von Adeligen. Nur sehe leider die Realität ganz anders aus. »Männer betrachten ein Pferd wie einen Porsche«, empört sie sich, »viele Besitzer haben gar keinen Bezug zu ihren Tieren.« Sie wollen, so sagt sie, dass ein Pferd nach ihren Bedürfnissen funktioniert, sich dem menschlichen Willen unterwirft, notfalls mit Gewalt, und haben nicht verstanden, dass Menschen von Pferden lernen müssen, nicht umgekehrt. Wer in Reitställen zu Gast sei, erlebe oft hässliche Szenen der Machtdemonstration.

Dann nimmt Frau Niggemeier mich mit in die Reithalle. Dort sitzen 50 Seminarteilnehmer mit den Füßen in Sägespänen und beobachten schweigend, wie ein Pferd von einer jungen Frau betont gemächlich durch die Manege geführt wird. Es ist ein Knabstrupper, eine alte dänische Pferderasse aus der Zeit des Barock. Wir kennen die weißen Pferde mit den schwarzen Punkten von Pippi Langstrumpf. Ich wundere mich über die konzentrierte Stille, denn für mich als Laien geschieht gerade gar nichts Auffälliges. Trotzdem sind alle Augen auf das schreitende Pferd gerichtet. Ich bekomme das Gefühl, in eine Art Yogasitzung geraten zu sein. Bent Branderup sitzt da mit breitem Filzhut und schwarzem Jackett, ein Künstlertyp, der seinen Oberlippenbart nach oben gezwirbelt hat. Er strahlt das Selbstbewusstsein aus, genau zu wissen, dass hier alle an seinen Lippen hängen, zelebriert minutenlang sein Schweigen, meldet sich zwischendurch mit knappen Worten, die die Aufmerksamkeit der Zuschauer auf eine bestimmte Körperpartie des Pferdes richten sollen. Immer wieder spricht er von Geduld und Weitsicht, die nötig seien, um die Sprache des Pferdes zu verstehen. Was hier zwischen der jungen Frau und dem Knabstrupper ohne Worte geschieht, hält er für eine Form von Kommunikation, die darauf beruht, dass der Mensch die Bewegungen des Tieres zu »lesen« versucht.

Branderup verfällt wieder in Schweigen. Lange Zeit hört man nur die gedämpften Schritte des Pferdes auf dem weichen Boden. Ich schaue umher und entdecke niemanden, den seine Konzentration beim Anblick des gehenden Tieres verlassen hätte. Die Pferdefreunde könnten vermutlich noch bis zum Abend still sitzen und beobachten. Was ich hier sehe, ist Ereignislosigkeit pur, die reine Kontemplation. In die allgemeine Versenkung hinein spricht Branderup einen seiner Merksätze: »Das Pferd hilft dem Menschen, zu sein.«

Kurz vor Lüdinghausen fällt mir schon von Weitem am Rande eines Waldes ein Mann auf, der mit gesenktem Kopf herumläuft. Anscheinend sucht er etwas. Aus der Nähe sehe ich, dass er auf einem Brachfeld läuft, auf dem vor einiger Zeit Buchen geschlagen worden sind. Man sieht mächtige Baumstümpfe, drum herum abgesplittertes Totholz. Gerade hat er ein Stück Holz aufgehoben. Ich komme auf ihn zu und frage ihn, was er damit vorhat. Das wisse er noch nicht, antwortet der Mann, von dem ich bald erfahre, dass er Bernd heißt und als Lehrer an einem Berufskolleg arbeitet. »Das abgesplitterte Buchenholz gefällt mir«, sagt er, »weil es nach einiger Zeit anfängt, silbrig zu schimmern.« Er mustert seinen Fund. Bald darauf setze ich meinen Rucksack ab, und wir suchen gemeinsam mit gesenktem Blick nach schönen Stücken und setzen unser Gespräch dabei fort. Wie schnell es manchmal geht, denke ich, mit Unbekannten ein stilles Einvernehmen zu erzielen. Bernd erzählt, dass seine Schüler junge Erwachsene sind, die bereits eine Drogenkarriere hinter sich haben. Anfangs, wenn sie einen neuen Versuch mit dem Schulbesuch machen, kämen sie morgens mit übergezogener Kapuze auf dem Kopf und versuchten, ihr Gesicht zu verstecken, indem sie permanent auf den Boden starren. Man müsse sie mühsam davon überzeugen, die Musikknöpfe aus den Ohren zu nehmen. Ich stelle mir Bernd in einer solchen Situation vor. Wenn er die gleiche Geduld im Klassenzimmer aufbringt wie hier bei der Holzsuche, wird es ihm wohl gelingen, solche Schüler aus ihrem Kokon herauszuholen. Plötzlich hebt er den Kopf. Er weiß jetzt, was er mit den schönsten Stücken anfangen will. »In der Adventszeit werde ich mit den Schülern aus Holz einen Tannenbaum bauen. Da ist es wichtig, das Material nicht bloß aufeinanderzusetzen, sondern es zu modellieren.« Bernd erklärt, dass es ihm darum geht, die Wahrnehmungsfähigkeit der Schüler zu stärken. Sie müssten, um das Werkstück herstellen zu können, ein Verhältnis zu dem Stoff Holz gewinnen. »Wer stundenlang vor dem Computer sitzt oder wer sich mit Drogen zudröhnt, verliert das elementare Verhältnis zu natürlichen Dingen.« Bernd packt unsere Funde in seine Tasche. Beim Abschied denke ich, dass heute anscheinend der Tag ist, an dem ich es mit Wahrnehmungskünstlern zu tun habe, die geübt darin sind, sich in den Augenblick zu versenken.

Dieser Tag wird mir lang. Ich habe auch heute die Kilometer nicht gezählt, aber es dürften die meisten bislang gewesen sein. Weil es an einem geeigneten Quartier in der Nähe fehlt, versuche ich zu trampen. Daumen hoch, sobald sich ein Auto nähert, anschließend neben der Landstraße weiterlaufen. Nach einiger Zeit gebe ich auf. Es hat einfach keinen Sinn, die Autofahrer gucken starr geradeaus. Vielleicht bin ich auch zu alt, um mitgenommen zu werden. Früher habe ich jahrelang auf diese Weise weite Strecken zurückgelegt, interessante Bekanntschaften auf Rastplätzen gemacht, Autofahrern, die mich mitgenommen haben, mit Unterhaltungen die Zeit verkürzt. Das war mal die perfekte Sharing Economy, der faire Tausch Gratisfahrt gegen Konversation. Mir fehlt die Erinnerung daran, warum diese Kultur in sehr kurzer Zeit aus der Mode geraten ist. Heute sehe ich täglich in der Stadt junge Leute an der Haltestelle der Überlandbusse. Alle stehen für sich und traktieren ihr Handy.

Das letzte Stück bis nach Datteln führt durch das Naturschutzgebiet Dahler Holz. Nachdem ich dieses Waldstück durchquert habe, bin ich am Dortmund-Ems-Kanal. Gleich dahinter beginnt die Stadt. Es ist, als ob ich die Grenze in ein anderes Land passiert hätte. Denn der Anblick von Datteln ist ein Schock, jedenfalls nach den Tagen in der Wohlstandsregion Münsterland. Die Fassaden der Häuser sind noch so schmutzig wie in den Zeiten der Zechen, die Straßen löchrig und zugemüllt. Die Innenstadt liegt an diesem lauen Abend wie ausgestorben da, die wenigen, die unterwegs sind, tragen eine traurige Pizza im Karton nach Hause. Bei diesen ersten Eindrücken vom nördlichen Ruhrgebiet fühle ich mich, als hätte mich ein Fahrstuhl zurück in die 70er-Jahre katapultiert.

Ich frage mich durch nach einer Pension und bekomme den Dattelner Hof neben der Kirche genannt. Draußen vor der Tür hängt tatsächlich ein Schild, auf dem ein Bett abgebildet ist. In der Kneipe frage ich nach einem Zimmer und staune über den Preis: 25 Euro, Frühstück gebe es hier allerdings nicht. Die Kellnerin führt mich nach oben in eine versunkene Welt. Im ersten Stock steht alles so da, als ob gleich eine große Gesellschaft erwartet würde. Die Holztische sind eingedeckt, Servietten ragen aufrecht nach oben. Schwarz-Weiß-Fotos an der Wand zeigen das Gasthaus, wie es vor hundert Jahren ausgesehen hat. Damals muss der Dattelner Hof floriert haben, es war der Treffpunkt für Gesangsvereine und Beerdigungsgesellschaften. Mein Zimmer im zweiten Stock hat Blümchentapete und ist möbliert mit Gelsenkirchener Barock. Die Decke ist mit Holzimitat abgehängt. Eine Dusche gibt es nur auf dem Flur, aber das kann mir egal sein, denn ich bin sowieso der einzige Gast.

Unten in der Kneipe kümmert sich die Kellnerin um ihre ausschließlich männliche Kundschaft. Drei ältere Herren spielen am Tisch Skat, zwei Stammgäste trinken Pils an der Theke. Die Kellnerin ist mit Abstand die Jüngste im Raum, behandelt ihre Gäste aber auf charmante Weise wie Kinder. Die schauen ihr, wenn sie mit frisch gezapftem Bier durch die Schänke stolziert, verstohlen auf den Hintern. Ihr Haar ist auf der einen Seite des Kopfes bis auf ein paar Millimeter rasiert, auf der anderen leuchtet es violett. Auf ihre Art ist sie zweifellos eine Attraktion, und ich frage mich, warum sie in dieser tristen Kneipe ihr Geld verdient. Als sie am Zapfhahn steht, spreche ich sie darauf an. »In Datteln geht alles den Bach runter«, erzählt sie, »wer jung ist, haut ab.« Ihr ungeschminkter Tonfall verrät, dass sie hier groß geworden ist. »Ich bin geblieben, weil meine Mutter schwer krank ist. Aber das Leben ist woanders.« Sie zuckt mit den Achseln und beendet unseren Dialog, indem sie nach den vollen Gläsern greift, um weiter zu bedienen. Früher, in den Hochzeiten der Zeche Emscher-Lippe, erfahre ich noch von einem Gast an der Theke, habe es allein in Datteln 130 Eckkneipen gegeben. Aber heute, sagt er, trinke jeder für sich allein. Die wirtschaftliche Krise produziert offenbar auch ein Geselligkeitsproblem.

13. Juli 2015:

»Schweinsteiger hat es geschafft. Er hat für ein paar Stunden die Griechen und den Grexit von der Spitzenposition der Nachrichtensendungen verdrängt, er hat seinen persönlichen Schwexit vollzogen.« (SZ)

Auf dem Weg nach Südwesten Richtung Henrichenburg erwische ich mich bei der selektiven Wahrnehmung. Vermutlich beeinflusst von den düsteren Eindrücken des gestrigen Abends fallen mir plötzlich entlang der Hauptstraße nur noch Angebote für alte Leute auf. Ein Geschäft verkauft Elektromobile für Senioren, das nächste Ladenlokal bietet Tagespflege an. Keine Zukunft, nirgends. Und dann fängt es auch noch an, wie aus Eimern zu regnen. Ich will mich einen Moment unterstellen und merke erst, nachdem ich die Kapuze abgezogen habe, unter welchem Dach ich Schutz gesucht habe. Es ist ein Theater, das im Schaufenster mit einem Plakat wirbt, das mich stutzig macht: »Blutsbrüder – Die Musical-Sensation aus London. Jetzt in Datteln«. Im Foyer frage ich eine ältere Dame, wer mir etwas über dieses Theater erzählen könne. Sie verweist auf ihren Sohn, der im Theatersaal gerade dabei sei, Requisiten von der Bühne wegzuräumen. Denn ab morgen werde keiner mehr hier sein, weil die Sommerpause beginnt.

Ich betrete den Saal und lande in einem intimen, plüschigen Theater, in dem die gut hundert Zuschauerplätze ganz dicht an der Bühne sind. Dort steht noch ein alter Puppenwagen von der letzten Aufführung. Bernd Arends, der

Gründer und Chef des Katielli-Theaters, erzählt mir, dass er sich mit einem Aufruf an die Lokalzeitung wendet, wenn er alte Requisiten wie diesen Puppenwagen aus den 50er-Jahren braucht. Denn viel Geld für einen Ankauf hat er nicht, er arbeitet mit ganz einfachen Kulissen. Arends freut sich sichtlich, dass ich mich für seine Musicalbühne interessiere, ihm ist daran gelegen, zu zeigen, dass man auch in Datteln etwas bewegen kann. Vermutlich ist er der einzige Theaterchef in Deutschland, der die eigene Mutter an die Abendkasse setzt.

Vor fünf Jahren hat er hier das alte Programmkino Lichtburg übernommen, das finanziell in die Knie gegangen war. Er hat lange gezögert, ob er sich wirklich an diesem Standort den Lebenstraum vom eigenen Theater erfüllen will, in dem er selbst inszeniert und auch auf der Bühne steht. Geld von der klammen Stadt bekommt er nicht, folglich ist er auf die Unterstützung von Sponsoren angewiesen. »Gegenüber werden Drogen vertickt, das ist hier ein einschlägiger Treffpunkt«, erzählt Arends. »Ich habe mich schon gefragt, wie kann das Bühnengeschäft ausgerechnet im sozialen Brennpunkt ans Laufen kommen?« Für Jugendliche gebe es nichts in Datteln, alle würden bloß abhängen. Aber dann habe er sich entschieden, der negativen Stimmung in der Stadt etwas entgegenzusetzen. Schließlich sei er immer stolz gewesen, Dattelner zu sein. »Die Kanalstadt!«, fügt der Lokalpatriot noch mit durchaus ernst gemeintem Pathos hinzu, spielt darauf an, dass diese Stadt wenigstens in dieser Hinsicht etwas Besonderes ist, weil nirgendwo sonst in Europa ein so bedeutender Kanalknotenpunkt existiert. In Datteln treffen vier Kanäle zusammen. Die Stadt verdankt ihre Infrastruktur der Tatsache, dass in den Hochzeiten der Kohleförderung die Kapazitäten der Eisenbahn nicht mehr reichten und daher Wasserstraßen gebaut werden mussten. Lange her, heute redeten die Dattelner sich selbst schlecht. Der Spruch »Alles Kacke hier«, der ständig zu hören sei, gehe ihm auf die Nerven. »Gehen Sie mal fünf Kilometer weiter, nach Waltrop«, fordert er mich auf, »da sind die Bürger stolz auf ihre Stadt. Aber hier stirbt die Innenstadt aus, machen die Läden reihenweise zu, weil die Dattelner so blöd sind, ins Palais Vest zum Einkaufen zu fahren.« Arends meint das neue Rieseneinkaufszentrum mit 120 Shops im nahe gelegenen Recklinghausen, das erst im vergangenen Jahr eröffnet wurde und bereits nach drei Wochen den millionsten Besucher feiern konnte. »Datteln ist Getto!«, beendet er seine Philippika, die nicht so leidenschaftlich ausgefallen wäre, wenn ihm diese Stadt gleichgültig wäre.

Aber das Gegenteil ist richtig, der Theaterchef ist der klassische Fall des heimgekehrten Sohns. Arends war 20 Jahre weg aus seiner Geburtsstadt, hat in dieser Zeit die große Welt des Musiktheaters erlebt, eine Tanz- und Gesangsausbildung gemacht, ist von Bühne zu Bühne getingelt. Die Musicalszene im Londoner Westend war sein Erweckungserlebnis. Dort hat er auch zum ersten Mal das Stück »Die Blutsbrüder« gesehen, das 30 Jahre lang erfolgreich gelaufen ist. Arends hat es nach Datteln geholt, weil der Stoff für ihn hierherpasst. Es spielt im Liverpooler Arbeitermilieu und handelt von Klassenunterschieden über drei Generationen hinweg. Im Mittelpunkt stehen Zwillinge, die nach der Geburt getrennt werden. Der eine Bruder wächst in einer reichen Familie auf, der andere in einer armen. Sie treffen sich immer wieder, verlieben sich irgendwann in dasselbe Mädchen und sterben schließlich auch am selben Tag. Reichlich Herzschmerz also, wie es sich für ein Musical gehört, aber was die soziale Thematik angeht, ist es für den Theatermann ein Leichtes, aus Liverpool Datteln zu machen. »Auch in unseren Kreisen geht die Schere auseinander. Die Mittelschicht schrumpft.«

Ich bin froh, den Ortsausgang von Datteln mit diesem Gespräch im Ohr zu erreichen. Leute, die einfach machen anstatt zu jammern, imponieren mir, heben gleich die Stimmung. Deshalb ist mir vorübergehend auch der Regen egal, der heute vermutlich nicht mehr aufhören wird. Wenn man erst die Entscheidung getroffen hat, einfach weiterzulaufen, dann geht es plötzlich, und man fragt sich, warum man vorher so lange unterm schützenden Dach gezögert und sinnlos auf besseres Wetter gehofft hat. In Henrichenburg verliere ich in der Nähe des berühmten Schiffhebewerks von 1899 vorübergehend die Orientierung. Wenn es Bindfäden regnet, ist es schwer zu unterscheiden, ob man gerade an einem Seitenarm oder am Kanal selbst steht. Ich kreisele um das beeindruckende Zeugnis von Ingenieurskunst aus der Kaiserzeit herum, auf das heute kein Besucher Lust hat.

Von fern sehe ich einen Mann im gelben Overall am Ende eines Stegs sitzen. Ich laufe auf ihn zu und stelle fest, dass er gleich drei Angelruten ausgeworfen hat. Zur Begrüßung frage ich ihn, ob er schon viel gefangen hat. »Noch gar nichts«, antwortet er und fügt eine erstaunliche Erklärung hinzu: »Mittags ist es schwer, Fische zu fangen, bei Regen sowieso.« Der Angler gibt mir Rätsel auf. Warum setzt er sich dann um diese Zeit, noch dazu bei diesem Sauwetter, hierhin? Ihm sei es egal, ob er einen Fang nach Hause bringt oder nicht, verblüfft mich der Angler ein weiteres Mal, er könne halt an diesem Ort am besten über das Leben nachdenken. Darauf sage ich erst mal nichts.

Ich höre, wie die Regentropfen gleichmäßig auf meine

Kapuze trommeln, und ahne, dass wir trotz der ungemütlichen Bedingungen noch etwas länger beieinanderbleiben werden. Dass ich ihn nicht störe, spüre ich deutlich. Wir schweigen zusammen und schauen gemeinsam auf die Wasseroberfläche, ob sich die Schwimmer an seinen Angeln bewegen. Nichts geschieht, minutenlang. »Ich kannte mal einen bei der Bundeswehr, der ist immer stundenlang gelaufen«, spricht mein Nebenmann plötzlich in die tropfende Stille hinein, »wahrscheinlich ist das so ähnlich wie Angeln.« Ich erzähle ihm, dass ich gerade wochenlang laufe. Er ist der Erste auf meiner Tour, der darauf so reagiert, als sei es naheliegend, so etwas zu tun. Jetzt ist klar, dass wir uns verstehen, obwohl wir erst wenige Worte miteinander gewechselt haben. Das Rauschen des Regens und der immer gleiche Anblick fallender Tropfen auf der Wasseroberfläche versetzen mich in eine Art Trance. Mir kommt es so vor, als ob es schon immer geregnet hätte und es auch niemals aufhören würde. Ich habe eine Gänsehaut. Nicht etwa, weil ich fröstele, sondern weil ich mich in dieser eigentlich absurden Situation so wohlfühle. Dieses Gespräch hat einen vollkommen anderen Rhythmus als alle Gespräche, die ich je geführt habe. Meine Wahrnehmung von Zeit beginnt sich aufzulösen. Vielleicht ist es das, was andere stundenlang schreitende Pferde beobachten lässt.

Dann stellen wir uns gegenseitig vor. Michail ist Anfang 30 und mit elf Jahren aus Sibirien ins Ruhrgebiet gekommen. Seine Eltern bereuen diesen Schritt, sind von Heimweh geplagt und reisen, wann immer es geht, zu ihren Verwandten, die dortgeblieben sind. Michail dagegen findet in Sibirien seine verlorene Kindheit nicht wieder, weil sich dort mit den Jahren so viel geändert habe. Allen ginge es auch dort nur noch darum, das schnelle Geld zu verdienen, aber das sei doch nicht alles. Michail erzählt, dass er auch mal gut verdient habe, als Bundeswehrsoldat im Auslandseinsatz. 3500 Euro netto pro Monat während seiner Zeit im Kosovo. »Mit dem Geld lockt die Bundeswehr«, sagt er abschätzig, »aber ich habe es irgendwann nicht mehr ausgehalten.« Er fand es falsch, was die NATO im Kosovo gemacht hat, sei ständig gezwungen gewesen, überall Checkpoints einzurichten, normale Leute wie Verbrecher zu behandeln und nach Waffen zu durchsuchen. Jetzt muss er mit 2000 Euro netto eine Familie mit zwei kleinen Kindern ernähren. Er arbeitet als Fahrer beim städtischen Linienbus.

»Hier in Deutschland hat keiner Zeit«, sagt er unvermittelt und bringt damit das Thema zur Sprache, das mich an ihm so interessiert. »Wir in Sibirien sind ganz anders«, Michail zögert einen Moment, »nein, wir waren es mal.« Ich frage ihn, wie lange er hier schon mit seinen Angeln sitzt. Er weiß es nicht genau. »Wenn ich am Wasser bin, vergesse ich die Zeit.« Eine Uhr hat er nicht dabei, kein Handy und auch nichts zu essen. Den Hunger spüre er beim Angeln genauso wenig wie den Regen. Manchmal sei er nach sechs Stunden wieder zu Hause, ein anderes Mal nach zwölf. Zum Abschied will ich von ihm wissen, worüber er denn nun in Ruhe nachdenken wolle. »Ob ich lieber einen anderen Schwimmer an die Angelrute hänge.«

Tropfnass erreiche ich Recklinghausen und trinke im Stehen unter der Markise erst mal einen Kaffee mit Blick auf den schönen Marktplatz. Neben mir am Bistrotisch stellt Wolfgang zwei schwere Tüten von Karstadt ab. Er ist in Recklinghausen groß geworden, wohnt jetzt in Holland. Ab und zu kommt er noch, um seine Familie zu besuchen. »Das war wohl mein letzter Einkauf bei Karstadt, die machen bald zu«, erklärt er, »genauso wie in Datteln.« Die Konzernleitung habe die Schließungspläne mit schrumpfenden Einwohnerzahlen und der Konkurrenz durch das Einkaufszentrum Palais Vest begründet. »Ich war mal dort, aber es war so unpersönlich, da wollte ich nichts kaufen.« Wolfgang zeigt mit dem Finger über den Platz. »Hier war bis vor Kurzem ein alteingesessener Zigarrenladen. Der ist ins Palais gegangen. C&A in der Seitenstraße auch. Und die Thalia-Buchhandlung. Die ist seit einem Jahr weg, ein Nachmieter für das Ladenlokal hat sich bis heute nicht gefunden.« Er spricht von einem Stück Heimat, das auf diese Weise verloren gehe, und flucht auf die lokale Politik, die riesige Einkaufszentren auf der grünen Wiese fördere und damit Mitschuld an der Verödung der Innenstädte trage. Diesmal bin ich es, der als Antwort den Zeigefinger ausstreckt. An den Laternenpfählen rund um den Marktplatz hängen die Produkte der jüngsten Imagekampagne. Die Kunden werden dort aufgefordert, »ruhrgemütlich« einzukaufen. Anscheinend liegt es wieder mal am Kunden, ob ein Gemeinwesen gelingt.

14. Juli 2015:

»Merkel rettet Griechenland mit unserem Geld.«
(BILD)

Auf dem Hügel der Wohlhabenden in Recklinghausen, in der Nähe des Festspielhauses der Ruhrfestspiele, komme ich morgens an einer mächtigen weißen Villa vorbei, die nach klassischer Moderne aussieht und in der ein Architekturbüro zu Hause ist. Wie man hier residiert, so baut man offenbar auch. Auf dem großzügigen Balkon zur Straße hin steht als Blickfang eine mannshohe Buddhafigur im Schneidersitz, sie wendet mir den Rücken zu. Ich überlege, ob diese Statue als Botschaft gedacht ist, ob es einen verborgenen Zusammenhang zwischen Architektur und Buddhismus gibt, und beschließe daher, einfach mal zu klingeln. Eine junge Frau öffnet mir und mustert mich sofort mit kritischem Blick auf Rucksack und Schlapphut. Ich beteure, dass ich kein Bettler bin und nur diese eine Frage habe. Sie schaut ratlos, stammelt, ihr Chef sei nicht da. Dann kommt im Sturmschritt ein Mittdreißiger an die Tür, dessen Designerjeans sicher mehr gekostet hat als der komplette Inhalt meines Rucksacks, und stöhnt mir vor, sie hätten gerade gar keine Zeit, ein wichtiges Projekt dränge, ich solle doch bitte meine Frage per Mail schicken. Bevor ich antworten kann, ist die Tür zwischen ihm und mir schon zu. Buddha hätte dieser Auftritt vermutlich amüsiert.

Ich laufe ein paar Kilometer nach Recklinghausen-Süd. Ein vergessener Stadtteil, eingeklemmt zwischen Bahngleisen, Autobahn und Kanal. Hier ist unübersehbar die Armut zu Hause. Über einem Ladenlokal an der Hauptstraße steht »24-Stunden-Bäckerei«. Kann man hier etwa nachts Brot kaufen? Im Schaufenster lese ich das Versprechen: »Jede Brotsorte 90 Cent das Kilo.« Ich betrete den Laden und frage die Verkäuferin, was es mit den 24 Stunden auf sich hat. »Hier gibt es nur Brot vom Vortag«, erklärt sie. »Wenn wir morgens um sieben öffnen, steht draußen schon eine Menschenschlange, mittags machen wir zu.« Jetzt, um kurz vor elf, ist schon fast nichts mehr da.

Bald darauf bin ich in Herne. Eine Stadt, die mithalten könnte bei einem Wettbewerb, wo es die meisten Spielhallen gibt. Auch die öffnen, wie ich draußen lese, schon morgens früh um sechs. Jeder beginnt halt seinen Tag anders. Mir fällt ein, dass das eine Gelegenheit wäre, wieder mal E-Mails abzurufen. Aber erst im vierten Casino habe ich Glück, dort besitzen sie noch ein Gerät zum Surfen, das alle 20 Minuten ein 50-Cent-Stück schluckt. »Das benutzt aber keiner mehr«, erklärt mir die Dame an der Aufsicht, »hat doch jeder ein Handy.« Inzwischen erkenne ich das Muster in dieser Ersatzwelt ohne Tageslicht, mit blinkenden und daddelnden Automaten. Nur Männer bewohnen diese Höhlen, häufig sind es Türken und Araber. Auch ein paar Deutsche mit bleichen Gesichtern. Jeder steht allein vor seiner Kiste, mit Abstand zu den anderen Spielern, gesprochen wird hier nicht. Aber überall ist die Aufsicht in weiblicher Hand. Bei ihr kann man sein Geld wechseln oder einen Kaffee bestellen. Für heute gebe ich es auf, in dieser Illusionswelt des nicht stofflichen Drogenkonsums ein Gespräch anzetteln zu wollen. Das scheitert schon daran, dass mich niemand anschaut, wenn ich grüße oder eine Frage stelle. Alle Blicke gehören den Maschinen.

Der bekannteste Bürger von Herne dürfte momentan Franz Müntefering sein, der ehemalige SPD-Vorsitzende und Vizekanzler. Mit ihm bin ich übermorgen hier in der Stadt verabredet, werde also wiederkommen. Aber vorher will ich rüber nach Essen, zum Kulturwissenschaftlichen Institut. Dort gibt es ein paar Menschen, die über dieselbe Frage nachdenken wie ich und wie so viele andere in dieser Zeit: Wie kann man der Demokratie neues Leben einhauchen, verhindern, dass gerade die Schwachen, die morgens früh für billiges Brot vom Vortag anstehen, in politischer Apathie versinken? Patrizia Nanz, eine Schülerin der beiden weltberühmten Philosophen Jürgen Habermas und Charles Taylor, erforscht in Essen neue Formen von politischer Partizipation. Das Institut liegt an einer mehrspurigen Verkehrsachse, die eine brutale Schneise durch die Innenstadt schlägt. Man muss als Fußgänger umständlich über eine Brücke laufen, um dorthin zu kommen. Vermutlich ein Relikt aus der dagobertinischen Phase des Landes, als Geld keine Rolle spielte bei den Planungen für die autogerechte Stadt.

Ich lerne zuerst Patrizias Mitarbeiter Stefan Schweiger kennen, wir sprechen über die absurde Brücke vor der Tür. »Wie soll diese Stadt jemals ohne Autos auskommen?«, seufzt er. Das ist in seinem Fall nicht nur so dahergesagt. Denn das Ziel seiner Arbeit als Nachhaltigkeitsforscher ist tatsächlich, herauszufinden, was Menschen dazu motiviert, ihren Lebensstil – durchaus drastisch – zu verändern. Angesichts der Schwäche der internationalen Klimadiplomatie setzt er auf eine Weltbürgerbewegung, die der Politik von unten Beine macht. Viele kleine lokale Initiativen sollen in der Summe eine andere Art des Umgangs mit knappen Ressourcen hervorbringen. Er ist ein Anhänger der Postwachstumsidee, sucht nach der Logik einer Gesellschaft des Weniger, wobei er sofort einräumt, dass es dazu bislang nur normative Vorstellungen gibt, aber kein wirklich durchgearbeitetes volkswirtschaftliches Konzept. Vereinfacht gesagt ist zwar die Moral längst da, aber es fehlt an einer handfesten Theorie, wie unsere Wirtschaft ohne Wachstum funktionieren kann, ohne einen Kollaps zu erleiden.

Nüchtern zählt er die drei Faktoren auf, auf die die Idee der Nachhaltigkeit angewiesen sei: Effizienz, Konsistenz, Suffizienz. Der erste Begriff steht für die Hoffnung, durch den Einsatz neuer Technologien den Nutzen beim Verbrauch von Ressourcen steigern zu können. Das wäre zum Beispiel das Drei-Liter-Auto. Der Haken ist nur, dass viele Autofahrer sich zwar darüber freuen, wenn Motoren weniger Benzin schlucken, allerdings nutzen sie die höhere Effizienz dann gern dazu, sich ein größeres Fahrzeug zu kaufen, sodass der erhoffte Einspareffekt sofort verpufft.

Konsistenz steht begrifflich für den höheren Einsatz regenerativer Ressourcen, für das Recycling. Der Haken hierbei ist, dass auf diese Weise niemals hundert Prozent zusammenkommen. Man kann in der Fabrik in Bocholt keine Hutablage herstellen, die ausschließlich aus alten Textilien und geschredderten Plastikflaschen besteht. Folglich ist die Wirkung der ersten beiden technischen Umweltschutzstrategien begrenzt, die Suffizienz wird entscheidend sein. Damit sind Änderungen des Lebensstils gemeint. Der Umweltforscher Wolfgang Sachs hat den Begriff der Suffizienz vor über 20 Jahren geprägt, weil er der Überzeugung war, dass der »Effizienzrevolution« die Richtung fehle, wenn sie nicht von einer »Suffizienzrevolution« begleitet werde. Stefan Schweiger, mein Gesprächspartner, drückt es so aus: »Wir werden die Technik dringend brauchen, aber die Welt retten wir nur durch Suffizienz.«

Suffizienzforscher wie er wollen nun wissen, was Menschen motiviert, die Gewohnheiten eines verbrauchenden Lebensstils zu verändern. Seine erste Antwort lautet: »Unser Leben ist in der Regel geprägt durch nicht hinterfragte Pfadabhängigkeiten.« Damit ist gemeint, dass in der Vergangenheit getroffene Entscheidungen und Routinen mit negativen Folgen in die Gegenwart hineinwirken. So war zum Beispiel das Automobil am Anfang eine technische Innovation, die in den Städten sogar als umweltfreundlich empfunden wurde. Es lagen keine Pferdeäpfel von den Kutschpferden mehr auf den Straßen. Damit war ein Pfad gebahnt, der mit den Jahren immer konsequenter beschritten wurde, bis hin zur autofreundlichen Stadt von heute, die von Autobahnen und Schnellstraßen zerschnitten wird und Parkplätze in SUV-Größe vorhalten muss. Stefan Schweiger bezieht sich auf den französischen Anthropologen Marc Augé, der unsere Städte als Ansammlungen von »Nicht-Orten« bezeichnet hat. Viele städtische Bereiche dienen ausschließlich als Transiträume, sie haben keine Geschichte und Identität, sind frei von menschlicher Interaktion. Augé meinte nicht nur Straßen und Autobahnen, sondern auch die großen Shoppingmalls, Parkhäuser, Bahnhöfe und Flughäfen. Die primäre Erfahrung, die wir an solchen kommunikativ verwahrlosten »Nicht-Orten« machen, ist die der Einsamkeit. Trotzdem fehlt es an der gesellschaftlichen Fantasie, wie wir uns von solchen Pfadabhängigkeiten lösen und städtische »Nicht-Orte« in Räume der Begegnung zurückverwandeln können. Folglich gelte es, so Schweiger, persönliche Strategien zu entwickeln, um Pfadabhängigkeiten zu durchbrechen.

Seine zweite Antwort auf die Suffizienzfrage lautet: »Die Lebensstiländerung muss angenehm sein, sie darf nicht mit mühsamem Verzicht assoziiert werden.« Deshalb hat er sich auf die Suche nach »Agenten des Wandels« gemacht, Einzelpersonen, die vorführen, wie man erfolgreich die ausgetretenen Pfade verlässt und damit andere, die noch unentschlossen sind, mitreißen können. Denn häufig sind es am Anfang wenige, die die großen Veränderungen anstoßen. Sein Projekt sucht den Bezug zur Energiewende. Aber er versteht den Begriff viel weiter, als er üblicherweise in der politischen Diskussion benutzt wird. Wer ambitionierte Klimaziele erreichen wolle, müsse »multiple Wenden« voranbringen. Eine Mobilitätswende, eine Energieverbrauchswende, eine Konsumwende, eine Agrarwende. Deshalb reiche es nicht, ein paar alte Kraftwerke abzuschalten. Nötig sei neben dem Regierungshandeln von oben ein Bewusstseinswandel vieler Einzelner von unten. »Die Gurtpflicht im Auto kann man top-down verkünden, aber die Energiewende kann nur gelingen, wenn sich oben und unten aufeinander zubewegen.« Für die Bewegung von unten seien die Agenten des Wandels zuständig. Häufig existierten sie nebeneinander und wüssten gar nichts voneinander.

Ich bin gespannt auf Schweigers Beispiele. Zunächst nennt er die Aquaponiker im bekanntesten Hochhaus von Dortmund, dem sogenannten U. Sie experimentieren im Hof der ehemaligen Union-Brauerei mit neuen Formen von Nahrungsmittelproduktion. Sie haben ein Gewächshaus errichtet, in dem Gemüse gezogen wird. Die Beete dort sind hydraulisch mit einem Tank verbunden, in dem Karpfen gezogen werden. Die Pflanzen profitieren so von dem nährstoffreichen Wasser, das die Fische hinterlassen, und danken es mit beschleunigtem Wachstum. Die Karpfen wiederum profitieren von den Gemüsepflanzen, weil sie auf diese Weise gereinigtes Wasser zugeführt bekommen. Wenn man Aqua- und Hydrokultur miteinander vernetzt, hat man ein Modell im Kleinen, wie nachhaltige Kreislaufwirtschaft funktionieren kann. Betrieben wird diese Minifarm nicht von Landwirten zu kommerziellen Zwecken, sondern von Urbanisten, die städtische Lebensräume umgestalten wollen.

Von dieser Idee leben auch die Internationalen Bewohnergärten in Mülheim an der Ruhr, das nächste Beispiel für die Arbeit von Schweigers Agenten des Wandels. Auf einem ehemaligen Brachgelände im dicht besiedelten Stadtteil Eppinghofen sind die Parzellen vom dortigen Stadtteilmanagement nach einem Nationalitätenschlüssel vergeben worden. Über das Gärtnern sind unterschiedliche Bevölkerungsgruppen miteinander in Kontakt gekommen. Mieter aus Sri Lanka, Ghana, Deutschland und der Türkei haben sich einen »Nicht-Ort« zurückerobert. Er ist nur einer von vielen im Land, denn die Urban-Gardening-Bewegung wächst so rapide wie ihr Gemüse in den typischen Hochbeeten aus alten Holzpaletten, die man unkompliziert auf den toten versiegelten Flächen der Stadt errichten und damit Orte der Begegnung schaffen kann.

Als weiteren Agenten des Wandels nennt Schweiger den sogenannten Ruhrschäfer Florian Preis. Der hat sich lange angeschaut, wie auf den Brachen der Kohle-und-Stahl-Ära im Ruhrgebiet allmählich neue Formen von Industrienatur entstanden. Auf ehemaligen Halden und entlang der Bahntrassen entwickelten sich artenreiche Magerwiesen, wie geschaffen, um sie mit einer Schafherde zu beweiden. Denn die Tiere sind die besten Landschaftspfleger. Der Ruhrschäfer bekam zu diesem Zweck von der Firma ThyssenKrupp ein Gelände in Oberhausen-Holten, aber sein Kapital für die Existenzgründung reichte nicht. Er hätte Geld gehabt, um sich Schafe zu kaufen *oder* einen Stall zu bauen, nicht für beides. Seine Lösung war die Ausgabe von »Schafaktien«. Wer für hundert Euro einen Anteilschein kauft, wird innerhalb von 18 Monaten mit Lammfleisch im Wert von 130 Euro beliefert, zweifellos eine gute Rendite. Wer will, kann sich sein Schaf auch selbst anschauen und die Herde besuchen.

Mit 20 solchen Agenten des Wandels, die neue Handlungsmuster zu entwickeln versuchen, hat sich Stefan Schweiger beschäftigt, um etwas darüber zu erfahren, was Menschen motiviert, ihren Lebensstil zu verändern, wenn es nicht ökonomische Gründe sind. Es geht ihm gar nicht so sehr darum, dass diese Agenten im Persönlichen bahnbrechende Senkungen ihres CO_2-Verbrauchs schaffen; wichtiger ist der Nachweis, dass man sich, ohne asketische Heldentaten vollbringen zu müssen, aus Pfadabhängigkeiten lösen kann.

Zum Ende unseres Gesprächs bringt er ein Motiv ins Spiel, das überhaupt nicht wissenschaftlich klingt, mir aber sofort einleuchtet. Es sei die »Liebe zum eigenen Stadtteil«, die Menschen in Bewegung setze. Schweiger sagt, dass es eine verbreitete Form des Heimwehs bei uns gibt, »ohne dass wir uns von der Stelle bewegt haben«. Weil sich Heimat immer schneller verändert, könne man Heimweh bekommen, ohne diese Heimat jemals verlassen zu haben. Das Vertraute wird fremd. Schweiger verdankt diesen Gedanken dem australischen Philosophen Glenn Albrecht, der in diesem Zusammenhang bereits im Jahr 2004 ein neues Wort erfunden hat: »Solastalgie«. Damit ist eine Störung, eine Art psychischer Verzweiflung, gemeint, die sich einstellt, wenn die eigene Umgebung, der eigene Rückzugsraum, durch Umweltzerstörung bis zur Unkenntlichkeit entstellt wird. Albrecht meint, dass diese Form des Unbehagens, die zuerst Menschen aus sogenannten Opferzonen ergriffen hat, zum Beispiel im Tagebau und in anderen zerstörten Landschaften, zur kollektiven, globalen Erfahrung werden wird, wenn erst der Klimawandel für alle wahrnehmbare Verheerungen anrichtet. Die Zerstörung der Natur verändere die Psyche des Menschen. Albrecht hat später mit gemischten Gefühlen darauf reagiert, dass sein Kunstwort weltweit aufgegriffen worden ist, weil ihm klar war, dass ein Begriff, der per se deprimierend ist, sich nur deshalb durchsetzen konnte, »weil Menschen heutzutage so vertraut mit den negativen Gefühlen sind, die er beschreibt«. Für die Zukunft befürchtet er, dass ein »Gefühl des Grauens« um sich greifen wird, wenn das Weltklima feindlicher und unberechenbarer wird. Agenten des Wandels, so verstehe ich Stefan Schweiger, widerstehen der Versuchung, aus der Erfahrung von Solastalgie in Resignation abzugleiten. Liebe reißt immer andere mit. Die Liebe zum eigenen Stadtteil hoffentlich auch. Der Ruhrschäfer hat in seinem Blog beschrieben, wie sich der Blick auf die eigene Umgebung verändern lässt: »Weidende Herde bei Abendsonne vor Hochofenkulisse oder Containerterminal. Was hätte Caspar David Friedrich wohl dazu gesagt?«

Mir wird immer klarer, dass die beste Antwort auf die Probleme der Globalisierung das Dorf ist. Damit meine ich nicht die abgelegene Provinz. Das Dorf kann mitten im Dschungel der Großstadt liegen. Wer seinen eigenen Sozialraum mitgestaltet, findet sich nicht ab, sondern setzt andere mit in Bewegung, überwindet die Erfahrung der Einsamkeit an »Nicht-Orten«, stiftet Gemeinsinn.

Am Abend, beim Essen zu zweit mit der Partizipationsforscherin Patrizia Nanz, rufen wir nach dem zweiten Glas Wein die Revolution aus. Eine völlig unblutige, die auch ohne Barrikaden auskommt. Gemeint ist die Beteiligungsrevolution, in der wir ihrer Meinung nach längst stecken. Revolutionen sind stets das Ergebnis von Krisen. Die Krise, auf die wir derzeit noch nach Antworten suchen, ist die Tatsache, dass von der herrschenden Politik wichtige Zukunftsfragen nicht behandelt werden. Sie werden ignoriert, weil Politik an Kurzfristigkeit orientiert ist und immer nur bis zur nächsten Wahl vorausdenkt. Das kann man den einzelnen Politikern nicht als Charakterschwäche vorwerfen, denn es ist ein Systemfehler, dass sich die klassische repräsentative Demokratie bei bestimmten neuartigen Herausforderungen überfordert zeigt. Patrizia Nanz hat vor einiger Zeit gemeinsam mit Claus Leggewie einen Vorschlag gemacht, wie Bürgerbeteiligung ausgerechnet bei dem Thema neuen Schwung in die Debatte bringen kann, das als das unlösbarste überhaupt gilt und deshalb seit vielen Jahren nur wie eine heiße Kartoffel angefasst wird: die Entscheidung für ein Endlager für den Atommüll. Der sehr spezielle »Charme« dieses Problemkomplexes bestehe darin, wie Patrizia sagt, »dass es keine gute Lösung gibt«, sondern nur eine Wahl zwischen lauter Übeln. Groß sei daher die Versuchung, die Verantwortung dafür kommenden Generationen aufzuladen, sich auch heute, so wie gestern und vorgestern bereits, weitere Zeit zu kaufen. Eine Entscheidung also erst in einigen Jahrzehnten zu treffen. Bei diesem Konfliktstoff haben zwei miteinander unvereinbare Zeitlogiken für eine Entscheidungsblockade gesorgt. Politiker werden für eine Legislaturperiode gewählt, riskieren, bei unpopulären Entscheidungen von ihren Wählern abgestraft zu werden, die Wahl eines Standorts für die strahlenden Fässer hat aber Auswirkungen für eine Million Jahre! Das sind Zeiträume, die unser menschliches Fassungsvermögen weit übersteigen.

Was also tun, wenn zwar jeder weiß, dass ein solches Endlager benötigt wird, aber alle Beteiligten die Füße stillhalten aus Angst vor der ersten falschen Bewegung? Am einfachsten ist für jeden noch das Neinsagen nach dem NIMBY-Prinzip (not in my backyard). Man ist zwar grundsätzlich für ein solches Lager, nur leider nicht für einen Standort vor der eigenen Haustür. Patrizia traut den Parteien allein eine Lösung dieses Problems nicht mehr zu, aber auch nicht den Stromkonzernen und ihren Widersachern, den Bürgerinitiativen. Deshalb haben sie und Claus Leggewie einen utopisch klingenden Vorschlag gemacht: die Gründung eines Zukunftsrates. Dort sollen nicht Experten sitzen, die sich gegenseitig ihre Gutachten um die Ohren hauen, sondern Bürger, die nach dem Zufallsprinzip ausgewählt wurden, nämlich per Losentscheid. Wobei dieser Zukunftsrat nach Alter, Geschlecht und Bildung so zusammengesetzt sein sollte, dass er repräsentativ fürs ganze Land wäre. Gewissermaßen die Bundesrepublik im Kleinen. Patrizia Nanz und Claus Leggewie wünschen sich, nicht nur bei diesem Thema, die Etablierung einer vierten Gewalt. Legislative, Exekutive und Judikative haben wir schon, nun fehlt noch die Konsultative.

Ich möchte genauer wissen, wie ein solcher Zukunftsrat arbeiten würde. Denn mir scheint es schwer vorstellbar, dass womöglich Leute, die sich gar nicht für Politik interessieren, durch Zufall in Schlüsselpositionen landen. Patrizia vergleicht den Zukunftsrat mit einem Schöffengericht. An deutschen Gerichten arbeiten 60 000 ehrenamtliche Richter, sie sind als Bindeglied zwischen Staat und Bürgern gedacht und sollen mithelfen, möglichst lebensnahe Urteile zu fällen. Die Beteiligung von Laien soll die Akzeptanz der Justiz in der Bevölkerung erhöhen. Wer als Bürger zum Schöffen berufen wird, kann sich dem nur sehr schwer entziehen. An einem Punkt endet jedoch die Gemeinsamkeit. Schöffen haben volles Stimmrecht, gemeinsam können sie sogar den Berufsrichter überstimmen. Der Zukunftsrat dagegen würde zwar öffentliche Hearings durchführen, seinen Mitgliedern würde vorher genügend Zeit gegeben, um eigenen Sachverstand zu erwerben. Am Ende aber stünde nur eine Handlungsempfehlung, denn das letzte Wort behielte das Parlament, das allerdings verpflichtet wäre, sich mit dem Votum des Zukunftsrates auseinanderzusetzen.

Der Deutsche Bundestag hat sich diese Utopie einer neuen Form der Bürgerbeteiligung bekanntlich nicht zu eigen gemacht. Er setzt auf die vermutlich viele Jahre in Anspruch nehmende Arbeit einer Endlagerkommission, in der lauter Profis sitzen, aber keine einfachen Bürger: Politiker, Wissenschaftler, Vertreter wichtiger gesellschaftlicher Gruppen. Bei den meisten Mitgliedern dürfte schon vor der ersten Sitzung bekannt gewesen sein, wofür oder wogegen sie kämpfen. Die vierte Gewalt, die freilich unberechenbarer wäre, muss leider draußen bleiben.

Irgendwann kommen wir auf den Begriff »Postdemokratie« zu sprechen, den der britische Politikwissenschaftler Colin Crouch geprägt hat. Damit meinte er eine fortschreitende Tendenz zur inneren Aushöhlung der Demokratie. Äußerlich ist sie noch intakt, weil Parteien nach wie vor Politprofis rekrutieren, die bei Wahlkämpfen gegeneinander antreten. Aber innerlich ist diese Demokratie entkernt, weil wesentliche Entscheidungen nicht von der Politik, sondern von großen Konzernen gefällt werden, weil der Parteienstreit nach den Ratschlägen von PR-Beratern ausgetragen wird, weil sich gerade die unteren Schichten aufgrund ihrer Ohnmachtsgefühle aus dem politischen Geschehen mental verabschiedet haben. Patrizia Nanz mag dieses Wort »Postdemokratie« nicht, das sehe ich ihr an. Es klingt ihr zu defätistisch. Selten habe ich einen Menschen getroffen, der die Schwächen unseres derzeitigen Demokratiemodells so offen benennt, aber gleichzeitig für die Idee der Demokratie so glüht. »Wir müssen gegen die Vorstellung ankämpfen, dass man selbst nichts bewegen kann«, sagt sie und setzt dabei auf das demokratische Experiment. Vielleicht muss man das eher im Kleinen suchen und die Endlagerfrage war für die Beteiligungsrevolution noch zu groß.

Vor einigen Jahren hat Patrizia Nanz einen Flecken Erde gefunden, der ihr momentan vorbildlich erscheint, was den Mut betrifft, neue demokratische Wege zu beschreiten: das Bundesland Vorarlberg im Westen von Österreich. Immer wieder ist sie dorthin gefahren, um zu beobachten, was in den sogenannten Bürgerräten geschieht. Der Bürgerrat ist ein Kleinformat der Beteiligungsdemokratie, die Vorarlberg seit wenigen Jahren in seine Verfassung geschrieben hat. Wenn eine Gemeinde ein bestimmtes Zukunftsthema angehen möchte, werden zwölf bis 16 Mitglieder des Rates per Los bestimmt. Sie bekommen für ihre Mühe im Dienste des Gemeinwohls eine Aufwandsentschädigung von sechs Euro pro Stunde. Innerhalb von eineinhalb Tagen hat der Bürgerrat Gelegenheit, eine gemeinsame Position zu erarbeiten, die dann im nächsten Schritt in einem Bürgercafé vorgestellt wird. Hier treffen Bürger, Politik und Verwaltung aufeinander. Im letzten Schritt ist es Aufgabe der politischen Gremien, die erarbeitete Idee aufzunehmen oder begründet zurückzuweisen. In Bregenz beispielsweise ging es anfangs um verdreckte Straßen. Doch sehr bald, erzählt Patrizia, ist in den Diskussionen im Bürgerrat das tieferliegende Thema des fehlenden Respekts im öffentlichen Miteinander zur Sprache gebracht worden. »Es geht also nicht allein um die Lösung X, sondern es geht darum, in der lokalen Demokratie Räume der Begegnung zu schaffen. In diesen Räumen können Bürger die Erfahrung machen, wirksam zu sein, aber auch, Demut und Respekt vor dem Wissen von anderen zu haben.«

Während sie das sagt, denke ich wieder an die Bürgerversammlungen zur Flüchtlingsfrage in den vergangenen Monaten in meinem Stadtteil. Genau dies ist dort geschehen. Da ließ sich beobachten, wie aus Begegnung gemeinsames Handeln wird. Partizipation ist für Patrizia Nanz eine Art Betriebssystem, mit dessen Hilfe wir unsere besten menschlichen Eigenschaften entfalten können: den Willen zur Kooperation, die Fähigkeit zur Empathie. Bürgerräte leben vom Ideal der kommunikativen Vernunft. Das beste Argument soll sich am Ende durchsetzen, Kompromissfähigkeit gilt als Tugend, der Konsens ist das leuchtende Ziel. Aber was wird dann, fällt mir nach unserem Gespräch ein, aus radikaler Politik, aus starken Positionen, die sich dem Konsens verweigern? Ist nicht Protest und Widerstand manchmal besser für die Gesellschaft?

15. Juli 2015:

»Das von seiner politischen Elite heruntergewirtschaftete Griechenland verschlingt in Europa enorm viel Zeit, Ressourcen und Aufmerksamkeit. So verschwimmen die Maßstäbe: Die Welt schaut auf 11 Millionen Griechen. Aber was ist mit den 1,1 Milliarden Afrikanern?« (FAZ)

Morgens schlendere ich in der Essener Innenstadt an ein paar Läden vorbei, in denen es etwas teurer sein darf. Eine Filiale einer luxuriösen Modemarke ist gerade umgebaut worden. Handwerker knien noch auf dem neuen Boden aus Edelholz, kümmern sich um die letzten Kleinigkeiten. Vom Bürgersteig aus sehe ich durch das Schaufenster zwei Damen in sichtlich guter Laune. Sie strahlen sich an, machen sich gegenseitig auf bestimmte Details der Inneneinrichtung aufmerksam. Ich schaue mir den Stummfilm eine Weile von draußen an, betrete dann den Laden und frage die beiden, worüber sie sich so sehr freuen. Frau Rixen, die Inhaberin, antwortet stolz, dass morgen Wiedereröffnung sei. Das viele Holz vorher an den Wänden habe weggemusst, weil es die Ware leicht gelbstichig aussehen ließ. Sie ist durch Deutschland gereist, hat andere Läden dieser Marke angeschaut, um ihre persönliche Lösung zu finden. Ich erkundige mich nach den Preisen und erfahre, dass man bei ihr locker 2000 Euro für eine leichte Damenjcke ausgeben kann. Auf meine Frage, wer dazu bereit sei, antwortet sie: »Leute mit Sinn für Understatement. Wer dagegen zu Gucci geht, will andere neidisch machen. Die blonde Tussi, die ihrer Umgebung zeigen will, dass ihr Mann Geld hat.« Mir wird klar, dass Frau Rixen nicht nur Textilien, sondern auch gute Gefühle verkauft. Wer im Luxussegment unterwegs ist, muss die seelische Verfassung der Wohlhabenden verstehen. Offen erzählt sie, dass ihr Geschäft in einer schrumpfenden, verarmenden Stadt schwieriger geworden sei. »Meine Kunden, die mit Reichtum nicht angeben wollen, reagieren sensibel, wenn es schlechte Nachrichten aus der Umgebung gibt, und versagen sich selbst Konsumwünsche, obwohl sie es sich leisten können.« Offenbar sind es vermögende Postmaterialisten, die diesen Laden betreten, denn ich erfahre noch etwas mehr über die Denkungsart ihrer Kunden. Sie hätten einen Sinn für Ästhetik und Handwerk, wollten sich etwas gönnen, gingen aber nur zweimal im Jahr einkaufen. Die besagte 2000-Euro-Jacke sei so teuer, weil es davon nur 150 Exemplare gibt. Dafür könne man sie aber auch 20 Jahre tragen, weil ihre Schönheit zeitlos sei. »Die kann man nicht so nähen wie ein Millionenprodukt. Man muss dabei nachdenken. Das kann kein siebenjähriges Kind an der Nähmaschine.« Beim Hinausgehen verwirrt mich der Gedanke, dass Nachhaltigkeit und Luxus sich anscheinend manchmal vertragen.

In einem Ladenlokal in der Nähe hat der Juwelier Uhren für 10 000 Euro im Schaufenster. Auch ihm will ich einen kurzen Besuch abstatten. Doch das ist nicht so einfach, denn wer hineinwill, muss erst eine Schleuse aus Panzerglas passieren. Die erste schwere Tür öffnet sich automatisch, die zweite kann nur von innen geöffnet werden, wenn sich die erste im Rücken des Kunden wieder geschlossen hat. Zudem werde ich von drinnen misstrauisch beäugt, bevor ich dann doch das Summen des Schließers höre. Ich darf hinein in den Tempel des Luxus. Eine junge Dame im Kostüm, die hier die Kunden berät, ist eine Meisterin der Diskretion. Sie verzieht keine Miene, als ich meinen Rucksack von den Schultern nehme und gegen eine ihrer Vitrinen lehne. Möchte nicht wissen, was sie gerade über mich denkt. Außer von ihr werde ich auch von Kameraaugen unter der Decke beobachtet. Ich entscheide mich für Direktheit, erkläre ihr, dass ich mich für die Preise im Luxussegment interessiere, und frage sie, ob die Uhren im Schaufenster ihre edelsten seien. Darauf lächelt sie geheimnisvoll, zögert einen Moment und sagt mir dann, dass in ihrem Tresor Uhren lägen, die eine halbe Million kosten. Sie seien hergestellt in Manufakturen, in denen Meister ihres Faches bis zu zwei Jahre an einem Produkt sitzen. »Die Zeit für solchen Luxus ist eigentlich erst jetzt gekommen«, verrät mir die Kundenberaterin, »denn seitdem es Smartphones gibt, ist die Uhr am Handgelenk komplett überflüssig.« Uhren seien heute deshalb ideal geeignet, die feinen Unterschiede zwischen den sozialen Schichten kenntlich zu machen, weil sie zweckfrei, aber sehr auffällig sind. Ich stehe im Juwelierladen und fühle mich wie im soziologischen Seminar, in dem man plötzlich etwas kapiert über das Wesen des Luxus, der mithilft, sich von anderen zu unterscheiden. Die Verkäuferin hat nun gänzlich ihre Skepsis abgelegt, sie beginnt zu plaudern, was ihr an der exklusiven Kundschaft auffällt. Sie habe gelernt, dass man am Äußeren eines Menschen nicht unbedingt erkennen kann, wie vermögend er ist. Denn in ihren Laden kämen häufig Manager im Freizeitlook. »In Düsseldorf auf der Kö kann man nicht so einkaufen wie hier, da wird man mit Blicken von oben bis unten gescannt.« Wer in Düsseldorf in einer Privatbank arbeitet, habe also hier Gelegenheit, im Schutz der Anonymität nach einer teuren Uhr zu schauen. Gerade den großen Vermögen werde ja nachgesagt, so scheu wie ein Reh zu sein. Häufig höre sie von Kunden: »Mein Kollege hat so ein edles Teil am Handgelenk, das will ich auch.« Da geht es dann definitiv nicht mehr um

Zeitmessung, sondern um ökonomisches und ästhetisches Kräftemessen aus Prestigegründen.

Zwei Läden, zwei Formen des Umgangs mit dem Luxus: Wenn es um Selbstdarstellung geht, die nach außen gerichtet ist, auf den Blick des anderen, sollte man vielleicht besser von Protz sprechen. Luxus wäre dagegen die Freude am Nutzlosen, die nur mir allein gehört und die in Zeiten radikalen Effizienzdenkens natürlich unter Verdacht steht, vollkommen irrational zu sein. Nur muss sich diese Freude ja gar nicht unbedingt in Materiellem ausdrücken. Elmar Salmann, der Mönch im Kloster Gerleve, hatte es Luxus genannt, jeden Tag Stunden mit lateinischen Gesängen zuzubringen, was in unseren Zeiten eine besonders exotische Form der Verschwendung ist.

Auch ich betrachte meinen eigenen Zustand gerade als ausgesprochen luxuriös. Es ist später Vormittag, die Sonne scheint, und ich kann mich, während andere gerade arbeiten müssen, draußen vor dem Grillo-Theater auf eine Bank setzen und meine frischen Eindrücke in die Kladde notieren. Was geht es mir gerade gut, sage ich mir selbst mehrmals am Tag. Ich bin auch immer noch flüssig, was die harte Währung Zeit angeht, denke kaum an das bevorstehende Ende meiner Wanderung. Das merke ich schon daran, dass ich diesen Vormittag schlendernd vertrödelt habe, ohne auch nur ein paar Kilometer vom Fleck zu kommen. Die ganze Zeit ging es um teure Uhren, nur auf meine eigene habe ich vergessen zu schauen.

Noch während ich auf dem Theaterplatz sitze und schreibe, spricht mich ein junger Mann an und bittet um einen Euro. Er trägt die Kluft der Punker mit Irokesenschnitt. Ich biete ihm den Platz neben mir an und frage ihn nach seinem Leben. Mike ist 23 und seit zweieinhalb Jahren obdachlos. Abends sucht er sich einen Platz in einer Notunterkunft, muss dort aber morgens um sieben schon wieder raus. Keiner soll sich dort heimisch fühlen. Den ganzen Tag verbringt er damit, zu Fuß unterwegs zu sein, um Geld zu sammeln. So wie er aussieht, halte ich ihn für drogensüchtig. Er zeigt auf die Kladde in meiner Hand. »Ich schreibe auch. Über mein Leben auf der Straße, über Begegnungen mit Menschen.« Ich frage Mike, ob er mir etwas vorlesen könne, vermute sein Schreibheft in der Plastiktüte, die er als einzige Habseligkeit dabeihat. »Nein. Mein Tagebuch liegt in einem Tresor. In den Notunterkünften wird zu viel geklaut.« Ich bin mir nicht sicher, ob ich ihm die Geschichte glauben soll. Dann erzählt er, dass er gestern aufgeschrieben hat, wie sehr ihn die Begegnung mit einer jungen Frau angerührt hat. Ein gutes Gespräch, meint er, könne einen ganzen beschissenen Tag retten. Aber in der Regel erfahre er das Gegenteil, sei das Gespräch schon beendet, nachdem er seine Bitte um einen Euro geäußert habe. »Die meisten sehen ja nur, was sie sehen wollen, schauen weg bei den unangenehmen Dingen des Lebens.« Dann will Mike weiter. Er hat die ganze Zeit unruhig gewirkt. »Ich muss Geld sammeln«, sagt er und verschwindet. Über den Euro haben wir gar nicht mehr gesprochen.

Mein Verhalten gerade war leider eine Ausnahmesituation. Üblicherweise gehöre ich auch zu den Hartherzigen, die dem suchenden Augenkontakt des Bettlers auszuweichen versuchen. Seitdem die Armut in unseren Städten so viele Gesichter hat, dass man ständig damit konfrontiert wird, nicht selten in überwältigender Weise, stumpft der eigene Blick schneller ab. Ich will nicht mehr auf verstümmelte Gliedmaßen schauen. Es ist leicht, Argumente dafür zu finden, warum es falsch sein kann, Almosen zu geben. Sie handeln in der Regel vom Sozialstaat, der den Bedürftigen doch gibt, von mafiösen Strukturen in der Bettlerszene, vom

Drogenkonsum, den man mit seinem Euro mitfinanziere. Diese Argumente mögen das eigene Gewissen erleichtern, indem sie das, was in diesen wenigen Sekunden der unfreiwilligen Begegnung geschieht, zu rationalisieren versuchen. Aber Mike hat mit Recht die Gefühlsebene angesprochen. Der Bettler verstört. Er ist auf Mitleid angewiesen, sonst geht er leer aus. Er muss das Handwerk beherrschen, Mitleid in sehr kurzer Zeit zu aktivieren. Das funktioniert aber nicht im Fünf-Minuten-Rhythmus, wenn die Konkurrenz in der Großstadt allgegenwärtig ist. Je mehr Bettler es gibt, umso dicker wird der eigene Panzer, mit dem man sich durch die Welt bewegt. Ja, es stimmt, dass ich oft nur sehe, was ich sehen möchte.

In Essen ist Wahlkampf. Ein neuer Oberbürgermeister soll gewählt werden. Auf dem Weg nach Altenessen komme ich an der CDU-Parteizentrale vorbei. Vor der Tür treffe ich Hassan Kasak, der aussieht, als ob er in einer Bank arbeitet. Ich frage ihn, ob er einen Moment Zeit hat, denn ich habe das Gefühl, dass ein junger Mann mit türkischen Wurzeln in diesem Outfit eine Geschichte mit sich herumträgt, warum er ausgerechnet für die CDU arbeitet. Kasak ist misstrauisch, vermutlich wegen meines Äußeren. Erst als ich ihm erklärt habe, dass ich WDR-Journalist sei und er mich ja googeln könne, wenn er Zweifel habe, bittet er mich, einen Moment draußen zu warten. Nach zehn Minuten kehrt er zurück und führt mich in ein Sitzungszimmer der Partei. Auf dem Tisch steht Mineralwasser in Viertelliterflaschen. Dann erzählt er mir mit unverkennbarem Stolz die Geschichte seiner Verbürgerlichung. »Ich bin Teil der Generation, die nicht mehr der Arbeiterschaft angehören will. Irgendwie musst du es raus aus den Gewerkschaftszwängen schaffen.« Er wolle Erfolge und gutes Geld verdienen. Kasak ist in Voerde am Niederrhein aufgewachsen, in einer sozial schwachen Gegend, deren Wohnungen im Besitz der Ruhrkohle AG waren. »Man gehörte zum Bergarbeiterdorf«, sagt er in einem Ton, als ob er unter Schmuddelkindern groß geworden wäre. Deutlich spürbar ist in seinem Ton sein Bestreben, die eigene Herkunft wie eine Klette abzuschütteln. Bereits als Jugendlicher ist er in die CDU eingetreten, mit 21 saß er schon im Stadtrat. Er wollte bewusst nicht in den Integrationsrat, um nicht auf die Rolle des CDU-Türken festgelegt zu werden. Jetzt arbeitet er als Beamter bei der Stadt Essen, ist aber momentan zur CDU-Ratsfraktion abgeordnet worden und hilft im Wahlkampf. Nicht ohne Pathos berichtet er, dass seine Kinder die erste Generation in der Familiengeschichte seien, die »deutsch geboren« ist. Denn er selbst sei erst nachträglich Deutscher geworden. Dafür aber richtig, denke ich im Stillen. Noch nie habe ich eine so patriotische Haltung von einem Deutsch-Türken gehört. Wollte man jemanden finden, der den Integrationsmusterschüler geben kann, hier wäre er. Er lebt den Bruch mit dem sozialen Milieu, aus dem er kommt, und möchte ihn auch nach außen sichtbar machen. In einer Reihenhaussiedlung hat er sich mit seiner jungen Familie Eigentum gekauft, genießt dort die neue Nachbarschaft. »Zugehörigkeitsgefühl ist etwas Überwältigendes. Ich zeige es gern, dass ich jetzt in der Spießergegend wohne!« Dann fügt er hinzu, dass er damit für andere ein Vorbild sein wolle. »Der soziale Aufstieg soll im Alltag fühlbar sein.«

Unterwegs in den Essener Norden, in dem die Armutsquartiere der Stadt liegen, geht mir durch den Kopf, was dieser Christdemokrat neuen Typs da gerade gesagt hat. In dieser Stadt, die mal durch und durch sozialdemokratisch war, sind gewiss schon viele Aufsteigergeschichten erzählt worden. Aber garantiert bisher nicht mit der Pointe, dass es darauf ankommt, sich aus Gewerkschaftszwängen zu lösen. Denn Gewerkschaften und die SPD haben ihr Selbstverständnis traditionell daraus bezogen, dass sie Zukunft von Herkunft entkoppeln wollten. Aufstieg durch Bildung war ihr kollektives gesellschaftliches Projekt, ich selbst verdanke dieser Idee viel. Die Loslösung von Aufsteigerkindern aus den Bindungen der Herkunft ist ein schmerzhafter Prozess selbst für Eltern, die sich dringend gewünscht haben, dass ihr Nachwuchs es mal besser haben solle als sie selbst. Bildung kann eben auch trennend sein. Übrigens auch von den Institutionen, die für das Recht auf Bildung gekämpft haben. Wenn erst der Aufstieg geschafft war, haben sich viele Wähler von ihrer SPD abgewandt und bürgerlich gewählt. Der CDUler Kasak hat in diesem Punkt vielleicht nur eine Abkürzung genommen. Als Aufsteiger war er darauf angewiesen, dass der Fahrstuhl nach oben funktioniert. Nun riegelt er sein Leben nach unten hin ab. Die äußeren Zeichen sollen sichtbar machen, wohin er nicht mehr gehören will. Kasaks Denkweise scheint mir typisch zu sein für die Tendenz in der Mittelschicht, die Berührungspunkte mit »denen da unten« im Alltag möglichst aufzulösen. Das dürfte viel mit Abstiegsängsten zu tun haben.

In Altenessen fällt mir die hohe Fahnendichte in Schwarz-Rot-Gold auf. Manche Tücher hängen verblichen vor Fenstern, die aussehen, als ob sie seit der WM 2006 nicht mehr geöffnet worden wären. Ich komme durch Straßenzüge, in denen viele Erdgeschossfenster verbarrikadiert sind. Viel Leerstand gibt es in den Mietskasernen aus den 20er-Jahren, die in einer wohlhabenderen Stadt längst schick saniert wären. Wenige Hundert Meter weiter weist ein Schild auf ein orientalisches Einkaufszentrum hin. Ich betrete einen Hinterhof und lande in einer eigenen Welt, in der ich der einzige Deutsche bin und sofort skeptische Blicke auf mich ziehe. Verschleierte Frauen schieben Kinderwagen zur Metzgerei, die Halal-Fleisch verkauft. Es gibt einen eigenen Laden für Hidschabs und eine orientalische Bäckerei. Hier werden täglich 5000 Fladenbrote gebacken und in die Nachbarstädte des Ruhrgebiets geliefert. Das immerhin erfahre ich in einem kurzen Gespräch mit einem der Männer mit mehligen Händen, aber dann ist auch Schluss. Denn überall wird mir bedeutet, dass gerade keine Zeit sei für ein Gespräch. Eine abweisende Welt, diese 50 Meter Orient im Essener Norden.

Auf dem Weg Richtung Katernberg fühle ich mich plötzlich nach Westafrika versetzt. Ein Dutzend Schwarzafrikaner mit öligen Händen sind auf einem Gewerbehof damit beschäftigt, alte Autos auszuweiden. Sie sind die Männer fürs Grobe, hebeln Türen und Glasscheiben aus. Ab und zu bekommen sie neue Kommandos von einem Vorarbeiter, dessen Sprache ich nicht identifizieren kann. Der wiederum holt sich seine Befehle von einem Deutschen. Ein Feld so groß wie ein halber Fußballplatz ist zugestellt mit Containern, in denen alles Brauchbare hineinsortiert wird, mit Bergen von Reifen und Batterien. Ein Bagger mit einem mächtigen Greifarm stapelt abgemeldete Autos zu riesigen Türmen auf.

An einer großen Waage entdecke ich einen jungen Deutschen, der mir zwischen zwei Arbeitsschritten den Ablauf beim Abwracken erklärt. In kurzer Folge landen bei ihm Fahrzeuge, die gewogen werden sollen. Kevin notiert die Gewichte auf einem Zettel, mit dem der Besitzer des Wagens zur Kasse gehen kann. Dort gibt es pro Kilo 14 Cent. Anschließend werden die Räder abgeschraubt, der Katalysator, die Batterie und alles, was man sonst bei Reparaturen noch verwenden kann, ausgebaut. Dann wird das Auto zu einem Rechteck gepresst. Ich wundere mich über die Betriebsamkeit auf dem Gelände, wie viele Leute hier ihr Geld verdienen. Kevin erzählt, dass er zwölf Stunden pro Woche an der Waage steht, seine Arbeit wird als 450-Euro-Job abgerechnet. »Aber der Chef verdient hier richtig dick«, verrät Kevin, »der fährt drei Autos und eine Harley. Der hat einen Mercedes für 250 000 Euro.« Ich staune, wie viel Wohlstand sich am Ende der industriellen Fresskette erwirtschaften lässt. Über Zwischenhändler, meint Kevin, landet das Altmetall in China. Wenn ein Motor noch etwas taugt, wird er auf Container gepackt und nach Afrika geschickt. Auch der Schrottplatz ist heute Teil der Globalisierung.

Mich fasziniert dieses Schauspiel, und ich schaue noch einen Moment dabei zu, wie aus einem einstmals hochpreisigen Produkt der ersten Welt in Windeseile wieder Rohstoff wird, der in Kilos gerechnet und nach Übersee verschifft wird. Dann kommt ein Mann mit grimmiger Miene und durchtrainiertem Oberkörper auf mich zu und fragt, was ich hier zu suchen habe. Er sieht durchaus gewaltbereit aus und will genau wissen, was Kevin gesagt hat. Er faucht mich an, ich solle verschwinden. Ich mache mich schleunigst vom Hof und frage mich, welches Geheimnis hier wohl gewahrt bleiben soll.

An der Grenze zu Katernberg komme ich an kleinen Seitenstraßen vorbei, die mir aus Filmkulissen vertraut sind. Hier stehen die typischen Backsteinhäuschen der Steiger, die inzwischen hundert Jahre alt sind und unter Denkmalschutz stehen. Aus dieser Zeit stammen auch die großzügigen Gärten hinter jedem Haus, die zur Selbstversorgung der Bergarbeiterfamilien gedacht waren. Ich bummele durch eine der Gassen, bis mir etwas auffällt, was ich auf meiner Tour noch nirgendwo gesehen habe: Eine ältere Dame sitzt auf der Steintreppe vor ihrer Eingangstür, genießt sichtlich den warmen Tag und schaut auf die Straße. Frau Birkel erzählt, dass in der Straße mehrheitlich Türken wohnen, die schon vor 30 Jahren hierhergezogen sind. Als die Häuser privatisiert wurden, haben sie von ihrem Vorkaufsrecht Gebrauch gemacht; so wurden aus Mietern Hausbesitzer. »Früher gab es hier überall Bänke«, sagt Frau Birkel, »wir Frauen haben zusammen gestrickt und Tipps ausgetauscht, wie man Gurken einmacht. Aber heute trinken vor allem die Deutschen lieber allein zu Hause.«

Habe ich einen ähnlichen Satz nicht schon vor ein paar Tagen gehört? Da ging es um das Kneipensterben in Datteln. Und nun wieder der Hinweis auf fehlende Geselligkeit. Diese schöne Gasse ist beileibe kein »Nicht-Ort«, an dem man sich nicht aufhalten möchte. Trotzdem beklagt Frau Birkel den Rückzug der anderen in die eigenen vier Wände, was vielleicht auch ein Beispiel dafür ist, dass man Heimweh empfinden kann, ohne sich vom Fleck bewegt zu haben. Sie wohnt seit 45 Jahren in der Siedlung und hat lange bei C&A als Modellschneiderin gearbeitet. Vom Designer kam die Vorlage, aus der sie dann die Muster für die Massenproduktion von Damenoberbekleidung genäht hat. Anfangs, erinnert sie sich, saßen 600 Näherinnen an den Maschinen, dann wurde in den 70er-Jahren die Massenfertigung ins Ausland verlagert. Nur die 20 Modellschneiderinnen, zu denen sie gehörte, blieben zunächst übrig. Dann wurden aus 20 irgendwann nur noch sechs, und im letzten Schritt hat C&A dann auch die Modelle in Marokko und Tunesien nähen lassen. Da war sie aber schon aus dem Werk raus. Frau Birkel macht keinen Versuch, ihre Wehmut zu verstecken. Sie habe ihren Beruf geliebt, hätte gern noch fünf Jahre länger gearbeitet. Aber ihr Mann hat sich in der Kokerei die Lunge ruiniert und war auf ihre Pflege angewiesen. Ausgerechnet kurz nach Beginn ihrer Rente ist er gestorben.

An der Grenze zwischen Essen und Gelsenkirchen sehe ich das Hinweisschild der Fatih-Moschee. Sie grenzt hart an eine Schnellstraße, ist wohl in der Zeit gegründet worden, als Moscheegemeinden nach günstigen Mieten in Gewerbegebieten gesucht haben. Die Fatih-Gemeinde gehört zum Verband DITIB, wird also von der türkischen Religionsbehörde der Erdogan-Regierung kontrolliert. Ich bekomme von einem Herrn die Erlaubnis, die Moschee zu besuchen, ziehe draußen meine Schuhe aus und stehe allein in dem großen Gebetsraum. Nicht sehr lange, denn ich entdecke nichts, was diese Moschee von denen unterscheiden würde, die ich bislang besucht habe. Deutsche Moscheen haben sich bislang noch nicht vom orientalischen Stil gelöst. Vielleicht ein äußeres Zeichen dafür, dass die Idee eines deutschen oder europäischen Islam noch abstrakt wirkt.

Draußen im Hof sind große Zelte mit Bierbänken aufgebaut. Mir fällt ein, dass gerade der Fastenmonat Ramadan begangen wird, da wird es hier wohl voller als sonst. Drei junge Männer winken mich zu sich und bieten freundlich ein Glas türkischen Tee an. Sie selbst verzichten allerdings, weil sie sich an das Fastengebot halten und erst am Abend wieder essen und trinken werden. Die drei sind Anfang, Mitte 20 und alle hier geboren. Schnell wird klar, dass sie mir den Islam erklären wollen, fragen, ob ich schon etwas von den fünf Säulen gehört hätte. Das habe ich zwar, aber den folgenden Kurzvortrag lasse ich mir trotzdem gefallen. Dann frage ich zurück, wie denn in ihrer Gemeinde über den IS geredet werde, was Muslime tun könnten, um das Gewaltproblem zu lösen. Die Gesichter der drei verfinstern sich schlagartig. Offenbar sind sie genervt, von Nichtmuslimen auf so etwas angesprochen zu werden. »Das hat mit dem Islam gar nichts zu tun«, antwortet einer von ihnen knapp, »denn im Islam geht es um Barmherzigkeit.« Ich versuche noch einmal nachzuhaken, bringe ins Spiel, dass es sich ja nicht nur um ein paar dschihadistische Spinner handele, sondern um eine globale Massenbewegung, die den Weg des Islamismus eingeschlagen hat. Daraufhin sagt einer, sie müssten weg. Die drei stehen auf, verschwinden und lassen mich allein vor meiner Tasse Tee zurück.

16. Juli 2015:

»Das Zusammensein in der EU wird nicht friedlicher werden. Eher werden die nationalen Egoismen zunehmen – in der Frage der Geldpolitik genauso wie im Umgang mit den Flüchtlingen.« (Die Welt)

Gerechtigkeit für Herne! Vorgestern, von Norden her kommend, war Herne für mich die Stadt der Spielhöllen und Ein-Euro-Läden. Aber diesmal laufe ich aus Bochum nach Herne hinein und sehe, dass die Stadt durchaus ihren Charme hat. Ich komme an Gründerzeitvillen vorbei und lande in der bei schönem Wetter sehr belebten Fußgängerzone. Vor einer der Spielhallen lehnt ein Mann von Ende 30 mit fitnessgestähltem Oberkörper, gewaltigem Bizeps und einer Sonnenbrille, in deren silbernen Gläsern ich mich selbst sehe. Er schnappt offenbar etwas frische Luft zwischen zwei Spielen. Can erweist sich als der Erste, der mit mir offen über seine Spielsucht spricht. Er verblüfft mich damit, dass er nicht das geringste Geheimnis daraus macht, sondern geradezu begierig scheint, mit mir darüber zu reden. Can steht seit 15 Jahren vor den bunten Automaten, bezeichnet sich als gierig. »Die Gier meldet sich, wenn ich gerade etwas gewonnen habe. Ich könnte jetzt die 80 Euro einstecken und gehen, aber das gelingt mir nie.« Can rechnet einen Moment im Kopf durch, wie viel Geld er pro Woche in die Schlitze wirft, und kommt auf ungefähr 200 Euro. Die nimmt er aus der Kasse des Obst-und-Gemüse-Ladens, den seine türkische Familie betreibt. Seine deutsche Frau wisse von seiner Spielsucht, aber seine eigene Familie nicht. »Die würden mir sofort den Geldhahn zudrehen!«

Vermutlich muss man etwas über außerordentliche Glückszustände wissen, um einen Menschen wie ihn zu verstehen, der genau weiß, dass er immer wieder das Falsche tut und sich selbst, woraus er keinen Hehl macht, dafür hasst. Denn Abhängige sind ja Glückssucher. Can liefert den klassischen Fall von Unfreiheit, wenn das Handeln von Leidenschaften bestimmt wird, die sich selbstständig machen. Vor Jahren habe ich in Hamburg eine Heroinambulanz besucht und eine sehr irritierende Beobachtung gemacht, die mich seitdem nicht mehr losgelassen hat. Dort können sich Junkies mit langer Drogenkarriere, die als hoffnungslose Fälle gelten, tagsüber unter Aufsicht eines Arztes eine Spritze setzen. So sind sie nicht länger auf Beschaffungskriminalität angewiesen und können ein halbwegs geregeltes Leben führen. Als ein Junkie in einer Ecke Platz nahm, um die Nadel anzusetzen, habe ich mich gezwungen, genau hinzusehen, was nun passieren wird. Nadel und Vene haben mich nicht interessiert, ich wollte wissen, ob das Gesicht verrät, warum ein Mensch komplett vernunftwidrig handelt. Der Junkie drückte sich die Droge ins Blut, und eine gute Minute lang geschah gar nichts. Dann plötzlich sah ich in seinem Gesicht eine komplette Verwandlung. Die Augen fielen zu, die Gesichtszüge lösten sich, der Mund stand offen, er sah aus wie einer, der gerade den tiefsten Orgasmus seines Lebens erlebt, den es nie wieder geben wird. Nach höchstens zwei Minuten war dieser Zustand, der nach vollständiger Erlösung aussah, schon wieder vorbei, der Junkie schlummerte weg. Denn dann setzte die sedierende Wirkung der Droge ein.

Was ich sah, schien mir in einem existenziellen Sinne gefährlich zu sein. Das Irritierende dieses Anblicks bestand für mich nämlich darin, dass ich für einen Moment wehmütig war, diesen Zustand selbst nicht erleben zu können. In dieser einen Minute meinte ich, etwas mehr darüber verstanden zu haben, warum Menschen bereit sind, für einen Augenblick höchster Intensität ihr ganzes Leben in die Waagschale zu werfen. Hinterher, als er wieder bei Sinnen war, habe ich den Junkie gebeten, diesen Zustand zu beschreiben. Seine erste Antwort war, dass es dafür keine Worte gebe. Dann hat er es aber doch versucht: von einem ozeanischen Gefühl gesprochen, von dem Erlebnis, wie im Bauch der Mutter vollständig aufgehoben zu sein.

Das Glück des Spielers am Automaten ist ein gänzlich anderes. Aber natürlich geht es auch hier darum, durch Surrogate glücklich machende Zustände hervorzurufen. Niemand steht am Automaten, um ganz profan Geld zu verdienen. Can spricht vom »Kick« und verbindet mit ihm bestimmte Bilder, die den Geldgewinn symbolisieren. Zum Kick gehören für ihn Lichteffekte und elektronische Melodien. Er erzählt mir, dass er nachts im Traum manchmal diese Melodien hört. Er liebt sie, und er verflucht sie. Wenn ich als Fremder die so menschenfeindlich wirkende Höhle betrete, höre ich nur unspezifisches Gedaddel, sehe wildes Geblinke und verstehe nicht, wie man sich hier freiwillig aufhalten kann. Aber für den geübten Spieler ist das die vertraute Welt, in der er vermutlich unterschwellig immer mit wahrnimmt, was den Spielern an den anderen Geräten widerfährt. Vielleicht ist es wie in Platons Höhlengleichnis, dass man das Licht-und-Schatten-Theater irgendwann für die wirkliche Welt hält.

Auf dem Weg zum Treffen mit Franz Müntefering geht mir durch den Kopf, dass es ja ein philosophisches Glückskonzept gibt, das sich als Entziehungskur versteht. Es stammt aus der Schule der antiken Stoa. Die Stoiker waren der Auffassung, dass die Hauptquelle für menschliches Unglück unangemessene Gefühle sind. Es ist in ihren Augen der törichte Mensch, der sein Glück im starken Begehren sucht. Wenn die drei berühmtesten unter den Stoikern, Seneca, Epiktet und Marc Aurel, eine Zeitreise ins 21. Jahrhundert unternehmen könnten, kämen sie vermutlich zu dem Urteil, dass unsere Gesellschaft gerade kollektiv auf Droge ist und in der Folge mit selbstverschuldetem Unglück leben muss. Der Geist der permanenten Optimierung, dessen Quelle ja das Hadern mit eigenen Unzulänglichkeiten ist, wäre ihnen ein Gräuel. Stoiker betrachten es als ihre Lebensaufgabe, äußere Umstände, die man nicht verändern kann, innerlich anzunehmen. Sie bringen sich gewissermaßen emotional in Sicherheit, indem sie es zu vermeiden versuchen, in die Falle des unbedingten Wollens zu tappen. Dazu muss man freilich bereit sein, zu akzeptieren, dass die Welt um uns herum nicht dazu da ist, unseren Wünschen zu entsprechen. Die Welt ist unvollkommen und wird es bleiben, aber das eigene Wünschen und Wollen kann ich gestalten. Das erst macht mich frei. Der Römer Marc Aurel hat es mit der geistigen Übung probiert, morgens den Tag mit der Vorstellung zu beginnen, es werde einem bis zum Abend so ziemlich jede miese Charaktereigenschaft von anderen entgegengebracht, die sich denken lässt: Neid, Betrug, Undankbarkeit, die Liste ließe sich endlos fortschreiben. Marc Aurels geistige Übung war nicht dazu gedacht, all das fatalistisch hinzunehmen. Aber sich innerlich unabhängiger zu machen vom Verhalten anderer, hielt er für wichtig. Weil man sich sonst selbst als Opfer betrachtet.

Der Hausphilosoph des ehemaligen SPD-Vorsitzenden Franz Müntefering ist Albert Camus. Ob der französische

Existenzialist insgeheim auch ein Stoiker war? Auf den ersten Blick nicht. Denn Camus ist der Philosoph der Revolte, für den es das Schlimmste gewesen wäre, sich mit ungerechten äußeren Verhältnissen zu arrangieren. Sein Todfeind war der Zynismus. Müntefering deutet seinen Camus so: »Ich empöre mich, ich protestiere, also bin ich.« Die Revolte lebt von starken Gefühlen, die für Stoiker so gefährlich sind. Andererseits gibt es bei Camus die berühmte Figur des Sisyphos, der von den Göttern dazu verurteilt wurde, stets aufs Neue einen schweren Fels den Berg hinaufzurollen, der jedes Mal, kaum dass er den Gipfel geschafft hat, wieder hinunter ins Tal donnert. Sisyphos sagt ein nicht leicht zu verstehendes Ja zu seinem sinnlos scheinenden Tun, er betrachtet den Fels als seine Sache und ist innerlich bereit, immer wieder von vorn anzufangen. Das wirkt verdammt stoisch.

Müntefering hat Camus auf dem Sprung zum Erwachsenwerden kennengelernt, als Autodidakt. Seinen Bildungsweg musste er allein schaffen, das Radioprogramm des WDR war seine Volkshochschule. Er ist in einem katholischen Elternhaus im Sauerland ohne Bücher aufgewachsen. »Ich habe als Jugendlicher im Radio ›Schuld und Sühne‹ von Dostojewski gehört«, erzählt mir Müntefering zur Begrüßung, weil er weiß, dass ich Radiomann bin, »dann hat Mutter gesagt: Mach das aus!« Ihr sei der Stoff unheimlich gewesen. Die Geschichte illustriert, dass der Aufstieg durch Bildung eben auch von der eigenen Herkunft entfremdet. Müntefering gehört nicht mehr ins Sauerland.

Wir haben uns im archäologischen Museum in Herne verabredet, das einen die Hitze draußen vergessen lässt. Schon allein deshalb, weil der größte Teil der Ausstellung unter der Erde liegt. Müntefering ist zu Fuß gekommen, er wohnt nicht weit von hier. Nun sprechen wir in unmittelbarer Nähe eines menschlichen Totenschädels, der wohl ein paar Tausend Jahre in der Erde gelegen hat. Das hilft vermutlich, unser Gespräch von der Tagespolitik wegzulenken. Schnell sind wir bei seiner Einstellung zum Sterben. »Früher wollte ich einfach tot umfallen«, sagt der 75-Jährige, »heute nicht mehr.« Seine Haltung zum Leben sei existenzialistisch, er denke es von seiner Einmaligkeit her. Deshalb solle jeder so viel davon nehmen, wie es nur geht. Seinen Lebenshunger spüre ich sofort. Müntefering sieht auch noch so aus wie in der Zeit, als er täglich in der Tagesschau war. Sein persönliches Vitalitätsprogramm nennt er »die drei L«: Laufen, Lernen, Lieben. »Warum leben Nonnen so lange?«, fragt er rhetorisch, »Sie stehen früh auf, müssen was machen und haben Sinn.« Unverkennbar hat Müntefering seinen Hang zur lakonischen Verknappung behalten. Manchmal haut er Sätze raus, die von Camus selbst stammen könnten: »Solange du lebst, bist du mitverantwortlich für die Gesellschaft, in der du lebst.« Allerdings will er sich nur noch gelegentlich zu Wort melden, sieht sich wie einen Joker im Fußball, der vielleicht noch mal ein Tor macht, wenn er eingewechselt wird. Bei Gesprächen mit Gleichaltrigen, ehemaligen Weggefährten aus der Partei, tue er sich inzwischen schwer, weil er die Erfahrung gemacht habe, dass sie nach kurzer Zeit versanden. Müntefering hat keine Lust, lange darüber zu reden, was früher war. Als er gerade 32 war, erzählt er, sei sein bester Freund gestorben. »Seitdem bin ich ein Alleiner«, auch wenn es noch »anderthalb Freunde« im Sauerland gebe.

Während andere zurückblicken, ist er längst wieder dabei, den Stein bergauf zu rollen. Seit einiger Zeit hat er für sich ein neues politisches Projekt gefunden, die Umgestaltung des Alters. Das ist in einer Effizienz-Gesellschaft, die Anerkennung fast ausschließlich über Arbeit und Leistung verteilt, tatsächlich eine Sisyphosaufgabe. Ihn graust die Vorstellung, dass Menschen im Altenheim morgens keinen Grund sehen, sich schick zu machen, weil sie sowieso keine Kontakte nach draußen haben, dass ihnen mittags die Kartoffeln püriert werden, weil das den Pflegekräften die Arbeit einfacher macht. Müntefering, der Sozialpolitiker, sucht nicht nach individuellen, sondern nach systemischen Lösungen gegen Vereinsamung und das Abschieben in die Alten-Gettos. Diese Lösungen werden aber nicht in Berlin erdacht auf klassisch sozialdemokratische Weise mit dem Ruf nach dem helfenden Staat, sie kommen von unten. Seine Antwort für die Welt von morgen ist die soziale Stadt. Gerade erst hat sich Müntefering über ein neues Beispiel dafür geärgert, dass zunehmend auf technische Assistenz gesetzt wird, um die Probleme der alternden Gesellschaft zu lösen. »Da wird ein sogenannter Fallteppich gebaut. Der löst ein Alarmsignal aus, wenn jemand hinfällt. Traurig, so was.« Wie es anders gehen kann, erklärt der Politiker mit Blick auf ein Seniorennetzwerk in Bielefeld. Dort hat die Wohnungsbaugenossenschaft »Freie Scholle« Strukturen aufgebaut, um ihren Mitgliedern ein möglichst langes selbstständiges Wohnen im eigenen Zuhause zu ermöglichen. Jeweils fünf bis sechs Senioren besuchen sich jeden Tag, wenn sich jemand nicht meldet, wird an dessen Tür geklingelt.

In der Arbeiterschaft habe es früher noch einen starken Zusammenhalt gegeben, erzählt Müntefering, da hätten die Wohnungsschlüssel draußen vor der Tür gehangen, damit man sich gegenseitig in Notlagen helfen konnte. »Heute dagegen sieht man die soziale Gesellschaft kaum noch, aber mit dem Sozialstaat allein funktioniert es auch nicht.« Die Schnittstelle sei die Kommune, die kleinen Einheiten würden künftig an Gewicht gewinnen. Die Kernfrage sei heute also: »Wie funktioniert die Stadt?« Münteferings erste Antwort darauf lautet, dass sie ein Zentrum braucht, um das herum soziales Miteinander entsteht. Im Sauerland, der Region seiner Kindheit, sei das bis heute die Kirche. Als er nach Herne gezogen ist, habe er aber lange nicht kapiert, wo dieser Mittelpunkt hier zu finden sei. Bis ihm klar wurde, dass es die Zeche war. Aber dieser Mittelpunkt des Sozialraums existiert längst nicht mehr. Das sei das Problem der Ruhrgebietsstädte bis heute. Wieder fällt mir Datteln mit seinen vielen Arbeiterkneipen ein, die es nicht mehr gibt. Auch die waren um die Zeche herum gruppiert. Die zweite Antwort von ihm auf die Frage nach der funktionierenden Stadt ist eine Zahl: 20 000, maximal 30 000 Einwohner. Das sei die Größenordnung, um einen lebendigen Sozialraum zu schaffen. Die Größe der Stadt ist in diesem Fall unerheblich, sie würde aus solchen sich selbst organisierenden Einheiten bestehen. Bei den Kitas und Schulen hätten die Städte dafür längst die entsprechenden Vorgaben, aber was mit den Alten passiert, wird allein dem Markt überlassen.

Inzwischen hat sich bei Müntefering der Hunger bemerkbar gemacht. Wir gehen raus in die Fußgängerzone und setzen uns in ein Straßencafé. Passanten tuscheln miteinander, weil sie meinen prominenten Gesprächspartner entdecken, ein älteres Ehepaar tritt an unseren Tisch und bittet ihn um ein Autogramm. Mich interessiert, wie er über die Gestaltungsmacht von Politik denkt. »Wenn ich ehrlich bin«, antwortet er, »ist in den letzten Jahren vieles falsch gelaufen. Wir haben vor allem das große Geld nicht im Griff.« Globalisierung heiße heute, dass die Politik ihr Primat gegenüber der Wirtschaft nicht durchsetzen könne. Man müsse aber wenigstens versuchen, Geschwindigkeit aus dem entfesselten Finanzkapitalismus zu nehmen, indem man den Handel mit Geld besteuert. »Demokratie braucht Zeit, aber die brauchen nur einen Knopfdruck, einen Daumen.« Müntefering erzählt von einem Besuch bei Genossen von der britischen Labour Party vor der Finanzkrise. Die hätten damals über die deutschen Sozialdemokraten gespottet, weil sie noch nicht verstanden hätten, dass Wachstum heutzutage nicht in Fabriken, sondern in der Finanzwirtschaft geschaffen werde. »Ihr arbeitet noch, wir machen Geld in Türmen!«, hätten die Briten damals mit Blick auf den Finanzplatz London gesagt. Heute habe man es mit Größenordnungen auf den globalen Handelsplattformen zu tun, die infrage stellten, ob man dies politisch jemals wieder einfangen kann.

Auch die Flüchtlingsfrage werde an der Gestaltungsmacht von nationaler Politik zerren. »Das ist kein Unwetter, was wir gerade erleben, das ist der Beginn einer langen Herausforderung.« Alle Parteien hätten Schiss, offen zu erklären, wie groß die gesellschaftliche Aufgabe sei. Dabei reiche ein Blick auf die Zahlen. Gut sieben Milliarden Menschen gebe es derzeit auf dem Planeten, bald würden es zehn sein. Aber es fehle ein Konzept, wie mit der neuen Lebenswirklichkeit, dass es mehr Wanderungsbewegungen auf der Welt geben werde, umzugehen sei. Und dann spricht Müntefering einen Leitsatz aus, den auch der Arzt Dr. Rieux in Albert Camus' Roman »Die Pest« gesagt haben könnte: »Wir müssen so viele retten, wie es geht.« Rieux hilft bei seinem Kampf gegen die Seuche in der eingeschlossenen Stadt sein Stoizismus, einfach weiterzumachen, wenn sich Verzweiflung verbietet. Müntefering bezieht sich diesmal allerdings auf ein anderes literarisches Beispiel, um seine Strategie zur Vermeidung von Fatalismus zu erklären, auf Bertolt Brechts Gedicht »Die Nachtlager«. Darin wird ein Mann beschrieben, der an Winterabenden in der eisigen Stadt New York Quartiere an Obdachlose vermittelt. Er tut dies mit der Haltung, dass dadurch die Welt zwar nicht besser wird. Aber einige wenige bekommen immerhin ein Nachtlager. »Ich bin bescheiden genug«, sagt Müntefering, »um zu wissen, dass man wenig machen kann, aber vieles tun muss!«

Als ungeklärte Zukunftsaufgabe für die Demokratie sieht er angesichts der Erregungswellen, die das Internet produziert, die Herausbildung einer qualifizierten, meinungsbildenden Struktur. Denn für das Gelingen von Demokratie seien nicht nur die Parteien wichtig, sondern auch eine gut informierte »soziale Gesellschaft«. Müntefering wählt das Bild von der Kaskade, um zu beschreiben, wie Kommunikation im analogen Zeitalter funktioniert hat. Erst gab es ein bestimmtes politisches Ereignis, daraufhin kamen erste Kommentare von den Profis aus Politik und Journalismus, die wiederum waren Basis für den Prozess der Meinungsbildung in der Öffentlichkeit. Dieser Dreiklang gelingt nicht mehr richtig. Der Kommunikationsstrang ist in Bewegung, weil Gefühle häufig schon hochschießen, bevor die Fakten analysiert sind. Müntefering sieht hier Wähler und Gewählte gleichermaßen in der Pflicht. Die vergangenen Jahre seien so entspannt gewesen, dass eine große Mehrheit sich um andere Dinge als um Politik gekümmert habe. Die Leute hätten keinen Entscheidungsbedarf gesehen. Die Parteien wiederum hätten in den Wahlkämpfen zweit- und drittrangige Themen als Kontroverse angeboten, aber die wirklich großen Sorgen um Existenzsicherung, Krieg und Frieden und die Flüchtlinge beiseitegeschoben. Diese Zeit gehe nun zu Ende. Über die Maut wolle keiner mehr streiten.

So viel Umbruch liegt in der Luft. Anscheinend weiß jeder, der die Krisen der Gegenwart beobachtet, dass gerade etwas zum Abschluss kommt. Aber das Neue liegt im Nebel. Es herrscht eine Asymmetrie zwischen den vielen offenen Fragen und den wenigen klaren Antworten darauf. Wir hängen mental fest zwischen dem Nicht-mehr und dem Noch-nicht. Das ist ein Zustand, den es seit der Französischen Revolution so vermutlich nicht mehr gegeben hat. Kritik am Bestehenden gab es seither immer, und auch wir heute haben ja keinen Mangel an Kritik. Die Defizite unserer derzeitigen Gesellschafts- und Wirtschaftsordnung liegen nackt vor uns, sie werden offen benannt. Aber diese Kritik ist selten mit Bildern von einer besseren Welt verknüpft, ihr Charakter ist meist defensiv. Sie ist dazu gedacht, das Ärgste zu vermeiden. Albert Camus' »Die Pest« ist uns heute näher als Thomas Morus' »Utopia«, das vor 500 Jahren die visionäre Fantasie beflügelt und seitdem unzählige Nachfolger gefunden hat. Aber die Idee der sozialen Stadt, in der Netzwerke von unten Gemeinsinn stiften, ist ja immerhin ein Anfang, die Insel Utopia liegt vor der eigenen Haustür.

Nach den drei Stunden mit Franz Müntefering beschließe ich, noch einmal in das Archäologische Museum zurückzukehren. Wenn schon über große Zeiträume nachdenken, dann doch auch gleich über die ganz großen. Josef Mühlenbrock, der Leiter des Hauses, erzählt mir, dass die Geschichte der Menschheit nur ein Hauch sei, wenn man sie auf die Geschichte der Erde beziehe. Der Mann will offenbar mein Bewusstsein dafür schärfen, die Bedeutung des Menschen in diesem kalten Universum nicht zu überschätzen. Menschen sind spät erschienen und werden vermutlich zeitig wieder verschwinden, so viel ist mir theoretisch bereits klar. Aber was es lebenspraktisch bedeuten kann, diese Welt nicht anthropozentrisch zu denken, vom Menschen als gedachtem Mittelpunkt her, schon weniger. Wer sich selbst für nicht bedeutsamer als ein Staubkorn hält, läuft ja wohl Gefahr, depressiv zu werden. Mühlenbrock hat ein afrikanisches Sprichwort im Kopf, das helfen könnte, eine angemessene Haltung der Demut zu finden: »Wenn die Löwen in Afrika ihre eigenen Geschichtsschreiber hätten, dann wären nicht immer die Jäger die Sieger«.

Auch die Archäologie ist inzwischen von der Logik der Beschleunigung erfasst, erklärt mir Mühlenbrock. Denn wenn auf einer Baustelle in den Städten Bodendenkmäler gefunden werden, würden die Zeiträume immer enger, die den Wissenschaftlern zugestanden werden, die Funde zu sichern. Sie müssen retten, was zu retten ist, bevor die Bagger kommen. Zeit ist auch auf der Baustelle Geld. Mühlenbrock ist gerade zurück von einer Safari in Botswana. Dort hat er mit einem ganz anderen Tagesrhythmus gelebt, der vom Sonnenaufgang und ihrem Untergang bestimmt war. Er war raus aus dem urbanen Zeitempfinden, dass eine Stadt niemals schläft, und hat sich in den Tagen in Afrika Gedanken darüber gemacht, ob Menschen im Neolithikum wohl entschleunigt gelebt haben. Er glaubt das nicht, weil der Alltag in der Jungsteinzeit davon bestimmt gewesen sei, sich ständig um handfeste Nöte kümmern zu müssen. Wenn man nach Epochen der Entschleunigung in der Geschichte suchen wolle, meint er, dann vielleicht eher bei den Römern, die ganz viele Feiertage in ihrem Kalender hatten.

Der Museumsdirektor weiß natürlich, dass der Umgang mit knapper Zeit ein bedrängendes Lebensthema für sein Publikum ist. Mit dem Wort Entschleunigung verbinden sich viele Sehnsüchte, reichlich ungelebtes Leben. In seinem Haus finde ich interessante historische Wegmarken aus der Menschheitsgeschichte, die zeigen, welche Rolle Zeitmessung bei der Veränderung des Alltags gespielt hat. Immer stärker wurde die Idee verfolgt, mithilfe von Messung und Taktung die knappe Zeit zu bewirtschaften. Angefangen hat es mit einem Produkt von Naturbeobachtung, dem ältesten bislang bekannten Mondkalender aus der Zeit um 32 000 v. Chr. Ein Knochenplättchen mit aufgereihten Einstichen, deren Formen den wechselnden Mondphasen entsprechen. Im Jahr 12 v. Chr. ließ Kaiser Augustus die größte Sonnenuhr aller Zeiten errichten, ihr Zeiger war 30 Meter hoch. Als massiven Eingriff in den Tagesrhythmus betrachtet der Archäologe die Erfindung der Glocke um das Jahr 800. Wenn sie zur Mittagszeit läutete, wusste jeder, dass das Angelus-Gebet dran war. Die Glocke hat den Tag zwischen Arbeit und Gebet strukturiert. Die erste Sanduhr, die man kennt, stammt aus dem 14. Jahrhundert. Sie wurde eingesetzt, um die Redezeit vor Gericht zu begrenzen. Ich schlendere fasziniert durchs Museum und stoße auf einen Satz des Existenzphilosophen Sören Kierkegaard: »Verstehen kann man das Leben nur rückwärts. Leben muss man es vorwärts.« An diesem Ort verstehe ich den Satz so, dass ich mit Blick auf die Menschheitsgeschichte zwar das Muster erkennen kann, wie Zeit verdichtet und in immer kleinere Einheiten zerlegt worden ist, um das knappe Gut möglichst effektiv zu nutzen. Mir fehlt aber für die Zukunft eine Vorstellung davon, wie sich dieses Muster fortschreiben ließe, ohne uns verrückt zu machen. Inzwischen werden gravierende Entscheidungen, die das Leben vieler Menschen betreffen, innerhalb von Millisekunden von Maschinen getroffen. Menschen sind zu langsam.

Vor Jahrzehnten hat die Archäologie mir geholfen, die Langsamkeit zu entdecken. Weil ich als Student Geld brauchte, nahm ich an einer Ausgrabung teil, als Einziger in der Gruppe, der keine Ahnung hatte. Die anderen waren vom Fach. Damals habe ich zum ersten Mal etwas mehr über das Neolithikum erfahren, weil nämlich unser Auftrag war, im tiefsten Sauerland im Tannenwald einen Hügel abzutragen, von dem vermutet wurde, dass er in der Steinzeit als Grabstätte gedient hat. Am ersten Tag gingen wir grob zur Sache, mit Spitzhacke und großen Schaufeln. Abends waren wir redlich kaputt. Doch ab dem zweiten Tag begann ein Geduldsspiel, das ich mein Leben lang nicht vergessen werde. Wir hockten auf den Knien und kratzten vorsichtig Schicht für Schicht runter, mit einem feinen Schäufelchen, das nicht größer war als ein Teelöffel. Acht Stunden pro Tag, über vier lange Wochen hinweg. Es dauerte nicht lange bis zu den ersten Funden: Holzkohle, Knochenreste, irgendwann sogar Fragmente von einem türkisen Armreif. Damit war der Beweis erbracht, dass dies tatsächlich eine frühe Kultstätte war. Wir stießen im Wald mit Sekt an. Am letzten Tag unserer Ausgrabung kam der Chef vom Westfälischen Landesmuseum Münster vorbei, gratulierte uns und verriet zum Schluss, dass am Montag drauf der Bagger käme, um alles wieder zuzuschütten. Ich war fassungslos, dachte, dass all die Mühe vollkommen umsonst gewesen sei. »Wir Archäologen«, erklärte mir der Chef, »denken in Generationen. Im Moment haben wir auf Baustellen Eiligeres zu tun. Dieser Hügel wird unter Denkmalschutz gestellt, und dann können ihn irgendwann die Nachgeborenen genauer erforschen.«

17. Juli 2015:

»Arm finanziert Reich. Aus den Entwicklungsländern fließt doppelt so viel Geld in die Industriestaaten wie umgekehrt.« (taz)

Ich habe mich dafür entschieden, diesen Satz an den Anfang des neuen Tages zu setzen, obwohl ziemlich sicher ist, dass er keine große Aufmerksamkeit finden wird. Gerade ist nämlich ein neues Aufregerthema im Umlauf. Es ist geeignet, das Kaskaden-Problem, von dem Franz Müntefering gesprochen hat, zu illustrieren. Angela Merkel hat in Rostock während einer Bürgerversammlung einen kurzen Dialog mit einem palästinensischen Mädchen geführt, das die sechste Klasse besucht und Sorge hat, nicht in Deutschland studieren zu können, weil sie möglicherweise mit ihrer Familie vorher abgeschoben wird. Während des Gesprächs ist das Mädchen in Tränen ausgebrochen, die Kanzlerin hat es offenbar auf dem falschen Fuß erwischt und, ohne die passenden Worte zu finden, durch Streicheln zu trösten versucht. Bald darauf wird ein Video viral, in dem die Szene festgehalten ist, schnell entstehen Hashtags, die Merkel als gefühlskalt kritisieren. Das Internet hat innerhalb von Stunden ein Kommunikationsereignis geschaffen, auf das nun die Profis aus Journalismus und Politik reagieren müssen. Die Kette der medialen Kommunikation ist umgekehrt aufgereiht. Starke Gefühle haben sich längst wie ein Lauffeuer verbreitet, bevor das Ereignis analysiert werden kann. Da ich ohne Smartphone unterwegs und deshalb von der Welt der Hashtags abgekoppelt bin, erfahre ich davon zeitverzögert in der Zeitung und stelle staunend fest, dass Redakteure, die gar nicht in Rostock anwesend waren, nun die digitalen Wellen der Empörung zur eigentlichen Quelle ihrer Berichterstattung machen. Willkommen in der Erregungsdemokratie.

In Bochum-Hiltrup bleibe ich verdutzt vor einem Schaufenster stehen. Es ist ein Bestattungsunternehmen mit dem merkwürdigen Namen »Lichtblick«. Eine große Pusteblume hängt als Deko im Fenster. Vom Bürgersteig aus blicke ich in ein helles Ladenlokal, das optisch so wirkt, als ob hier Ferienwohnungen vermietet würden. Der Inhaber interessiert mich. Herr Holz sieht mir natürlich sofort an, dass ich kein Kunde bin, er gibt mir drei Minuten, mehr Zeit habe er nicht. Er sei einer aus der neuen Generation der Bestatter, erzählt er, ein Dienstleister. »Hier gibt es keine Sinnsprüche zum Tod an der Wand.« Ein Designer habe ihm den Laden gestaltet, bewusst alles hell, damit der kulturelle Abstand zu den traditionellen Bestattern klar werde. Herr Holz sagt, er arbeite in einem Gewerbe wie jedem anderen, er könne, wenn er das wolle, auch ganz andere Produkte verkaufen. »Wenn ich das Berufung nennen würde, wäre das geheuchelt.« Herr Holz verzichtet vollkommen auf den salbungsvollen Ton, den ich von anderen Bestattern kenne. Man kann ihn sich nur schwer als Tröster vorstellen. Auch nicht als einen, der Witwen mit dem Hinweis auf Pietät einen überteuerten Sarg andreht. Als Kaufmann hat er zwei Zahlen parat, die zeigen, dass auch seine Kundschaft inzwischen die profane Nüchternheit beim Umgang mit dem Tod schätzt. 85 Prozent der Hinterbliebenen bestellen bei ihm eine Urnenbestattung, weil das billiger sei. Außerdem spare man auf diese Weise 2000 Euro bei den Friedhofsgebühren.

»Es ist eine saubere Sache«, sagt der Bestatter, »die hygienischste Lösung. Man erspart sich den Verwesungsprozess.« Mit diesen Worten hält er mir die Tür nach draußen auf. Ich werde unterwegs darüber nachdenken müssen, was er da gerade gesagt hat. Er klang wie ein Entsorger.

Vielleicht ist es diese unverstellte Ehrlichkeit, die mir schlagartig klarmacht, wie sich die Einstellungen zum Thema Tod und Sterben in kurzer Zeit drastisch verändert haben. Bestatter Holz wird die Bedürfnisse seiner Kunden kennen. Sinnsprüche werden nur geliefert, wenn eine Nachfrage existiert. Wenn es üblich ist, dass in Krankenhäusern und Altenheimen gestorben wird, also in Sonderwelten abseits der aktiven Gesellschaft, wenn auch dort die Verstorbenen möglichst schnell und unbemerkt beiseitegeschafft werden, weil ihr Anblick verstören könnte, dann ist es nur konsequent, den letzten Weg in seiner Bedeutung nicht zu überhöhen. Ein toter Körper bleibt übrig und wird vom günstigsten Anbieter sauber aus dem Verkehr gezogen. Mehr lässt sich darüber anscheinend nicht sagen.

Allerdings will mir nichts daran als »Lichtblick« erscheinen. In Gedanken bin ich wieder im Archäologischen Museum. Dort lernt man zu verstehen, dass die Bestattung am Anfang der menschlichen Kultur stand. Es muss ein Entwicklungssprung gewesen sein, dass Tote irgendwann betrauert wurden. Rituale entstanden. Ich kann mir nicht vorstellen, dass die Hinterbliebenen in der Jungsteinzeit ihren Grabhügel im Sauerland in möglichst kurzer Zeit fertig geschaufelt haben wollten. Sie hätten auch keinen Schmuck ins Grab gelegt, wenn Sparsamkeit ihr Ziel gewesen wäre. Im Museum in Herne ist ein begehbarer Kubus aufgestellt, in dessen Innerem man sich mithilfe von meditativer Musik und einer entsprechenden Lichtstimmung mit dem Thema Sterblichkeit auseinandersetzen kann. Der Museumsdirektor hat mir gestern erzählt, dass eine Zeit lang jeden Tag ein alter Mann gekommen sei, der seine Frau verloren hatte. Im Kubus hat er diese Erfahrung für sich durchgearbeitet. Dort steht geschrieben: »Der Tod zeigt dem Menschen, was er ist«.

In Gerthe steht eine Hochzeitsgesellschaft vor dem Standesamt. Ein Mann mit einer Kamera vor der Brust beobachtet die Szene von einer Parkbank aus. Ich setze mich zu ihm. Johannes ist Fotograf von Beruf und wartet auf das nächste Paar, das ihn engagiert hat. Noch sind seine Auftraggeber nicht zu sehen, sodass wir einen Moment Zeit zum Reden haben. »Schauen Sie mal auf die Braut«, fordert mich Johannes auf. Die Frau in Weiß posiert gerade im Park mit ihrem frisch vermählten Gatten für das Hochzeitsfoto. »Sie hält den Strauß wie ein Schwert, das wird nichts. Hochzeitsfotografie ist ein schwieriges Gewerbe. Die Leute wünschen sich Bilder vom Glück, von Gelöstheit und Liebe, aber sie sind so angespannt, dass es nicht geht.« Bei Hochzeiten müsse immer alles perfekt sein, das sei sein Stress. Wenn er die Wahl hat, fotografiert er lieber Produkte für die Werbung. Am Anfang würden die Auftraggeber immer sagen, alles solle möglichst natürlich aussehen, aber am Ende werde dann doch bis ins Kleinste inszeniert. Neulich hat er Werbung für Erdbeeren gemacht. »Ein Kind mit Erdbeere, ein glückliches Paar mit Erdbeere, immer künstliche Welten, die etwas vorspiegeln sollen, was mit dem Produkt nichts zu tun hat.« Er steht eher auf witzige Reklame. Eine Pflanze aus dem Baumarkt mit einer stark tätowierten Frau, solche Sachen. Dann kommen seine Auftraggeber mit einer geschmückten Limousine vorgefahren. Er muss los, zieht schnell das Sakko über sein T-Shirt und ruft mir noch zu: »Wir leben halt alle von Illusionen.«

Zu den Illusionen, die die Werbung schürt, gehören auch die Bilder vom idyllischen Landleben mit scharrenden Hühnern, die sich auf Eierkartons finden. Kein Hersteller würde dort eine Tierfabrik oder ein ödes Maisfeld abbilden. Bevor ich losgelaufen bin, wusste ich zwar einiges darüber, was die Monokulturen in der Landwirtschaft für Verheerungen anrichten. Aber dieses Wissen war abstrakt. Es macht eben einen Unterschied, wenn man tagelang toter Landschaft ausgesetzt ist und durch das Laufen ein Gefühl für die Dimensionen der Zerstörung bekommt. Nach den vergangenen Tagen, die ich im Ruhrgebiet unterwegs gewesen bin, hat sich mein Blick verändert. Ich sehe nun die Kraft der Natur, die sich das zurückholt, was Menschen vorher ruiniert haben. Die Romantiker haben früher die Waldeinsamkeit gesucht, wenn sie Naturerfahrungen machen wollten, heute würden sie eher in den Randgebieten der Städte fündig. Das Ruhrgebiet kennt viele Oasen von Industrie-Natur, die inzwischen unter Schutz gestellt sind. Auf dem Weg nach Dortmund-Dorstfeld komme ich zum Beispiel an dem größten See in der Region vorbei, der entstanden ist, weil die Erdoberfläche durch den Untertagebau abgesackt und der Grundwasserspiegel gestiegen ist. Dieses Gebiet ist sich selbst überlassen, kein Mensch rührt es mehr an. Biologen beobachten dort die sogenannte Sukzession, die Veränderungen des Lebensraums durch Anpassung an neue Bedingungen. Die alten Pappeln beispielsweise sind inzwischen abgestorben, weil sie es nicht vertragen haben, ständig im Wasser zu stehen. Jetzt sieht man die toten Stümpfe aus dem See ragen. Ihre Nachfolger sind die Erlen, die sich am Ufer rasch ausbreiten. Auf den lange Zeit brachliegenden Hinterlassenschaften des Industriezeitalters entsteht ein neuer Wald. Auf einer Schautafel lese ich, dass Biologen seit 1961 auf diesem Gebiet 260 seltene Vogelarten gezählt haben.

Streng geschützte Arten wie der Kammmolch und die Geburtshelferkröte waren plötzlich wieder da. Das sind Namen, die mir als Kind noch vertraut waren.

Den vermutlich kleinsten Park der Welt entdecke ich in der Dortmunder Innenstadt, im Unionsviertel. Er ist nicht größer als ein bescheidenes Wohnzimmer und hat auch einen Namen: Drei-Bäume-Park. Der steht auf einem Transparent, das hoch oben zwischen zwei der Bäume gespannt ist. So sieht man schon von fern, dass hier etwas Besonderes ist. Inmitten des Baum-Dreiecks sind ein paar Quadratmeter Platz für Stockrosen, Astern, Fette Henne und ein paar Stauden. Vermutlich war das mal eine trostlose Fläche, die von Autos, die um jeden Zentimeter Parkplatz ringen müssen, belegt war. In der Mitte steht eine kleine Sitzbank und die sogenannte Bird's Bar, ein bunt designtes Vogelhäuschen. Der aus Weidenstöcken bestehende Zaun drum herum ist bloß kniehoch, er begrenzt eine winzige grüne Insel, die den öffentlichen Raum aber sofort verändert.

Oft ist die Rede von der »Broken-Windows-Theorie«. Sie besagt, dass eine eingeworfene Fensterscheibe am Beginn eines Prozesses der Verwahrlosung stehen kann. Wenn sie nicht sofort ersetzt wird, so die These, werden sehr bald auch in der Umgebung Fensterscheiben zu Bruch gehen. Vermutlich lässt sich dieser Gedanke auch ins Positive wenden. Wenn einer anfängt, öffentliche Brachen im Namen der Schönheit umzugestalten, werden vielleicht andere nachziehen. Es gibt die schöne Geschichte von Franz Meurer, einem katholischen Priester, der in den beiden Kölner Stadtteilen Höhenberg und Vingst, in denen die Armut zu Hause ist, seit vielen Jahren Netzwerke der Solidarität knüpft. Er ist auch der Überzeugung, dass der Sinn für Ästhetik gesellschaftsverändernde Kraft besitzt. Deshalb ist er vor Jahren mit einem Zehntausend-Liter-Wassertank durch sein Viertel gefahren, um die vielen Blumenbeete zu gießen, die er dort mit seinen Mitstreitern angepflanzt hatte, wo vorher Müll und Hundekot lag. Den Anwohnern gefielen die Beete, und sie haben längere Zeit neugierig zugeschaut und sich vielleicht auch amüsiert, wenn der Priester wieder vorbeikam und sich all die Arbeit gemacht hat. Eines Tages hat Meurer den Anwohnern mitgeteilt, zum letzten Mal mit dem Wassertank gekommen zu sein. Die Leute wurden unruhig, wollten von ihm wissen, was dann aus den schönen Beeten wird. Er hat ihnen daraufhin vorgeschlagen, sich selbst um die Pflege zu kümmern und jedes Beet, das einen Paten bekommen hat, mit einem Namensschild zu versehen, damit alle Welt sehen könnte, wem dieser kleine Akt der Schönheit zu verdanken ist. Die Namensschilder seien sehr wichtig, meint Meurer, denn wer sich für sein Gemeinwesen einsetze, solle dafür auch öffentlich belobigt werden. Ehrenamtliches Engagement, das lehrt die Geschichte, ist niemals vollkommen selbstlos, weil Menschen als soziale Wesen auf Anerkennung durch andere angewiesen sind. Das erste Namensschild hat dort jedenfalls eine wundersame Wirkung entfaltet, denn plötzlich wollten andere Anwohner auch ihr eigenes Beet haben.

In der Dortmunder Innenstadt setzen die Gründer des Drei-Bäume-Parks auf das gleiche Prinzip. Auf einem Schild am Vogelhäuschen lese ich, dass Mariele, Camille, Eni und Mia die Kümmerer sind. Den Vornamen nach zu urteilen müssen es ziemlich junge Leute sein.

Am Abend kaufe ich mir, um mit der Hitze des Tages abzuschließen, in einem Kiosk eine eiskalte Flasche Radler und trinke sie auf dem Bürgersteig auf ex. Ein älterer Herr spricht mich an: »Die können Sie mir gleich geben.« Er zieht einen Einkaufswagen auf zwei Rädern, auf dem er umständlich zwei ausladende blaue Ikea-Tüten befestigt hat. Die eine ist gefüllt mit leeren Dosen, die andere mit Plastikeinwegflaschen. Meine Glasflasche packt er in den Wagen. Sie wird ihm am wenigsten einbringen, bloß acht Cent, dabei wiegt sie viel mehr. Für Dosen und Plastikflaschen bekommt er 25 Cent als Pfand. Gustav sieht arm, aber nicht verwahrlost aus, und er ist anders als die Flaschensammler, die ich bislang beobachtet habe. Üblicherweise verrichten diese Nomaden der Großstadt ihre Arbeit stumm. Sie schauen konzentriert in die einschlägigen Ecken der Wegwerfgesellschaft und meiden den direkten Blick von Passanten. Häufig wirken sie auf mich verschüchtert. Sie sind allein unterwegs, gewissermaßen Solo-Selbstständige auf der Suche nach dem Geld, das buchstäblich auf der Straße liegt. Noch nie habe ich sie im Team gesehen. Gustav aber sucht Kontakt. Er erzählt von seinem Alltag als Sammler und lädt mich plötzlich ein, ihm doch zu helfen. Ich stutze. Bevor ich länger überlegen kann, ob ich mich auf Gustavs Probe einlassen soll, die sicher etwas provokant gemeint war, zeigt er diskret auf den Imbiss gegenüber, der Tische rausgestellt hat. Nun soll ich dorthin, denn auf einem der Tische steht eine leere Coladose. Ich gehe die paar Schritte und schaue währenddessen verstohlen nach rechts und links, ob mich jemand beobachtet. Vor dem Tisch bleibe ich zögernd stehen. Am liebsten würde ich umkehren. Noch mal der Kontrollblick zu beiden Seiten. Ich fühle mich wie ein Dieb, obwohl sich sicher niemand außer mir für das Leergut interessiert. Schließlich greife ich zu und gehe mit schnellen Schritten zu Gustav zurück, damit er die Dose sofort in seiner Riesentüte verschwinden lässt. Gustav grinst mich an. »Am Anfang habe ich mich auch nicht getraut«, gibt er zu, »aber mittlerweile ist mir das egal, wie die Leute gucken.« Wir bummeln zusammen die Straße entlang, ich erfahre von Gustav, dass er gerade 77 geworden ist und seit acht Jahren Flaschen sammelt. Seine Rente reiche nicht, sagt er zur Erklärung, er bekommt 850 Euro, dazu kommt noch eine Minirente seiner Frau. Gustav ist eigentlich ein Routensammler, er läuft jeden Tag mit seinem Hund dieselbe Strecke im Dortmunder Norden ab. »Da sind 22 Abfalleimer auf dem Weg, und an den meisten Tagen kriege ich nur einen Euro zusammen.« Mich verblüfft dieser Kleckerbetrag und auch die Einteilung der Welt in Müllbehälter. Ich bin nicht sicher, ob es allein die Geldnot ist, die Gustav auf Trab hält. Vielleicht fehlt mir als Kreditkartenbesitzer ja das Gefühl dafür, dass fünf Euro mehr oder weniger in der Woche einen Unterschied ausmachen können. Aber das allein kann es doch nicht sein. Je länger wir sprechen, desto mehr verdichtet sich bei mir der Eindruck, dass das Sammeln seinem Tag eine Struktur gibt. Er ist Flaneur und Arbeiter zugleich. Die Abfallbehälter sind seine Streckenposten.

Gerade sind wir an einem angelangt. Mit geübtem Blick schaut er hinein. Dann taucht sein Arm tief ins Innere und angelt eine Plastikflasche. Ich bin froh, dass er mich diesmal nicht aufgefordert hat, dies für ihn zu tun. Wobei ich nicht sicher bin, ob in diesem Moment nicht doch wiederum der Blick der anderen noch schlimmer ist als der Dreck an den eigenen Händen. Wie lange es wohl dauert, bis man die anderen nicht mehr registriert? Ich frage Gustav, warum er heute nicht auf seiner gewöhnlichen Route unterwegs ist, sondern in der Dortmunder Innenstadt. »Weil die Borussia ein Spiel hat«, gibt er zur Antwort. Bei Heimspielen streift er in Stadionnähe umher, hat dort allerdings reichlich Konkurrenz. Spieltage sind Feiertage für die Flaschensammler. Einmal sei es ihm gelungen, Leergut für 46 Euro zusammenzubekommen, das sei bis heute sein Rekord. Heute Abend ist er in der Bahnhofsgegend unterwegs gewesen, weil die Borussia ein Freundschaftsspiel beim VFL Bochum hat. Am frühen Abend waren auch viele Fans im schwarz-gelben Trikot am Bahnhof, trotzdem hat Gustav nur wenig Beute machen können. Es sei zu heiß gewesen, um viel Bier zu trinken. Außerdem habe er im Bahnhof von den Securityleuten einen Verweis bekommen. Dort ist das Flaschensammeln nämlich verboten. Die Deutsche Bahn meint, dass Leute wie Gustav ihr Image schädigen, dabei räumt er doch bloß weg, was andere achtlos in die Ecke gestellt haben. Was er für ehrliche Arbeit hält, betrachten manche eben als Form von Bettelei.

Gustav schätzt, dass heute Abend mindestens hundert Sammler im Bahnhof aktiv gewesen seien, die immer wieder das Verhalten der Aufsicht austesten. Die Großstadt hat in kurzer Zeit eine neue Existenzform hervorgebracht. Erst haben alle darüber gestaunt, jetzt können wir diese Gestalt an manchen Plätzen im Fünf-Minuten-Rhythmus entdecken. Und weil ihr Anblick längst Gewohnheit ist, guckt keiner mehr genau hin. Die satte Gesellschaft hat eine Art Routine entwickelt, mit der Sichtbarkeit ihrer prekären Ränder klarzukommen, ohne sich jedes Mal neu davon irritieren zu lassen. Gustav muss sich wohl auch deshalb nicht mehr schämen.

Wenn er im Dortmunder Norden auf seiner üblichen Route unterwegs ist, schaut er auch täglich bei Aldi vorbei, ob dort etwas Essbares weggeworfen wurde. Gestern erst hat er eine Tüte Zucker aus dem Abfall gefischt, die nur einen kleinen Riss hatte. Er spricht vom »Retten«, ärgert sich darüber, dass unverdorbene Lebensmittel in den Müll wandern und er sich trotzdem nicht bedienen darf, weil das verboten ist. Offiziell zumindest, der Discounter bleibt Besitzer des eigenen Mülls, bis dieser fortgeschafft wird. Aber Gustav kennt das Personal bei Aldi, weiß genau, wer ein Auge zudrückt. Wenn die »rothaarige Hexe« allerdings Schicht hat, hat er keine Chance. Besonders regt ihn auf, dass offenbar Unterschiede gemacht werden. »Wenn ein Kind nach Grünzeug fürs Kaninchen fragt, wird der Wunsch erfüllt. Frag ich aber nach dem Blumenkohl, aus dem nur eine kleine Stelle rausgeschnitten werden müsste, wird das abgelehnt.«

18. Juli 2015:

»Die halbwegs ausgeruhte Analyse dessen, was da passiert, fällt immer schwerer – weil die Distanz fehlt, der Kopf leer ist und die Müdigkeit zum Dauerzustand wird. Die Einordnung des Brüsseler Geschehens findet deshalb zunehmend in einer nationalen Parallelöffentlichkeit statt – zum Beispiel in deutschen Talkshows.« (FAZ)

An diesem Samstag ist Hochbetrieb im Sozialkaufhaus der Diakonie, an dem ich auf dem Weg nach Eving vorbeikomme. Ein blühender Secondhand-Handel mit Kleidung und Möbeln, die gespendet wurden. Der Wohlfahrtsverband reagiert mit dieser Einrichtung und weiteren Secondhandläden in der Nähe auf die stetig wachsende Armut im Dortmunder Norden. Außerdem sollen Ein-Euro-Jobber, die auf dem normalen Arbeitsmarkt derzeit keine Chance haben, im Sozialkaufhaus wieder an einen strukturierten Alltag gewöhnt werden. Sie sortieren gebrauchte Klamotten, beraten Kunden, lernen Verkaufsabläufe zu organisieren. Jeder, der eintritt, sieht sofort, dass dies kein gewöhnlicher Laden ist. Es fehlen alle optischen Raffinessen, mit denen anderswo Einkäufe zum Erlebnis stilisiert werden. Verführerisch ist an diesem Ort nur der niedrige Preis. Einkaufen darf hier jeder, aber wer besondere Bedürftigkeit nachweist, als kleiner Rentner oder Hartz-IV-Empfänger, bekommt eine Kundenkarte und damit einen Rabatt von 20 Prozent auf die ohnehin sehr niedrigen Preise. Herr Schneider besitzt die Karte, hat gleich bei der Eröffnung vor fünf Jahren seinen Rentenbescheid vorgezeigt und schaut seitdem alle zwei Tage vorbei, was es Neues gibt. Gerade hat er einen Bürostuhl für 15 Euro gekauft, der wie neu aussieht. Ich helfe ihm dabei, den sperrigen Stuhl in sein Auto zu wuchten. Dabei frage ich ihn, ob es Überwindung kostet, hier einzukaufen. »Andere kommen doch auch«, antwortet er knapp, als ob an meiner Frage etwas abwegig sei. Ich habe nicht das Gefühl, dass er sich schämt. Was ihn aufrege, seien die vielen Wohlhabenden, die hierherkämen, um ein Schnäppchen zu machen. »Manche kommen im dicken Pelz oder fahren mit schicken Autos vor«, schimpft er. Die Preise müssten noch niedriger sein, schlägt er vor, und die Reichen sollten draußen bleiben. Offenbar hat Herr Schneider das Gefühl, dass ihm jemand etwas wegschnappen könnte. Oder es ist ein grundsätzlicher Zorn darüber, dass der Graben zwischen Arm und Reich tiefer wird. In Eving betreibt die Caritas ebenfalls ein eigenes Sozialkaufhaus, erzählt er. Dort fahre er auch regelmäßig vorbei und die Regeln seien die gleichen wie hier bei der Diakonie.

Nebenan bei Adler, einem kommerziellen Unternehmen, werden Lebensmittel und Süßigkeiten verramscht, die bald ablaufen oder falsch etikettiert sind. Weil so viel los ist, stoßen überdimensionierte Einkaufswagen im Gedränge gegeneinander. Das große Glas Gurken kostet hier 50 Cent, eine Kiste Bier sieben Euro. Es gibt sogar Champagner in den riesigen Flaschen, die am Ende eines Formel-1-Rennens dafür herhalten müssen, den Sieger von oben bis unten zu bespritzen. Roman erzählt mir mit polnischem Akzent, warum er gleich vier Pakete mit Bacon in seinen Wagen geladen hat, alle zusammen für einen Euro. Er habe in einer Grillshow im Fernsehen gesehen, dass man Bacon mit Honig bestreichen solle. Dann kross grillen und schon habe man leckere, selbst gemachte Chips. Er will sich bei dem heißen Wetter mit polnischen Freunden in einer Gartenkolonie treffen. Roman hat zehn Jahre in Dortmund als Landschaftsgärtner gearbeitet. Aber sein Chef habe den Betrieb schließen müssen, weil in der Branche wegen der starken Konkurrenz Kampfpreise üblich geworden seien. Jetzt ist Roman auf Hartz IV. Er glaubt nicht, dass sich daran in nächster Zeit etwas ändern wird.

Nur ein paar Schritte weiter stoße ich im Stadtpark auf Yusuf. Er stochert mit einem langen Stock im Gebüsch, um unter den Bodendeckern nach Flaschen zu suchen. Ich habe Glück, er ist der zweite Flaschensammler in kurzer Zeit, der in Schwatzlaune ist. Er erzählt von seiner Zuckerkrankheit, dass er deshalb viel Bewegung brauche. »Dann kann ich doch auch nach Leergut gucken«, sagt der stämmige Mann, der ebenfalls längst in Rente ist. Anfangs habe sich seine Familie dagegen gesträubt, dass er täglich mit Flaschen und Dosen unterwegs ist. Seine Frau und die erwachsenen Kinder hätten sich verbündet, um ihn gemeinsam von der Peinlichkeit seiner Sammelei zu überzeugen, aber er habe sich über deren Scham hinweggesetzt. Heute sei seine Familie damit einverstanden, beteuert er lächelnd. Yusuf ist 1972 als Maurer von Mazedonien nach Deutschland gekommen. Er hat von Frühling bis Herbst oft zwölf bis 14 Stunden am Tag auf dem Bau gearbeitet, ist dann in den Wintermonaten nach Hause gefahren und hat deshalb jetzt Fehlzeiten bei der Rente. Auch weil er mit dem Papierkram nicht immer ordentlich gewesen sei. Er bekomme 800 Euro Rente, müsse aber allein 400 Euro für die Miete bezahlen.

»Die Konkurrenz ist hart!«, sagt er über die Situation in der Flaschensammlerszene. Es sei ähnlich wie bei den Taxifahrern, von denen auch zu viele auf den Straßen unterwegs seien. Trotzdem ist Yusuf unverkennbar ein fröhlicher Sammler. Er mag es, sagt er, morgens nach dem Frühstück ziellos umherzustreifen und mit müden Beinen zum Mittagessen nach Hause zu kommen. Er ist kein Routengänger wie Gustav, der die Abfalleimer auf der Strecke zählt. Nach dem

Mittagessen hält er einen kurzen Schlaf, dann geht er wieder los. »Frische Luft ist gut, um über das Leben nachzudenken«, sagt er mir zum Abschied. Er erinnert ein wenig an den »Taugenichts« des Romantikers Eichendorff.

Keine falsche Verbundenheit fühlen, die nicht existiert, ermahne ich mich hinterher im Selbstgespräch. Auch wenn ich mir jetzt sozialromantisch seinen Satz zu eigen machen und auf meine gegenwärtige Existenz beziehen könnte. Da haben sich gerade zwei Wege für einen kurzen Moment gekreuzt, aber kurz darauf geht jeder von uns zurück in sein eigenes Leben. Das gilt für all meine Begegnungen mit prekären Existenzen, die ich zuletzt hatte. Ich habe alles, was ich für ein gutes Leben brauche, sogar eher zu viel davon, Yusuf und Gustav dagegen müssen sich jeden Tag bücken, um das aufzuheben, was die Wohlhabenden achtlos weggeworfen haben. Denn dass sich die unterschiedlichen Sphären der Gesellschaft im Alltag nicht mehr begegnen, ist ja gerade ein gravierendes Problem unserer Zeit, das den Zusammenhalt gefährdet. Wenn man durch das Ruhrgebiet läuft, weiß man in jedem Augenblick, wie voll die Portemonnaies in den jeweiligen Quartieren sind. Die sozialen Welten sind schroff separiert. Ausgerechnet in der alten Herzkammer der Arbeiterbewegung sind die Trennmauern der Klassengesellschaft wieder höhergezogen worden. Der Norden den Armen, der Süden den Wohlhabenden, diese soziale Geografie herrscht nicht nur in Dortmund. In Essen war es genauso. Wer kann, zieht von Nord nach Süd, wer muss, nimmt die umgekehrte Richtung. Aber die Bewegung zwischen den Welten ist die Ausnahme, nicht die Regel.

Bessere und schlechtere Wohnviertel hat es immer gegeben, auch in Zeiten geringerer sozialer Ungleichheit als heute. Aber die Teilung von ganzen Städten in zwei Hälften hat etwas Brutales, das man in seinem Ausmaß erst spürt, wenn man zu Fuß unterwegs ist. Zudem verläuft die Trennlinie hier nicht allein zwischen höheren und niedrigeren Einkommen, der Riss geht tiefer. In der einen Welt wird über Arbeit Teilhabe an der Gesellschaft erworben. Hier leben die Produktiven, die der Gesellschaft ihren Zeittakt vorgeben; in der anderen Welt die Abgehängten, die damit klarkommen müssen, alimentiert zu werden. Lange Zeit war es zwar unbequemer, aber kein Stigma, in einem Arbeiterquartier zu wohnen. Jedenfalls so lange nicht, wie Erwerbsarbeit das Leben dort strukturiert hat. Der Abstieg der Arbeiterquartiere hat erst damit begonnen, dass aus ihnen Arbeitslosen- und Niedriglöhner-Quartiere wurden.

Etwas ist über die Jahre verdammt schiefgelaufen in diesem Land. Was Soziologen »soziale Segregation« nennen, der Prozess der Entmischung von Bevölkerungsgruppen nach Einkommen und Bildungsstand, setzt sich immer weiter fort. Man kann es von den Jüngsten her denken. Die Lebenswelten eines bürgerlichen Kindes berühren sich kaum noch mit denen eines Kindes aus den Sphären der Armut, die sich wiederum in ethnische Parallelwelten ausdifferenzieren. Die Schulen unterscheiden sich genauso wie die Sportvereine und Freundeskreise. Sogar die Vornamen eignen sich mehr und mehr zur sozialen Unterscheidung. Eine Carlotta wird sich als Jugendliche nicht in einen Kevin verlieben. Ihre Ballettschule ist auch ziemlich weit entfernt von seinem Fußballverein. Wobei der Fußball als gesellschaftliche Integrationsmaschine noch einigermaßen funktioniert. Viel krasser ist die Exklusion in den »weißen« Sportarten wie Fechten, Hockey oder Tennis. Man bleibt unter sich und lernt früh, was das Eigene ausmacht, die feinen Unterschiede eben.

Wehmütig denke ich zurück an den sozialen Optimismus, mit dem ich groß geworden bin, dem ich selbst so viel verdanke. Ich habe das verdammte Glück gehabt, in eine Zeit hineingeboren worden zu sein, die die Schranken der Herkunft in einer Weise gelockert hat, die im Rückblick geradezu tollkühn scheint. Eltern aus kleinen Verhältnissen wurden ermutigt, ihr Kind aufs Gymnasium zu schicken, wenn es gute Noten hatte und begabt schien. Wenn die Eltern sich daraufhin zu sagen trauten – was ihnen meist sehr schwergefallen ist –, dass sie bei Englisch, Französisch und Mathe ihrem Kind nicht helfen können, bekamen sie zur Antwort, dass das nicht schlimm sei, weil es Aufgabe der Schule sei, sich auf unterschiedliche Herkünfte einzustellen. Uns Aufsteigerkinder verbindet diese gemeinsame Erfahrung, wie vergleichsweise leicht wir einen Bildungsweg schaffen konnten, der so ganz anders war als der unserer Eltern. Wir waren viele, das hat jedem Einzelnen geholfen. Wir haben frühzeitig die Botschaft verstanden, dass unser Weg gesellschaftlich erwünscht ist. Wir fühlten uns erwünscht. Heute dagegen machen Grundschullehrerinnen eine Gymnasialempfehlung nicht selten davon abhängig, dass die Eltern ihr Kind bei den Hausaufgaben selbst unterstützen oder die Nachhilfe-Industrie mit ihrem Geld füttern können. Die Lehrerinnen befürchten, dass Schüler ohne Hilfe von zu Hause ihren Aufstieg durch Bildung nicht schaffen. Gymnasiallehrer wiederum schärfen Eltern frühzeitig ein, was zu Hause alles geübt werden muss, damit Fünftklässler ihren Platz an der Schule behaupten können.

Mir geht durch den Kopf, wie es wohl einem erginge, der die letzten zehn bis 15 Jahre nicht in Deutschland verbracht hätte und nun wie ich durch die Armutsquartiere des Ruhrgebiets streifen würde. Er würde mit Staunen zur Kenntnis nehmen, dass in kurzer Zeit eine eigene Armutsökonomie entstanden ist, gewissermaßen ein Sozialstaat im Sozialstaat. Die Tafeln verteilen kostenlos Lebensmittel an Bedürftige und haben damit zu kämpfen, dass die Schlangen immer länger werden. Ehrenamtler ringen darum, Kriterien zu finden, wem diese Hilfe zusteht, auch in welchen Mengen, und wer vor der Tür abgewiesen wird. Inzwischen gibt es etwa 900 Tafeln in Deutschland. Suppenküchen verteilen kostenlose warme Mahlzeiten, Kleiderkammern gebrauchte Textilien und Schulranzen. Jeder, der dort mithilft, ändert nicht die Welt, aber er hilft einem Menschen. Trotzdem muss eine gesamte Gesellschaft sich die Frage stellen, warum aus diesen Provisorien, die in akuten Notlagen in kurzer Zeit überall im Land entstanden sind, inzwischen stabile Säulen der Existenzsicherung werden konnten. Sozialkaufhäuser werden erst dann eröffnet, wenn man die Hoffnung aufgegeben hat, dass Armut, die sich verfestigt hat, sich auch wieder auflösen kann. Der soziale Optimismus ist vollkommen verflogen. Die Gesellschaft hat ihren Aggregatszustand verändert. Eine Zeit lang war Fluss in ihr, nun scheint sie aus der Perspektive der Abgehängten verharzt zu sein. Der Armutsökonomie gelingt es aber immerhin, uns Wohlhabenden ein gutes Gefühl zu bereiten. Die Gesellschaft des Überflusses hat jetzt eine Lösung für das, was wegmuss. Aus Waren werden Almosen.

Manchmal entdeckt man gesellschaftliche Veränderungen im Gemüsebeet. Ich schlendere durch eine Kleingartenkolonie im Dortmunder Norden und komme an der Parzelle eines älteren Herrn vorbei. Ihm steht der Schweiß auf der Stirn, er gärtnert im weißen Unterhemd. Seinem Garten sieht man die Mühen unzähliger Stunden an. Jeder Quadratmeter wird genutzt für Obst-und-Gemüse-Anbau, Unkräuter entdecke ich nirgends in den Beeten. Gerade kümmert er sich um die Johannisbeeren. Der ältere Herr erzählt, dass bei den Alteingesessenen in der Kolonie die Enttäuschung festsitzt. »Früher hat es hier viel Gemeinschaftsleben gegeben, heute machen alle die Törchen hinter sich zu.« Als Grund nennt der Kleingärtner die knappe Zeit. Die Älteren wie er hätten jahrzehntelang jede freie Minute in ihrem Garten verbracht und unter der Woche die Arbeit auf der Parzelle geschafft. Dann war am Wochenende Zeit für Wegefeste und Partys im Gemeinschaftshaus. Heute kämen die Jüngeren gestresst von der Arbeit und würden nur noch das Nötigste tun. »Das sieht man den Gärten doch an!« Der Mann im Unterhemd streckt vorwurfsvoll den Arm aus und zeigt auf Beispiele in der Kolonie. Wo früher Schnittlauch stand, wächst heute nur noch Rasen. Da hilft auch keine Vereinssatzung mehr, die bestimmte Verpflichtungen enthält, wie der Boden zu nutzen ist. Er fühlt sich mittlerweile wie ein Fremdling an einem Ort, der lange Zeit sein zweites Zuhause war. Er identifiziert sich nicht mehr richtig mit seiner sozialen Umgebung und denkt daran, seine Laube zu verkaufen. Wenn man ihm zuschaut, wie er anpackt, erscheint es allerdings zweifelhaft, ob er sich je wird trennen können. Er ist ein weiteres Beispiel dafür, dass man Heimweh haben kann, ohne die Heimat je verlassen zu haben. Stadtlandschaften verändern sich schnell. Es ist verständlich, dass die Älteren Entfremdungserfahrungen machen, wenn Vertrautes verschwindet: die Telefonzellen, die traditionellen Einzelhändler, die Eckkneipe. Aber Kleingartenkolonien hatte ich mir als Inseln stillgestellter Zeit vorgestellt, die sich dem Prozess der Beschleunigung bis zur Verbiesterung verweigern. Jetzt höre ich, dass sie auf ihre Art urbane Prozesse widerspiegeln.

Der Kleingärtner ist auch zornig darüber, dass die Türken in der Kolonie inzwischen in der Mehrheit sind. »Die machen doch nichts in ihrem Garten, die grillen doch nur«, schimpft er. An diesem späten Vormittag könne ich das noch nicht beobachten, weil um diese Zeit nur die älteren Deutschen da seien, die Türken kämen später. Der kulturelle Wandel in der Kolonie scheint unumkehrbar. Die Parzellen sind zwar sehr begehrt, es gibt eine lange Warteliste: aber deutscher Kleingärtnernachwuchs findet sich dort nicht mehr. Die ersten zehn Plätze auf der Nachrückerliste gehören türkischstämmigen Familien. Auch der Vereinsvorstand ist inzwischen türkisch dominiert. Mit handfesten Folgen: Seitdem darf auf den Vereinsfesten kein Alkohol mehr ausgeschenkt werden. Der ältere Herr sagt, dies sei nicht mehr seine Welt.

Am Ortsausgang von Eving, im Hinterhof einer Mietskaserne aus den 60er-Jahren, werden draußen noch Klamotten auf einer Wäschespinne aufgehängt. Mir fällt ein Bundeswehrrucksack ins Auge. Sein Besitzer liegt unten im Gras und wartet, dass der Rucksack in der prallen Sonne trocken wird. Er sieht durchtrainiert aus, hat die Haare auf Millimeterlänge rasiert und heißt Igor. Sein Akzent verrät seine russlanddeutsche Herkunft, er ist als Kind nach Deutschland gekommen. Ich vermute, dass er im Auslandseinsatz war, aber Igor erzählt mir, dazu sei es nicht mehr gekommen. Vier Jahre hat er bei der Bundeswehr verbracht, war zuletzt in der zentralen Apotheke im niedersächsischen Quakenbrück stationiert, wo das Sanitätsmaterial für fast 50 000 Soldaten verwaltet wird. Igor sollte eigentlich nach Afghanistan, aber sein Vorgesetzter konnte das verhindern, weil er ihn in der Apotheke für unabkömmlich hielt.

Gegen die Bundeswehrlaufbahn hat sich Igor entschieden, weil er gern eine Familie gründen möchte. Nun bezahlt er das mit großen Schwierigkeiten auf dem Arbeitsmarkt. Momentan ist er bei einer Zeitarbeitsfirma untergekommen.

Im Auftrag des Logistikunternehmens DB Schenker arbeitet er bei einem Maschinenbauer, der Getränkeabfüllanlagen für den globalen Markt herstellt. Der Maschinenbauer hat den Versand an Subunternehmen ausgelagert. Wer bei der Zeitarbeitsfirma anfängt, erklärt mir Igor das System, bekomme zunächst einen Ein-Jahres-Vertrag mit sechsmonatiger Probezeit. Wer sich bewährt, erhalte anschließend einen weiteren Jahresvertrag. Für die Zeit danach locke die Festanstellung. Aber Igor erzählt, dass die betreffenden Arbeiter vorher systematisch gekündigt würden. Obendrein hätten die Vorgesetzten den Produktionsdruck deutlich erhöht. Anfangs habe es geheißen, dass täglich 3000 Maschinenteile gescannt, verpackt und verschickt werden sollten, jetzt seien es plötzlich 4000 Teile, für den gleichen Stundenlohn von 8,80 Euro. Igor hat ausgerechnet, dass ihm netto 7,60 Euro bleiben.

Mit 7,60 Euro netto kann man keine Familie gründen, erst recht nicht aus dem Dortmunder Norden wegziehen. Seit Kurzem erst gilt der Mindestlohn, vorher ist in etlichen Branchen noch schlechter bezahlt worden. Ich erinnere mich noch ziemlich genau an die Stundenlöhne, die ich während meiner Studienzeit in diversen Aushilfsjobs bekommen habe. Zwischen zwölf und 13 Mark gab es bei der Post dafür, dass man Lastwagen mit Paketen ausgeräumt hat. Nachts und an Wochenenden kamen üppige Zuschläge obendrauf. Ähnlich waren die Stundenlöhne, die ich für Arbeiten am Fließband in einer Druckerei und in einer Brauerei bekommen habe. Als Auslieferungsfahrer habe ich sogar noch ein bisschen besser verdient, davon können heutige Paketboten, die zudem unter einem viel höheren Zeitdruck arbeiten müssen, nur träumen. Wer zuverlässig war, hat damals fair verdient. Diese Löhne sind in Deutschland vor über 30 Jahren gezahlt worden. Seitdem hat sich der

Wert des Geldes mehr als halbiert. Ein klarer Beleg dafür, dass Fairness bei der Bezahlung verloren gegangen ist. Die Gesellschaft insgesamt ist in dieser Zeit viel wohlhabender geworden. Aber »die da unten« haben davon nichts gehabt. Wenn die einfachen Tätigkeiten knapp werden, müssen ausgerechnet die Schwächsten den härtesten Wettbewerb unter sich austragen.

Der neoliberale Rausch ist ja eigentlich vorbei. Die Öffentlichkeit reagiert seit der Finanzkrise sensibler auf schroffe Ungleichheit, hat aufgehört, Manager, die astronomische Summen verdienen, wie Stars zu feiern. Dass Zusammenhalt schwindet, wenn sich die Schere zwischen Arm und Reich weiter öffnet, wird kaum noch geleugnet. Aber der Maßstab für Fairness ist noch nicht gefunden. In der Philosophie führt bei solchen Fragen kein Weg an John Rawls vorbei. Seitdem er 1971 seine Gerechtigkeitstheorie vorgelegt hat, mussten sich alle Nachfolger daran abarbeiten. Rawls hat als Liberaler Ungleichheit prinzipiell für gerechtfertigt gehalten. Er wollte nicht, wie Egalitaristen das tun, den Kuchen beim Verteilen unbedingt in gleich große Stücke schneiden. Allerdings hat er eine wichtige Bedingung daran geknüpft, ob Ungleichheit fair sein kann. Sie war für ihn nur dann akzeptabel, wenn auch die Schwächsten davon profitieren. Diesen Grundsatz nannte Rawls das Differenzprinzip. Der Vorstand von DB Schenker darf also dann sein Einkommen erhöhen, wenn sich dadurch auch die Lage von Igor verbessert. Sicherlich ist es schwierig, aus dieser Idee eine Formel für die Praxis zu entwickeln. Gesucht wird der Faktor X, um wie viel höher ein Chefeinkommen gemessen am niedrigsten Lohn im selben Unternehmen sein darf. Aber wichtiger als eine konkrete Zahl dürfte sein, ob »die da oben« überhaupt ein Bewusstsein dafür haben, was es heißt, ein Leben als Niedriglöhner zu führen.

Gerechtigkeit ist darüber hinaus nicht nur eine Frage des Geldes, der fairen Bezahlung. Zur Gerechtigkeit gehört auch, dass jemand wie Igor für das, was er tut, Anerkennung erhält. Wenn Arbeitsverhältnisse aber gezielt unsicher gestaltet werden, damit ein Unternehmen seine Leute schnell wieder loswerden kann, dann ist das systematische Verweigerung von Anerkennung. Igor ist dadurch gezwungen, mit dem prekären Gefühl zu leben, jederzeit ersetzbar zu sein. Mir fällt wieder ein, was mir vor ein paar Tagen der Unternehmer in Bocholt gesagt hat. Leute wie er bräuchten »soziale Bildung«, sie müssten vertikal mit der Gesellschaft verbunden sein. Er zahlt in seiner Fabrik für einfache Tätigkeiten, die aus wenigen Handgriffen bestehen, 16 Euro pro Stunde.

Ein paar Häuser weiter hat einer im Parterre die Reichskriegsflagge aufgehängt. Das Eiserne Kreuz auf schwarz-weiß-rotem Grund. Sie ist genauso hoch und breit wie das Fenster, sodass man von außen nicht in die Wohnung schauen kann. Neonazis dürfen die Flagge öffentlich zeigen, solange kein Hakenkreuz mit abgebildet ist. Das Fenster nebenan ist gekippt. Von innen dringt harte, stampfende Rockmusik nach draußen, das aggressive Geschrei des Sängers kann ich aber nicht verstehen, obwohl es ein deutscher Text ist. Am Fenster steht geschrieben: »Deutschland den Deutschen«. Für einen Moment überlege ich, zu klingeln und nach der Bedeutung der Fahne zu fragen. Aber dafür bin ich dann doch zu feige. Am Ende der Straße geht es raus auf die Felder. Ich bin froh, dieses Dortmund hinter mir zu lassen, und laufe Richtung Lünen.

19. Juli 2015:

»Es sieht ganz so aus, als sei es fürs Argumentieren bereits zu spät. Der Deutschenhass ist längst über Griechenlands Grenzen geschwappt und hat alles überspült. Von Staatsfolter ist in Italiens Medien allerorten die Rede. Vom germanischen Machtwahn ›über alles‹.«
(Welt am Sonntag)

Gestern Abend haben die Lüner Schützen in der Stadt lautstark gefeiert. An einem Bratwurststand hieß es: »Wer weiß, wie lange wir noch mit Euro bezahlen?« Das anschließende Gespräch unter Wurstessern verlief in einer Atmosphäre des heiteren Fatalismus. Man wolle sich das schöne Schützenfest nicht von der Politik versauen lassen, meinte einer. Daraufhin wurden die Gläser gehoben. »Auf die Griechen stoßen wir aber nicht an!«, mahnte ein anderer. Heute Morgen liegt die Stadt wie ausgestorben da. Zum zweiten Mal erst muss ich mein Regencape auspacken. Inzwischen habe ich mich so an die Dauerhitze gewöhnt, dass ich auf Fortsetzung hoffe.

Am Rande der Lüner Lippeaue kommt mir auf einem Damm ein Jäger entgegen. Zwischendurch bleibt er stehen und schaut ins Dickicht. Den rechten Unterarm hat er auf die Flinte gestützt, mit der Linken hält er das Fernglas vor seine Augen. Herr Overtal erklärt mir, dass die Lippe im Industriezeitalter ein dreckiger Abwasserfluss gewesen sei. Aber inzwischen sei in der Stadt viel mehr Natur zu finden als auf dem Land. Die dortigen Landschaften seien von der Agrarwirtschaft zugrunde gerichtete, tote Monokulturen. Auf dem Gelände der ehemaligen Zeche Victoria hat sich dagegen eine dichte Weidenlandschaft gebildet, die zahllosen Arten Unterschlupf bietet. Ich möchte vom Jäger wissen, wonach er sucht. Er sei hinter Füchsen her, antwortet er, die hätten die Kaninchen in der Gegend schon arg dezimiert. Etwa 15 Füchse schieße er pro Jahr.

So wie viele Jäger ist Herr Overtal aufgebracht von der Politik des Landes Nordrhein-Westfalen, die er für jagdfeindlich hält. Deshalb hat er auch an der großen Demonstration der Jäger gegen den Umweltminister von den Grünen teilgenommen. Der hat kürzlich nach jahrelangem Streit ein neues Jagdgesetz durchs Parlament gebracht, das die Rechte der Jäger einschränkt. Die Liste der Arten, die nicht geschossen werden dürfen, ist deutlich länger geworden. Herr Overtal versteht nicht, warum Kormorane nicht geschossen werden dürfen, obwohl sie die Fischbestände verzehren. Erst recht versteht er nicht, warum Wölfe in Deutschland willkommen geheißen werden sollen. »Die kratzen wir doch bald von der Straße!«, ärgert sich der Jäger, unser Land sei viel zu dicht besiedelt, um mit umherstreifenden Wölfen klarzukommen. Herr Overtal schaut so oft durchs Fernglas, weil er die Beobachtung der Natur genießt. Aber was Natur ist, ob sie vom Menschen reguliert werden muss oder möglichst sich selbst überlassen werden sollte, ist nicht mehr klar. Naturschützer streiten untereinander darüber, was sie für eine ideale Landschaft halten.

Wenige Schritte weiter finde ich mich in einer Gegend wieder, die beinahe urzeitlich wirkt. Dabei ist die Wasserlandschaft, ohne dass das Absicht gewesen wäre, auf das Wirken des Menschen zurückzuführen. Ohne die Epoche der rücksichtslosesten Naturzerstörung wäre dieses Kleinod nicht zu denken. Das ist die Ironie der Industriegeschichte. Auch hier ist durch Bergsenkungen ein Feuchtgebiet mit hohem Artenreichtum entstanden. Im trüben Wasser stehen abgestorbene Bäume, die von Wasserinsekten besiedelt sind. Die wiederum dienen Fischen als Nahrung, worüber sich der Eisvogel freut, der in unseren Breiten schon arg dezimiert war, bevor er Biotope wie dieses hier fand. Der Eisvogel gilt inzwischen nicht mehr als bedroht. Aus einer Industriekloake ist wieder ein funktionierender Kreislauf geworden. Ich schaue auf das tote Holz im Wasser und denke für einen Moment, ganz weit weg zu sein, irgendwo in Afrika.

Bald darauf stoße ich auf den Datteln-Hamm-Kanal, der wie an einer Schnur gezogen durch die Landschaft führt. Am liebsten würde ich mich ein Stück von einem Binnenschiffer mitnehmen lassen, denn der Weg am Kanal entlang ist öde, zudem regnet es in Strömen. Aber weder lässt sich ein Schiff blicken, noch hätte es Gelegenheit, mich aufzunehmen. Bis zum nächsten Anlegeplatz sind es ein paar Kilometer. Ich hole mein Radio raus und höre beim Laufen, um mir die Langeweile zu vertreiben, von Spekulationen über einen möglichen Rücktritt des Finanzministers. Er liegt mit der Kanzlerin über Kreuz, hatte einen möglichen »Grexit« befördert. Ich merke, dass es mir zunehmend schwerer fällt, ein Urteil darüber zu fällen, was der bessere Weg in dieser Dauerkrise wäre: frisches Geld für Griechenland in einer Größenordnung, die jedes Vorstellungsvermögen überfordert, oder doch der Ausstieg aus dem Euro. Ökonomen verbreiten Szenarien für den Fall A oder B, wirken aber keineswegs sicher, ob sie selbst an die Medizin glauben, deren Verordnung sie empfehlen. Man kann nur hoffen, dass es nicht irgendwann heißen wird, Europa sei an Überkomplexität gescheitert. Für die Sache der Demokratie sind solche Diskurse nicht förderlich, weil Experten anscheinend die Dinge unter sich ausmachen müssen. Der Öffentlichkeit bleibt nicht mehr, als zu hoffen und zu vertrauen. Aber das sind Begriffe aus der Welt der Religion, mit politischer Urteilskraft haben sie nichts zu tun. Auch dies ist ein Phänomen von Postdemokratie: Die Maschine EU kann nur noch von politischen Ingenieuren bedient werden, das Wahlvolk blickt nicht mehr durch. Eine Traumkonstellation für Populisten, die auf Überkomplexität mit radikaler Vereinfachung antworten können. Nachdem ich viele Analysen gehört habe, mache ich das Radio aus mit dem Gefühl, dass Europa ausgerechnet in dem Moment auseinandertreibt, in dem Deutschland mächtig ist wie nie.

Vor der evangelischen Kirche in Rünthe bleibe ich vor einem Schaukasten stehen. Dort ist zu lesen, dass am heutigen Sonntag die Pfarrerin verabschiedet wird, nach 15 Jahren in der Martin-Luther-Gemeinde. Vom Abschlussgottesdienst am Morgen sind jetzt am Mittag nur noch ein Dutzend meist ältere Gemeindemitglieder übrig geblieben. Wie überall hat die Evangelische Kirche auch hier mit Mitgliederschwund zu kämpfen, und das schlägt auf den Stellenplan durch. Die Pfarrerin erzählt mir, dass sie sich aufgerieben habe bei dem Versuch, mehrere Gemeinden miteinander zu fusionieren. Hinzu komme bei ihr eine private Lebenssituation, die nicht alle in der Gemeinde innerlich akzeptiert hätten. Sie hatte ein geregeltes Leben mit Mann und Kindern, bis sie sich in eine Frau verliebte. Sehr bald hat sie sich entschlossen, ihre Liebe nicht im Geheimen zu leben. Ihr Presbyterium, den gewählten Vorstand der Gemeinde, hat sie offen vor die Wahl gestellt, ob sie weiterhin mit ihr als Pfarrerin zusammenarbeiten wollten. Das sei für das Presbyterium kein Problem gewesen, allerdings habe sie den Wunsch einer Mehrheit gespürt, ihre Liebe als strikte Privatangelegenheit zu behandeln, über die nicht gesprochen werden muss. Sie wolle ihre gleichgeschlechtliche Liebe aber offen leben und habe sich daher in ihrer neuen Gemeinde in der Nähe von Paderborn auch gleich mit der Lebenspartnerin an der Seite vorgestellt.

Ich staune darüber, was ich gerade gehört habe. Innerhalb weniger Minuten hat die Pfarrerin mir Dinge anvertraut, die noch vor sehr kurzer Zeit in ihrem Milieu als ungehörig empfunden worden wären. Man hätte darüber gesprochen, aber vermutlich in einer gehässigen Weise. Üble Gerüchte hätten die Runde gemacht. Obendrein ist dies eine Geschichte, die nicht in einer Großstadtgemeinde spielt, sondern in der westfälischen Provinz. Nicht nur die Evangelische Kirche, sondern das Land insgesamt hat einen beachtlichen kulturellen Wandel geschafft. Die Idee der Emanzipation hat alle Poren der Gesellschaft durchdrungen, sie ist unwiderstehlich. Das vergisst man manchmal, weil es inzwischen so selbstverständlich scheint. Der Kirche hat ihre Liberalität allerdings wenig genutzt. Nimmt man die Gemeinde in Rünthe fürs große Ganze, dann wird sie in einer Generation kaum noch öffentlich wahrnehmbar sein.

Egal, wohin ich mich bewege, immer lande ich in diesem Sommer unter den Schützen. An diesem Sonntag sind die Grünröcke in Herringen auf den Beinen, einem Vorort von Hamm. Bei strömendem Regen halten sie ihre Parade auf dem Markt ab. Die Schützen laufen paarweise hintereinander. Links der Herr in Uniform, rechts an seinem Arm die Gattin im festlich langen Kleid. Aufwendige Frisuren werden gerade ruiniert, aber niemand hat einen Regenschirm aufgespannt. Auch bei Sauwetter muss die Marschordnung eingehalten werden. Ein Zuschauer erzählt mir, dass der Traditionsverein immer noch über 500 Mitglieder hat. Er existiert seit über 150 Jahren. Ob er noch mal so viele schaffen wird, ist allerdings zweifelhaft. Unverkennbar fehlen auch hier die Jungen. Vorhin habe ich die Schützen bereits im Stadtpark gesehen. Sie hatten sich vor dem Denkmal für die

Gefallenen des Ersten Weltkriegs versammelt. Bei der Gedenkrede zur Totenehrung hat es nicht an der rituellen Mahnung gefehlt, nicht zu vergessen. Das kam mir merkwürdig vor, weil ich niemanden kenne, der im Privaten eine Erinnerungskultur pflegen würde, die Menschen ins Familiengedächtnis zurückholt, die bereits vor hundert Jahren gefallen sind. Allenfalls gibt es hier und da ein vages Wissen über einen Uropa, der in Verdun im Schützengraben krepiert sein soll. Der Zweite Weltkrieg überlagert alles, die Erinnerungskultur ist bis heute vollständig auf ihn konzentriert. Immerhin hat der Redner auch ein paar Worte zur Situation der Flüchtlinge in der Welt gesprochen. Die Schützen wollen Teil der Bewegung sein, die sich kümmert. Zur Schönheit dieses Sommers gehört, dass die Empathie ihren Platz mitten in der Gesellschaft hat.

20. Juli 2015:

»In der CSU wird bereits offen über Zeltstädte diskutiert, in denen Flüchtlinge unterkommen sollen. Schon im vergangenen Jahr wurden in Bayern Zelte aufgebaut, als die Erstaufnahmezentren überfüllt waren. Nun sollen die Zelte nach Wunsch von CSU-Politikern offenbar auch deshalb errichtet werden, um den Aufenthalt für Asylbewerber möglichst unattraktiv zu gestalten.« (SZ)

Der heiße Sommer ist zurück. Der Regen gestern war nur ein Intermezzo. Ich habe nachmittags, weil es nicht aufhören wollte, einen Bus in die Stadt genommen und die restlichen Stunden des Tages weitgehend mit Krimigucken in einem Hotel in der Innenstadt von Hamm verbracht. Zwischendurch kam der Gedanke auf, einfach den nächsten Zug nach Hause zu nehmen. Ich war aus dem Rhythmus, hatte das Gefühl, übervoll mit Eindrücken zu sein und kein Auge mehr für die kleinen Dinge des Alltags zu haben. Jeder Reisende kennt vermutlich diese Momente, in denen einem das Fremd-Sein an einem Ort selbst fremd wird. Man versteht nicht mehr, was einen hinausgetrieben hat. Man stellt sich vor, dass am nächsten Abend ein anderer Gast in diesem billigen Zimmer hausen wird, auf dessen Anwesenheit es genauso wenig ankommt wie auf die eigene. Ein Gefühl der Absurdität macht sich breit. Vielleicht zieht man ja überhaupt nur los, um hinterher die Freuden der Rückkehr genießen zu können. Jedenfalls hatte ich gestern das Gefühl, mich gründlich verlaufen zu haben.

Nun beginnt dieser Tag wieder mit Sonnenschein, und sofort ist die triste Stimmung verflogen. Ich freue mich, hier wegzukommen, und entschließe mich, Richtung Uentrop zu laufen, weil es dort seit einigen Jahren einen Hindutempel gibt, der Menschen von weit her anzieht. Wieder orientiere ich mich am Datteln-Hamm-Kanal, der in Uentrop endet. Nach einigen Kilometern komme ich an einer Schleuse vorbei, denke, dass dies eine gute Gelegenheit ist, um mit einem Binnenschiffer ins Gespräch zu kommen. Mich interessiert diese Existenzform, das Nomadentum auf dem Wasser. Wann auch immer ich an einem Flussufer gestanden habe und einen dieser behäbigen Riesen vorbeiziehen sah, hatte ich den Wunsch, etwas über die Menschen an Bord zu erfahren.

In Uentrop am Hafen habe ich Glück. Ich ignoriere die Schilder mit Hinweisen, dass Betriebsfremden das Betreten des Hafengeländes verboten ist, und laufe an Bergen aus Sand und Kies vorbei, die gerade gelöscht worden sind, rüber zur Kaimauer, an der ein Frachter vertäut ist. Er hat eine niederländische Flagge. René öffnet auf mein Klopfen und erzählt mir, dass er heute Vormittag Rheinsand aus Wesel angeliefert hat. Er wartet jetzt, bis sein leeres Schiff mit Wasser vollgepumpt ist, dann fährt er zurück. Das Schiff muss schwer im Wasser liegen, sonst passt es nicht unter den Kanalbrücken durch. René wirkt tiefenentspannt, sagt mir, dass das Warten zu seinem Beruf gehört. Der Holländer ist angestellt bei einer Reederei, die zwölf Schiffe unterwegs hat. Seit 30 Jahren fährt er immer die beiden selben Strecken, von Wesel nach Hamm oder von Wesel nach Münster. Er mag seine Arbeit, beteuert er, ist aber froh, angestellt zu sein. Sein Job sei heute kaum noch zu bekommen. Die selbstständigen Binnenschiffer hätten viel mehr Druck als er. Dann verabschiedet er sich, weil er noch ein Nickerchen machen will, bevor er ablegt.

Der Nächste, den ich im Hafen kennenlerne, erklärt mir,

dass es wichtig sei, den Binnenschiffern Druck zu machen. Dirk ist Kranführer. Der Mann im orangefarbenen Overall hat gerade mit seiner riesigen Schaufel einen Frachter mit Düngemitteln geleert. »Wenn ein Schiff ein paar Stunden Verspätung hat«, erklärt Dirk, »dann stehen bei mir die Lkw in der Reihe und kommen nicht vom Hof.« Alles sei heute eng getaktet, jeder Stillstand koste bares Geld.

Auch in dieser Branche wird also knappe Zeit bewirtschaftet. Der Mann wirkt gehetzt. Dabei habe ich den Tag über nur wenige Schiffe gesehen, die auf dem Kanal unterwegs waren, vielleicht eines pro Stunde. Dirk erklärt mir den Grund, zeigt mit dem Finger auf das riesige neue Kohlekraftwerk von RWE in Uentrop. Dort sind gerade zwei neue Steinkohleblöcke gebaut worden, aber das Kraftwerk laufe derzeit nur mit halber Kapazität. Deshalb werde im Moment weniger Kohle über den Kanal gebracht. Dirk hat gehört, dass es Probleme mit Schweißnähten gibt, auch das Gerücht, dass einer der neuen Blöcke angeblich niemals ans Netz gehen soll. Dann hätte RWE auf diesem Gelände eine zweite spektakuläre Industrieruine, denn dort steht bereits der stillgelegte Atomreaktor, der bundesweit bekannt geworden ist und erst in 30 Jahren vollständig abgerissen sein wird.

Auch für die Binnenschiffer ist es wichtig, möglichst kurze Liegezeiten zu haben. Albert hat heute Pech gehabt. Er ist mit Dünger aus Rotterdam gekommen, konnte aber nur die Hälfte löschen lassen, weil in den Silos am Hafen der Platz fehlt. »Das kostet mich einen Tag«, sagt der Holländer, um dessen Schiff sich Dirk gerade gekümmert hat. Gestresst wirkt er dabei nicht. »Wenn ich länger als ein paar Tage an einem Ort bin, werde ich aber nervös. Dann muss ich weg.« Sobald sein Kahn leer ist, will er ohne Fracht weiter nach Worms, um dort Gerste zu laden, die nach Belgien soll.

Albert ist selbstständiger Binnenschiffer in der vierten Generation. Weil sein Matrose gerade Urlaub hat, fährt seine Mutter mit, die längst im Rentenalter ist. Sie ist auf dem Schiff geboren, genau wie er. Als er schulpflichtig wurde, haben ihn seine Eltern in ein Internat geschickt. Albert fährt am Tag 16 bis 18 Stunden. Er lächelt über mein Erschrecken angesichts dieser Zahl. Fahrtenschreiber und Kontrollen über die Lenkzeiten scheint es auf dem Wasser wohl nicht zu geben. »Ich bin mein eigener Herr«, sagt er stolz. Er fährt durch ganz Europa, jedenfalls überall dorthin, wohin sein Schiff passt. Nach Paris kann er nicht, weil der Wasserweg zu schmal ist. Albert plant sein Leben immer nur bis zum nächsten Auftrag. Wenn er in Worms ankommt, wird er sich bei seinem Makler nach neuen Transportaufträgen erkundigen. Der Preis wird jedes Mal frei verhandelt. Momentan hat Albert gute Karten, weil der Rhein wegen der langen Trockenperiode Niedrigwasser hat. Aus diesem Grund können die Schiffe nur zur Hälfte beladen werden, wodurch sich die Anzahl der Fahrten erhöht. Deshalb steigen gerade die Preise. Die Konkurrenz in der Branche sei zwar hart, meint Albert, aber er betrachte sich trotzdem als freien Menschen. »Ich fahre lieber leer, als ein zweifelhaftes Angebot anzunehmen!« Seit knapp zehn Jahren seien viele neue, sehr große Schiffe auf den europäischen Wasserstraßen unterwegs, deren Besitzer sich hoch verschuldet hätten. »Die müssen alles annehmen. Aber mein Schiff ist abbezahlt.« Wenige habe ich bislang getroffen, die so zufrieden von ihrer Arbeit gesprochen haben. Den glücklichen Vagabunden gibt es offenbar doch.

Nicht weit vom Hafen, mitten im Gewerbegebiet, sieht man schon von Weitem den Hindutempel, der wie ein riesiges Spielzeughaus wirkt. Auf dem mächtigen Tempelturm über dem Portal sind die zahllosen Skulpturen von Gottheiten mit grell leuchtender Acrylfarbe bemalt. Was das Farbenspiel betrifft, ist diese Religion konkurrenzlos. Aber die Hauptgöttin und Namensgeberin des Tempels, Sri Kamadchi Ampal, die Göttin mit den Augen der Liebe, bekomme ich im Zentralschrein nicht zu sehen, denn der Tempel ist gerade geschlossen. Er ist der größte auf dem europäischen Kontinent und wird vor allem von Tamilen besucht, die vor einer Generation aus Sri Lanka geflohen sind.

Im Haus gegenüber sehe ich einen Tamilen aus der Tür treten. Ich spreche ihn an und erfahre in gebrochenem Deutsch, dass er der Priester ist. Leider lässt er sich nicht erweichen, den Tempel außerhalb der Öffnungszeiten für mich aufzuschließen. Er erzählt mir, dass vor vier Wochen zum Tempelfest 30 000 Hindus aus ganz Europa hier waren. Ihre Prozession habe zum Datteln-Hamm-Kanal geführt, wo dann rituelle Waschungen stattgefunden hätten. »Fast wie am Ganges in Indien«, lächelt der Priester und lässt mich mit diesen Worten stehen, weil er wegmuss. Er kann nicht ahnen, dass mit diesem Satz ein innerer Film in meinem Kopf beginnt.

Vor einem Jahr war ich zum ersten Mal in meinem Leben am Ganges, in Varanasi, der Stadt des Gottes Shiva, die zu den heiligsten im Hinduismus gezählt wird. Ich habe lange gebraucht, um mich von diesem Besuch zu erholen. Die Bilder von den Ghats, den zu einem Gewässer hinunterführenden Treppen oder Böschungen, an denen sich Menschenmengen versammeln, um dort ihr rituelles Bad zu nehmen, hat man ja schon im Kopf, ohne jemals dort gewesen zu sein. Jeder Reisende kennt das verstörende Gefühl, an einem Hotspot des internationalen Tourismus zu stehen, und alles kommt einem bekannt vor, sodass die Besichtigung selbst nur noch mit Routine absolviert wird. Aber hier war es anders, ich fühlte mich in eine fremde Welt versetzt, die ich niemals verstehen werde. Schon am frühen Morgen strömten Tausende Pilger zu den Treppenstufen am Ufer des heiligen Ganges. Mit bunten Tüchern umhüllt stiegen sie in den Fluss, der eine furchtbare Kloake ist, und tauchten mit dem Kopf unter. Ein Bad im Ganges soll von Sünden reinigen. Als höchstes Ideal gilt es frommen Hindus, an diesem Ort zu sterben und verbrannt zu werden, weil auf diese Weise der Kreislauf der Wiedergeburt durchbrochen werden soll. Abends lief ich dann zwischen den vielen Feuerstellen hindurch, auf denen verhüllte Leichen auf brennenden Holzscheiten abgelegt waren. Ich erfuhr, dass mit diesen Feuerstellen gute Geschäfte gemacht werden. Alle paar Stunden werden sie neu vermietet an die nächste Trauergemeinde. Diese Zeit reicht aber nicht, um menschliche Körper komplett zu verbrennen. Was übrig bleibt, landet anschließend im Fluss, in dem auch tote Tiere entsorgt werden. Es gibt zu viele Tote in dieser Stadt und Hinfällige, die auf ihr Sterben warten. Das Heilige und das Dreckige gehören in Varanasi untrennbar zusammen. Als es zu regnen begann, versank die Stadt im Schlamm. Sie war so voller Menschen, dass es für Ungeübte unmöglich schien, eine Straße zu überqueren, obwohl dort kein einziges Auto fuhr. Ich fand keinen Weg zwischen dem endlosen Strom aus Fußgängern, Handkarren und Fahrradrikschas hindurch. Die Rücksichtslosigkeit war atemberaubend. Überall wurde gedrängelt und geschubst, den öffentlichen Raum empfand ich als brutale Kampfzone. Niemals zuvor bin ich so erleichtert gewesen, einen Ort wieder verlassen zu können. Hinterher dachte ich, einen Albtraum abschütteln zu müssen. Die

Vision vom Ende der Menschheit, die an Überbevölkerung und Naturzerstörung scheitert. Eine Menschheit, die zudem vollkommen vernunftwidrig an religiösen Ritualen festhält, die nicht mehr in unsere Zeit passen.

Mit diesen Bildern aus Indien im Kopf kehre ich noch einmal auf die Wiese vor dem Tempel zurück. Unter einem Apfelbaum ist ein kleiner Schrein für die Göttin der Nahrung aufgebaut. Offenbar sind der Göttin erst kürzlich Opfer dargebracht worden. Jemand hat eine frische Banane und eine Kokosnuss hinterlassen. Ich wüsste gern, wie es sich lebt mit dem Gefühl, dass solche Dinge tatsächlich wirken. Das magische Denken hat seinen Platz im Gewerbegebiet gefunden.

21. Juli 2015:

»Deutschland geht es wirtschaftlich besser denn je. Die Arbeitslosigkeit sinkt, die Löhne der Beschäftigten steigen. Die Menschen konsumieren, sie reisen in ferne Länder, Krisen toben anderswo.«
(Frankfurter Allgemeine)

Heute muss ich mich beeilen, denn am Nachmittag habe ich Gelegenheit, in Rheda-Wiedenbrück den größten Schlachthof in Europa von innen zu sehen. Daher nehme ich in Ahlen einen Zug nach Oelde, um die Strecke abzukürzen. Der Fußweg von dort nach Rheda-Wiedenbrück führt durch eine sanfte Hügellandschaft, ab und zu bietet ein Waldstück willkommenen Schatten. Unverkennbar bin ich hier in einer Region des Wohlstands unterwegs. Die Höfe sind großzügig und herausgeputzt, das Korn steht hoch. Vor dem Eingang eines Wasserschlosses steht ein verrosteter Block aus Eisen. Darauf lese ich ein Gedicht von August Stramm:

Kampfflur
Glotzenschrecke Augen brocken wühles Feld
Auf und nieder
Nieder auf
Brandet
Sonne
Steinet Sonne
Und
Verbrandet

August Stramm, der Expressionist, hat Kriegsgedichte geschrieben. Dieses ist aus dem Jahr 1914. Ein Jahr später ist er an der Front gestorben. Vielleicht hätten mich diese Zeilen zu einer anderen Zeit kaltgelassen, ihre Härte und Knappheit. Noch vor Kurzem, das wird mir immer klarer, hat mir das Bewusstsein dafür gefehlt, dass es etwas Besonderes ist, mehr als ein halbes Leben hinter sich zu haben und trotzdem nur Sicherheit und Stabilität zu kennen. Aber heute packt mich das Gedicht. Mir geht die Frage durch den Kopf, was dem Ausbruch des Chaos eigentlich vorangeht, welche Zeichen davon künden, wie viel man vorher davon wissen kann. Die jüngste historische Auseinandersetzung über den Ausbruch des Ersten Weltkriegs hat ja den Blick dafür geschärft, dass eine plötzliche Zuspitzung eintreten kann, die keine Konfliktpartei aktiv gewollt hat. Der australische Historiker Christopher Clark hat von den Schlafwandlern gesprochen, die gemeinsam in den Krieg hineingerutscht seien und sich noch wenige Wochen vorher nicht hätten vorstellen können, was bald darauf für eine Katastrophe geschehen würde. Natürlich muss man vorsichtig sein mit historischen Analogien. Aber wenn man bedenkt, in welcher Geschwindigkeit in jüngster Zeit die fragile Ordnung der Welt um uns herum kollabiert ist, und seitdem nur noch versucht wird, viele einzelne Brandherde zu löschen, kann einem schon mulmig werden. Im Zweifelsfall sind es wenige Einzelne, auf deren Vernunft und Geschick es in Krisensituationen ankommt. Aber im Moment hat man das Gefühl, dass in etlichen europäischen Ländern die Untoten des Nationalismus aus der Gruft aufsteigen.

Vor meiner nächsten Erkundung bin ich ein wenig nervös. Ich bin mir nicht sicher, ob ich es ertragen werde, dabei zuzusehen, wie Schweinen reihenweise ins Herz gestochen wird. Jörg Altemeier wird mich im Foyer der Firma Tönnies empfangen, die in Rheda-Wiedenbrück ein globales Schlacht-Imperium aufgebaut hat. Der gelernte Tierarzt Altemeier ist Tierschutzbeauftragter der Firma, er wird sich ein paar Stunden Zeit für mich nehmen. 16 Niederlassungen haben die Brüder Tönnies in der ganzen Welt, hier am Stammsitz werden jeden Tag etwa 25 000 Schweine geschlachtet. Die riesige schwenkbare Kuh, die als Logo auf dem Dach der Fabrik installiert und weithin sichtbar ist, führt in die Irre. Rinder werden bei Tönnies nur an anderen Standorten geschlachtet. Der Vater der Brüder Tönnies war noch ein kleiner Metzger, bei ihm kamen pro Woche sieben Schweine unters Messer. Die Familie steht damit exemplarisch für eine beispiellose Entwicklung, die es in der Menschheitsgeschichte noch nicht gegeben hat. Innerhalb nur einer Generation haben sich die Lebensbedingungen von Tieren in der industriellen Landwirtschaft, die dazu nötige Futtermittelproduktion und Fäkalienentsorgung, die Tötung der Tiere und ihre Verwertung und natürlich die Essgewohnheiten der Verbraucher komplett verändert.

Hätte man mich mit verbundenen Augen hierhergeführt, würde ich vermuten, in der Zentrale einer Versicherung gelandet zu sein, deren Geschäfte brummen. Draußen auf dem Parkplatz stehen vornehmlich Wagen der gehobenen Mittelklasse, wer das Foyer betritt, trägt mehrheitlich Business-Look. Die Verwaltung des Schlachthofes residiert in einem schicken Neubau mit viel Glas, im Eingangsbereich hinterm langen Tresen warten freundliche Damen im Kostüm. Hier ist die Welt der Angestellten im weißen Kragen, das blutige Geschäft findet im Gebäudekomplex dahinter statt. Die Schlachtarbeiter haben ihren eigenen Eingang abseits der Straße. Altemeier ist ein Hüne im weißen Kittel, ein Mann mit schwerer westfälischer Zunge, der schnell und unsentimental zur Sache kommt. Er heißt mich willkommen im »Fettfleck Deutschlands«, einer Region mit vielen Wurstfabriken, die darauf angewiesen seien, immer gleiche standardisierte Rohstoffe zu bekommen, zum Beispiel einen identischen Fettgehalt. Mir fällt wieder ein, was mir die Schweinemästerin in Hessen vor einigen Wochen gesagt hatte. Ihre Schweine müssten einheitlich 120 Kilo wiegen, dann seien sie gut verkäuflich.

Gleich am Anfang unseres Gesprächs weist Altemeier mich darauf hin, keine Grundsatzdiskussionen darüber führen zu wollen, ob man Tiere töten dürfe oder nicht. Mit Veganern und radikalen Tierschutzorganisationen zu reden ergebe für sein Unternehmen keinen Sinn. Alle anderen Fragen seien aber erlaubt, denn er wisse, dass das öffentliche Image der Fleischindustrie nicht gut sei. Dagegen helfe nur Transparenz. »Wir wollen nicht auf Seite eins der *Bild*-Zeitung stehen«, beteuert er. Altemeier führt mich in eine Umkleide und bittet mich, Overall, Gummistiefel, eine Kopfbedeckung und einen Mundschutz anzuziehen. Dann führt er mich über lange Gänge, die an einen Flughafen erinnern und täglich von Tausenden Menschen in Metzgerkleidung passiert werden, hinüber in den Schlachtkomplex. Im Vorbeigehen schnappe ich Fetzen in polnischer und rumänischer Sprache auf. Wir machen halt vor einem Drehkreuz. Passieren können wir es erst, nachdem wir uns die Hände desinfiziert haben. Es reicht, die Handflächen in eine Öffnung zu schieben, der Rest wird elektronisch gesteuert. Dann schaltet die Ampel auf Grün. Altemeier erklärt mir, dass sich diese Prozedur noch häufiger wiederholen wird. Der Schlachthof hat offenbar peniblere Hygeniebestimmungen als eine Intensivstation im Krankenhaus.

Auf dem Weg zur ersten Station erklärt mir Altemeier

das Geschäftsmodell der Firma Tönnies. »Wir haben einen Rohstoff, der aus vielen Einzelteilen besteht«, referiert er. Ihnen sei wichtig, möglichst alles am Schwein zu nutzen. Nicht nur das Fleisch, sondern auch das Blut, die Fette, die Knochen. Er spricht vom »fünften Viertel«, mit dem man auch noch Geld verdienen könne. Seit einiger Zeit wird zum Beispiel aus einer Schicht im Darm Heparin gewonnen. Daraus lassen sich Medikamente mit gerinnungshemmender Wirkung herstellen, was für sein Unternehmen der erste Schritt in die Pharmawelt hinein gewesen sei. Eine eigene Tochterfirma stellt Knochenmehle her, die in Aquakulturen an Fische verfüttert werden. Tönnies selbst liefert den Rohstoff für technische Fette und Schuhcreme. Bestimmte Körperteile des Schweins seien in Mitteleuropa aber unverkäuflich, deshalb habe Tönnies den globalen Markt im Blick. In China werde zum Beispiel der Knorpel aus der Rüsselscheibe, also die »Steckdose«, gern gegessen, weil sie als potenzsteigernd gilt. In Thailand seien die gefüllten Milchdrüsen von Sauen, die kürzlich abgeferkelt hätten, eine Delikatesse. Der asiatische Markt sei momentan ohnehin besonders interessant für Tönnies, weil mit höherem Wohlstand automatisch der Fleischkonsum steige. Sein Unternehmen hat im vergangenen Jahr weltweit fast sechs Milliarden Euro Umsatz gemacht.

Dann geht es hinein in eine der Hallen mit den toten Schweinen. Altemeier hat mir angekündigt, dass wir die Produktion von hinten nach vorne besichtigen werden, von der Fleischzerlegung bis zur Tötung der Tiere. Dann könne ich jeweils selbst entscheiden, welchen Anblick ich mir zumuten wolle. Er habe schon so manchen starken Mann gesehen, der mit flauem Magen die Tour durch die Fabrik abbrechen musste. Kaum in der Halle, stoßen wir auf eine Rohrbahn. Im Abstand von wenigen Sekunden laufen

Schweinehälften an mir vorbei, die oben mit den Füßen am Haken aufgehängt sind und sich pendelnd vorwärtsbewegen. Um weiterzukommen, müssen wir zügig zwischen zwei Hälften hindurch. Ich merke, dass ich mich dazu überwinden muss. Zum Glück erwische ich die Lücke und kann es vermeiden, von einer blutigen Tierhälfte berührt zu werden.

Die Halle ist von unglaublichem Lärm und Gestank erfüllt. Mit den Gummistiefeln waten wir durch Lachen aus Blut und Gewebe. Überall wird gesägt, gehackt, geschnitten. An einem Platz werden mechanisch die Füße abgetrennt, am nächsten die schweren Rümpfe in drei Drittel zersägt. Ein Laserstrahl markiert dem Metzger dabei die Stelle, an der er ansetzen soll. Denn die einzelnen Stücke sollen anatomisch gleich sein. Ich finde mich in einer tayloristischen Fabrik wieder, in der die Arbeit in kleinste Einheiten zerlegt ist. Es wimmelt von Arbeitern in blutiger Schutzkleidung, die in sehr schneller Folge immer den gleichen Vorgang wiederholen. Das Tempo der Arbeit ist so hoch, dass jeder der Männer sie nur stumm für sich verrichten kann. Das Zerlegen, erklärt mir Altemeier, kann man nicht automatisieren, deshalb seien so viele Leute nötig. Das ist der Preis, der arbeitsökonomisch dafür entrichtet werden muss, dass hier nicht Metall verarbeitet wird, sondern ein Rohstoff, der von Lebewesen stammt, von denen jedes für sich individuelle Körpermerkmale aufweist. Zerlegemeister müssen am Ende der Arbeitskette darüber entscheiden, was aus einem Stück Fleisch wird. »Dieses Roastbeef mit dieser Fettabdeckung kann ich an Edeka verkaufen, dieses hier an Lidl.«

5500 Metzger arbeiten hier im Dreischichtbetrieb, das Handwerk des Tötens und Zerlegens läuft rund um die Uhr. Bestimmte Tätigkeiten kann man allerdings nicht stundenlang ausführen. Altemeier führt mich an einen Arbeitsplatz, an dem alle 20 Minuten das Personal ausgewechselt werden muss. Hier arbeiten Männer mit sensiblen Nasen. Sie sollen herausfinden, ob männliche Tiere den sogenannten Ebergeruch haben, den vor allem Frauen bei der Zubereitung und beim Verzehr von Schweinefleisch als abstoßend wahrnehmen. Er entwickelt sich hormonell bedingt mit der Geschlechtsreife. Bislang hat man aus diesem Grund männliche Ferkel in der ersten Lebenswoche ohne Betäubung chirurgisch kastriert. Die Landwirte waren der Überzeugung, dass junge Tiere nur ein geringes Schmerzempfinden hätten. Inzwischen weiß man mehr über das Leiden der Ferkel. Wenn bei Tönnies unkastrierte Masteber angeliefert werden, wird ihnen nach der Tötung mit einem Industrieföhn, der 700 °C heiße Luft bläst, kurz der Nacken erhitzt. Anschließend schnuppern geschulte Leute an der Stelle. Entwickelt sich der Ebergeruch, was ungefähr bei jedem 20. Tier der Fall ist, wird der Tierkörper aussortiert und kommt in die Kochschinkenproduktion. Ich staune über die Fähigkeit geschulter Leute, inmitten dieses durchdringenden Gestanks noch einen besonderen, obendrein üblen Geruch herauszuschnuppern. Aber selbst die feinste Nase verliert nach diesen 20 Minuten ihr Differenzierungsvermögen.

Nun will mir Altemeier zeigen, wie die Schweine nach der Anlieferung ihre letzten Stunden verbringen. Auf dem Weg dorthin frage ich ihn danach, wie Tönnies sein Personal rekrutiert. Denn unter den Zerlegern habe ich bislang keinen einzigen Deutschen entdeckt. Altemeier erklärt dies mit dem Wohlstand der Region; hier gebe es, etwa in der Möbelindustrie, viele konkurrierende Arbeitgeber, sodass sein Unternehmen fast ausschließlich Arbeiter aus Polen und Rumänien sowie einige Afrikaner beschäftige. Für Deutsche sei Metzger kein attraktiver Beruf mehr. Er beteuert, jeder in der Fabrik habe das Angebot, von Tönnies direkt angestellt zu werden, aber nur wenige würden dies annehmen. »Wer in Rumänien angemeldet und von dort entsendet wird, zahlt viel niedrigere Sozialbeiträge«, so seine Erklärung, warum die Leiharbeiter von Fremdfirmen angeworben und bezahlt werden. Im Übrigen könne er zur Situation der Beschäftigten nichts sagen, weil er für den Tierschutz zuständig sei. Ich merke, dass dies ein heikler Punkt ist, denn plötzlich ist mein Begleiter ziemlich wortkarg geworden. Immerhin bestätigt er noch, dass die rumänischen Leiharbeiter häufig auch in Unterkünften wohnen würden, die die Subunternehmer zur Verfügung stellen. Hier im Schlachthof gibt es für mich keine Gelegenheit, in Ruhe mit den Zerlegern zu sprechen. Ich nehme mir vor, es morgen in der Umgebung zu probieren.

Lebende Schweine riechen anders, ich merke doch noch einen Unterschied. Oberhalb der Verladerampe für die Viehtransporter warten viele Hundert Schweine im Halbdunkel auf ihren letzten Gang. Die Tiere verbringen die Zeit gruppenweise in Wartebuchten, die durch hüfthohe Betonmauern voneinander abgetrennt sind. Es stinkt nach Fäkalien, die unglaubliche Hitze unterm Dach erschlägt mich. Altemeier erklärt mir, dass der Transport für die Tiere ein großer Stress gewesen sei, deshalb müssten sie sich nach den Stunden, in denen sie zusammengepfercht auf der Autobahn unterwegs waren, erst einmal beruhigen, bevor sie geschlachtet werden können. Niemand wünsche sich Stresshormone im Frischfleisch. Bei der Anlieferung haben die Lkw-Fahrer bestimmte Zeitslots zur Verfügung, in welchem Zeitraum sie da sein sollen, damit der Stau vor den Verladerampen nicht zu lang wird. Die Schlachtfabrik, die niemals schläft, muss die Ankunft der 25 000 Schweine möglichst gleichmäßig über den Tag verteilen. Auch wer mit lebenden Rohstoffen arbeitet, benötigt ein Zeitregime für die Logistik.

Altemeier zeigt auf Schweine, die sich auf den Betonboden gelegt haben. Das sei ein gutes Zeichen dafür, dass sie sich wohlfühlten. Die letzte Zone des Wartebereichs, bevor es ans Messer geht, wird zudem grün ausgeleuchtet, diese Farbe soll angeblich eine beruhigende Wirkung haben. Genauso wie die Musik, mit der die Schweine beschallt werden. Gerade läuft die Titelmelodie aus dem Film »Titanic« mit Leonardo di Caprio, zu der Millionen im Kino geweint haben. Vorher gab es etwas Kitschiges mit Panflöte. Auf den Mauern balancieren Männer mit langen Stöcken, die die Tiere, die nun an der Reihe sind, unter Gebrüll und mit leichten Klapsen vorwärtstreiben. Der Weg der Schweine hat eine leichte Steigung, damit sie nicht zurückstreben. Alles Weitere ist eine Frage von wenigen Minuten. Noch einmal fragt mich der Tierschutzbeauftragte, ob ich mir den Anblick der Tötung zumuten wolle. Ich nicke, will jetzt nicht kneifen.

Sobald die Tiere um die nächste Ecke gebogen sind, wartet auf sie eine Gondel. Die Schweine werden mit ihr in kleinen Gruppen neun Meter tief in eine Grube gefahren und dort mit Kohlendioxid betäubt. Mindestens 115 Sekunden müssen sie im Betäubungsgas verbringen, bevor es wieder nach oben geht. Altemeier räumt ein, dass diese Methode für die Tiere äußerst unangenehm sein kann. Die Schleimhäute würden durch das CO_2 gereizt, deshalb zeigten die Schweine Abwehrreaktionen. Sie reckten die Schnauzen nach oben und es gebe Geschrei, bevor sie bewusstlos auf die Seite fallen. Oben wieder angekommen, landen die betäubten Tiere wie schwere Säcke auf einem Förderband. An einer Kette werden sie mit den Füßen zuerst nach oben gezogen und wandern nun über die Rohrbahn auf den Stecher zu, der erhöht auf einem Podest steht. Sein Arbeitsplatz ist von einem Plastikvorhang umgeben. Alle paar Sekunden rammt der Stecher einem neuen Schwein ein Messer in die herznahen Gefäße, das mit einem Schlauch verbunden ist. Durch diesen Schlauch blutet das Schwein aus. »Das Blut muss im Schwall raus«, sagt Altemeier, damit sicher sei, dass das Tier auch wirklich tot ist. Die Männer, die dort oben stehen, hätten natürlich den schlimmsten Arbeitsplatz von allen, kommentiert mein Begleiter, ohne dass ich ihn darauf angesprochen hätte. »Es gibt nur eine Motivation, so eine schmutzige Arbeit zu machen: zusätzliches Geld.« Deshalb sei der Job des Stechers unter den Arbeitern durchaus begehrt.

Eine elektronische Waage misst kurz nach dem tödlichen Stich die Gewichtsdifferenz, sodass ein Prüfer ablesen kann, ob genügend Blut aus dem Körper geflossen ist. Anschließend drückt er dem Schwein zur Kontrolle auf die Augäpfel, um auszuschließen, dass das Tier noch wahrnehmungsfähig ist. Das kommt hin und wieder vor. In solchen Fällen wird das Band angehalten und ein weiteres Mal nachgestochen. So soll verhindert werden, dass ein lebendes Tier die nächste Station erreicht, das Brühbad. Die toten Schweine landen in einem gut 60 Grad Celsius heißen Bottich, in dem ihre Haut weich wird. Das ist nötig, damit ihnen anschließend maschinell die Borsten abgekratzt werden können. In der Schlachthalle, meiner letzten Station, wird den nackten Tieren zuerst die Bauchhöhle aufgeschnitten. Ein Veterinär prüft die heraushängenden Därme und Organe auf Anzeichen von Krankheit, anschließend wird die Bauchhöhle geleert. Ich sehe noch, wie die Schweine in zwei Hälften zersägt werden, dann habe ich endgültig genug.

Schweigend laufen wir die langen Gänge zurück in den Verwaltungstrakt. Ich will jetzt nur noch raus aus meiner Schutzkleidung und den weißen Gummistiefeln, auf denen ich Blutspritzer entdecke. Zum Glück habe ich mir vom

Hotel ein Fahrrad geliehen, sodass ich schnell in meinem Zimmer sein werde und unter die Dusche kann. Auf dem Weg dorthin komme ich an einem Haus vorbei, vor dem drei Männer mit nackten Oberkörpern stehen. Sie haben Bierflaschen in der Hand und prosten mir zu. Ich halte an und versuche, ein Gespräch mit ihnen zu beginnen, aber die drei Polen verstehen nur ein paar Brocken Deutsch. Immerhin erfahre ich, dass das ganze Haus an Polen vermietet ist, die bei Tönnies arbeiten. »Arbeit sehr schnell«, sagt einer. Er schreibt auf einen Zettel, wie viel er im Monat verdient. Dort steht: 1200 Euro.

22. Juli 2015:

»2015 bricht weltweit alle Hitzerekorde. Wärmstes Jahr aller Zeiten erwartet.«
(Die Welt)

Drei Mal habe ich mir gestern Abend die Haare gewaschen, bevor ich mir sicher war, den Ekelgeruch endlich losgeworden zu sein. Abends war ich noch in der Stadt und habe beim Essen den Selbsttest gemacht. Der Kochschinken im Salat beim Italiener hat mir geschmeckt. Auch nach dem Besuch in der Hölle des Schlachthofs werde ich wohl nicht ins Lager der Vegetarier wechseln. Das hat sicherlich mit moralischer Trägheit zu tun, mit der klaffenden Lücke zwischen Einsicht und Handeln. Denn natürlich ist mir klar, dass fast alles gegen den Fleischkonsum spricht, zumindest in seiner exzessiven Form, die heute den Alltag in den wohlhabenden Ländern bestimmt. Aber nichts ist schwerer, als die eigenen Gewohnheiten zu ändern. Das ist aber nicht die ganze Wahrheit, warum ich gestern nach den Erlebnissen in der Tierfabrik ohne Ekel den Kochschinken essen konnte. Denn hinterher habe ich versucht, meine Eindrücke zu sortieren, und bin zu zwei Ergebnissen gekommen, die mich selbst überrascht haben.

Das Erste nach der Prüfung meiner eigenen Gefühle ist, dass mein Mitleid im Schlachthof viel stärker den dort arbeitenden Menschen als den Schweinen galt. Ich habe sie als Arbeiter in einem Schattenreich empfunden, wie die

Lemuren, die Gräber schaufeln, die Dinge im Verborgenen tun müssen, von denen man üblicherweise so genau gar nicht wissen will. Wie man im Sekundentakt töten kann, ohne dass sich ein dunkler Fleck auf die eigene Seele legt, ist mir zwar schleierhaft. Andererseits helfen vielleicht das hohe Tempo und die tayloristische Zerlegung der Arbeit des Schlachtens in kleine Einheiten dabei, die Kreatur als bloßen Rohstoff zu betrachten. Der Stecher muss nicht jedes Mal neu überlegen, ob er es tun soll oder nicht. Vielleicht denkt er auch abends beim Bier nicht eine Sekunde daran, was er tagsüber acht oder noch mehr Stunden lang gemacht hat. So manche Fabrik habe ich bereits von innen gesehen, aber niemals ein solch hartes Arbeitsregime, das an frühkapitalistische Verhältnisse erinnert. Wenn es stimmt, dass diese dirty jobs auch noch miserabel bezahlt werden, dann kann das nur heißen, dass das, was bei uns billig auf den Tisch kommt, erkauft ist durch die Arbeit von Deklassierten. Sie müssen das Rohe erledigen für unseren Genuss. Mitten in einer der reichsten Regionen Deutschlands schlüpfen Menschen, die unter uns leben, aber nicht dazugehören, durch den Seiteneingang der Tierhölle und verkaufen ihre Arbeitskraft.

Und das Mitleid mit den Schweinen? Jedenfalls hatte ich beim Anblick der Tiere in den Warteboxen nicht den Impuls, ihnen das, was gleich kommen würde, unbedingt ersparen zu wollen. Zu allen Zeiten haben Menschen Tiere getötet. Auch vor hundert Jahren, als Bauern ihren Schweinen vielleicht noch Namen gegeben haben, wird es hin und wieder nötig gewesen sein, nachzustechen, weil der erste Tötungsversuch misslang. Ich hatte nicht den Eindruck, dass der Tierschutzbeauftragte Altemeier ein Zyniker ist, dem es egal wäre, wenn ein Schwein im Brühbad landet, das noch wahrnehmungsfähig ist. Bevor ich hierherkam, war ich mir sicher, dass ich diesen riesigen Schlachthof als schlimmsten Ausdruck eines entgleisten Systems empfinden würde. Aber hinterher ist mir klar geworden, dass ich den Besuch im Mastbetrieb vor einigen Wochen als weit schockierender erlebt habe. Es macht für mich einen Unterschied, ob ein Haustier, das es gar nicht gäbe, wenn es nicht eines Tages geschlachtet würde, vor der Tötung ein Leben hatte oder nicht. Wer den Skandal der industriellen Massentierhaltung suchen will, muss eher in die Ställe gucken als in den Schlachthof. Dass das Geschäftsmodell von Tönnies ohne diese Zustände nicht zu denken wäre, liegt freilich auf der Hand. Der Schlachthof ist das stärkste Glied in der Verwertungskette.

Wenn ich zu fassen versuche, was sich bei mir in diesen Stunden im Schlachthof festgesetzt hat, dann ist es die Erfahrung von Absurdität. Das ist das zweite Ergebnis meiner Bilanz der eigenen Gefühle. Man steht vor der Rohrbahn, blickt auf aufgeschlitzte Tierkörper, aus denen Gedärme quillen, und denkt, dass dies ein ewiger Kreislauf ist, der niemals aufhören wird. Eine Endlosschleife, die sich nicht stoppen lässt. Unsere Gier auf Fleisch muss grenzenlos sein, damit der globale Markt diese unglaublichen Massen verdauen kann. Das Geschäft des Tötens und Zerlegens ist so eng getaktet, dass ich mir eine weitere Beschleunigung nicht vorstellen kann. Aber natürlich kann man weitere Gondeln und Rohrbahnen bauen und noch mehr Schweine heranschaffen lassen. Das Schattenreich mit eigenem Autobahnanschluss lässt sich ausbauen. Früher hat jedes Kind irgendwann zum ersten Mal miterleben müssen, wie ein Tier geschlachtet wird. Ich erinnere mich gut daran, wie es vom Vater hieß, ich solle mal mit in den Keller kommen. Bald darauf war das geliebte Kaninchen im Ofen. Dieser Tod gehörte zum Leben. Heute mögen wir uns für moralisch sensibler halten und es ablehnen, den Knüppel selbst zu schwingen. Deshalb werden die Experten fürs Rohe gebraucht. Anders als die Köche, die zu Lichtgestalten werden können, gehören die Schlachter in die Unterwelt.

Von dieser Unterwelt am Rande der Stadt ahnt man nichts, wenn man zu Fuß durch Rheda-Wiedenbrück läuft. Ein hübsches Doppelstädtchen mit vielen schmucken Fachwerkhäusern und einer großzügigen Auenlandschaft in der Mitte, die aus Anlass einer Gartenschau zum Landschaftspark umgestaltet wurde. Der gehobene Wohlstand ist unübersehbar.

Im Park komme ich an einem jungen Pärchen vorbei, das gerade einen kleinen Gaskocher entzündet. Kristel stellt einen Topf darauf, in dem sie ihre Slips waschen will. Gemeinsam mit Joris ist sie mit dem Fahrrad nach Prag unterwegs. Sie wollen dort ihren Lieblingskünstler in seinem Atelier besuchen. Die beiden kommen aus Holland und haben die Nacht in einem Zelt im Park verbracht. Sie sind Anfang 20 und sehen ein bisschen nach späten Hippies aus. Joris trägt ein violettes Unterhemd, Kristel ein schwarzes T-Shirt mit einem Aufdruck der Band »Kiss«. »Das Leben ist so schnell«, sagt sie zur Begründung, warum sie sich die weite Strecke mit dem Fahrrad vorgenommen haben. »Wir wollen was Langsames ausprobieren.« Dann hätten sie vermutlich auch ihre Handys zu Hause gelassen, frage ich nach. Nein, davon seien sie komplett abhängig, meint Joris, sie würden ihre Wege auch mit Google Maps suchen. »Wir leben in einer verrückten Welt, in der man sich immer nur in Widersprüche verwickeln kann.«

Als ich erfahre, dass die beiden an der Kunstakademie

in Enschede studieren, will ich wissen, von welcher Art ihre eigene Kunst ist. Kristel holt ihr Smartphone raus und zeigt mir Fotos ihrer Installationen. Bei einer hat sie mundgeblasenes Glas in ungeordneten Formen in ein Gitter gesteckt. Ein anderes Bild zeigt den Kopf einer Forelle, die an die Wand genagelt und mit einer Schleife dekoriert ist. Vermutlich schaue ich etwas ratlos. Kristel setzt an zu einem Erklärungsversuch, was sie mit ihrer Kunst möchte: »Den Leuten zeigen, dass sie dumm und klein sind, so wie wir alle. Dass Humor das Beste ist, um damit klarzukommen, dass der Einzelne unbedeutend ist.« Joris sekundiert ihr mit der Bemerkung, sie beide seien vollkommen visionslos. »Heutzutage ist es wichtig, keine Prinzipien zu haben. Die meisten Menschen versuchen sich an Prinzipien festzuhalten, dabei kann man doch jeden Tag neu anfangen!«

Ich merke, dass die beiden eingespielte Dialogpartner sind. Wie Zahnräder fügen sich ihre Sätze ineinander. Vermutlich gehört zu ihrer Partnerschaft, dass sie im Zwiegespräch ein gemeinsames Selbstverständnis als Künstler entwickeln. Eines, das sich von dem ihrer Kommilitonen an der Kunstakademie abgrenzt. Die seien viel schlimmer als die Leute in normalen Fächern wie Jura oder Betriebswirtschaft, schimpft Kristel. Jeder dort sei auf sich fixiert, ergänzt Joris, und zuallererst bestrebt, schnell zu lernen, wie man sich selbst verkauft. Ob sie denn nicht auch mit ihrer Kunst irgendwann reich werden wollten, frage ich die beiden daraufhin und staune über ein beherztes zweifaches Ja. »Wenn man reich ist«, meint Kristel, »ist man frei und kann machen, was man möchte.« Joris ergänzt: »Wir würden auch am liebsten in einem Fünfsternehotel übernachten und einen Anzug tragen.«

Gern hätte ich jetzt Mary Bauermeister bei mir, die über 80-jährige Künstlerin aus der Generation Avantgarde, bei der ich am ersten Tag meiner Tour war. Sie hatte ja als ihr persönliches Ziel genannt, nichts zu begehren und alles wegzugeben, was sie nicht braucht. Die Alte will ins kleine Zimmer ziehen, die Jungen wollen prächtig residieren. Als stummer Zeuge würde ich die drei gern ein Generationengespräch führen lassen über die gesellschaftliche Aufgabe der Kunst. Kristel meint, dass man die Welt sowieso nicht ändern könne. Aber es gebe immerhin die Erfahrung der Schönheit. Das sei die Kontrasterfahrung zur Sinnlosigkeit. Joris versucht es mit einem Paradoxon: »Es gibt eigentlich keine Hoffnung. Aber man sollte trotzdem hoffnungsvoll sein.«

Jedem, der sich für Parallelgesellschaften interessiert, empfehle ich einen Spaziergang auf der Gütersloher Straße. Hier sieht man pausenlos Menschen, die Deutschland von unten erleben. Sie leben und arbeiten in unmittelbarer Nähe der Wohlhabenden und werden doch vollkommen von ihnen ignoriert. Ein Land tut so, als gäbe es sie gar nicht. Auf der Gütersloher Straße, einer zentralen Achse, die von Rheda-Wiedenbrück Richtung Autobahn führt, sieht man kurz vor Schichtbeginn pausenlos polnische und rumänische Leiharbeiter auf dem Weg zur Schweinefabrik. Viele kommen zu Fuß oder per Fahrrad, häufig fahren auch Kleinbusse an mir vorbei, die die Schlachter in ihren Unterkünften abgeholt haben. Es sind fast nur junge Männer. Ihrer Kleidung sieht man an, dass sie nicht in Deutschland gekauft ist. Auf dem Bürgersteig versuche ich mit den Fußgängern kleine Gespräche anzuzetteln. Die Reaktionen sind jedes Mal freundlich. Wir gehen ein paar Schritte nebeneinander, sprechen mit Händen und Füßen, aber die Verständigung will nicht richtig gelingen, denn auch nach 20 Versuchen habe ich unter den Osteuropäern niemanden gefunden, der auch nur einigermaßen flüssig Deutsch oder Englisch sprechen würde. Bei dreien von ihnen haben die Worte aber immerhin dafür gereicht, etwas über ihre Lebenssituation zu erfahren.

Viktor hat mir erzählt, dass er für eine rumänische Firma bei Tönnies arbeitet. Er ist unzufrieden mit dem Lohn, bekommt netto 1000 Euro pro Monat. Offenbar hatte man ihm mehr versprochen. 200 Euro muss er zudem für das Zimmer bezahlen, dass er sich mit drei anderen Landsleuten teilt. Das ist natürlich auch ein Wohlstandsmodell, ein Zimmer im Ort für insgesamt 800 Euro zu vermieten. Adam wirkt etwas zufriedener. Der Pole zahlt nur 150 Euro für seine Unterkunft, auch die im Mehrbettzimmer, und findet nichts Belastendes dabei, den ganzen Tag Schweine zu zerlegen. Er ist gelernter Metzger. Aber das heiße in Polen etwas ganz anderes als in Deutschland. Bei Tönnies würde viel schneller gearbeitet. Nikolai schließlich kann am besten Deutsch von den dreien, er arbeitet schon ein paar Jahre bei Tönnies, allerdings auch für eine rumänische Firma. Er hat den schmutzigsten Job übernommen, muss als Stecher die Tiere entbluten. Dafür bekommt er tatsächlich etwas mehr als die anderen, nämlich 1500 Euro, arbeitet dafür häufig aber auch neun oder zehn Stunden pro Schicht. In Hermannstadt in Rumänien war Nikolai zuletzt als Autolackierer beschäftigt, für 300 Euro im Monat. Bei diesem Lohngefälle wird klar, warum es dem Schlachthof gelingt, Tausende Arbeitskräfte aus Rumänien nach Westfalen zu locken für Jobs, die hier keiner haben will. Ich frage Nikolai, wie bei Tönnies die Sprachprobleme gelöst würden, damit jeder, der kein Wort Deutsch kann, seine Arbeitsaufträge versteht. Nikolai erklärt mir, dass die Kolonnen im Werk nach Nationalitäten zusammengestellt seien, jeweils mit einem polnischen oder rumänischen Chef.

Inzwischen stehe ich wieder vor Europas größtem Schlachthof. Der Werksverkauf ist gut besucht. Hier gibt es das Kilo Schweineleber für 99 Cent. Nebenan im Werksrestaurant dampft das Zürcher Geschnetzelte auf den Tellern, aber diesmal fehlt mir doch der Appetit. Vor dem separaten Eingang für die Arbeiter ist das Heer der abgestellten Fahrräder unübersehbar. Auf dem Parkplatz für die Schweinelaster dösen Lkw-Fahrer am Steuer. Sie müssen warten, bevor sie die Tiere abladen dürfen. Auf Kleinbussen, die die Schlachtarbeiter nach ihrer Schicht nach Hause fahren werden, lese ich: »The Outsourcing Company – Agrosistem SRL, Brasov Romania«. Ich bin froh, dass ich nun von hier wegkomme. Gleich hinter der Fabrik geht es hinaus auf die Felder. Nachdem ich einen Kilometer gelaufen bin, drehe ich mich noch einmal um und sehe erst jetzt, welche unglaublichen Ausmaße der Schlachthof hat. Man sieht die Dimensionen nicht von der Straße aus.

Bald darauf komme ich auf dem Weg nach Gütersloh bei Josef Sasse vorbei. Der Anfang 60-Jährige fegt den Hof vor seiner prächtigen Scheune aus rötlichem Klinker. Das gehört zu dem wenigen, was er hier noch tut, denn als Landwirt hat er schon vor zehn Jahren aufgehört. »Von 25 Hektar kann man heute keine Familie mehr ernähren«, sagt Sasse, »wir hatten 20 Milchkühe und 60 Schweine.« Von seinem Hof aus schaut er aus der Ferne auf das Werk von Tönnies. Oft hat er den strengen Geruch der vielen Schweine in der Nase, wenn der Wind eine Fahne herüberträgt, aber gerade haben wir Ruhe davor. »Noch ist es hier schön«, knurrt Sasse, »solange der Tönnies nicht näher kommt.« Er bemüht sich nicht, seinen Groll auf den Großschlächter zu verbergen. »Der hat die Preise kaputt gemacht. Heute bekommt man als Bauer fast nichts mehr für ein Schwein!« Sasse beteuert, selbst nie an Tönnies geliefert zu haben, er habe die kleineren Schlachthöfe in der Umgebung bevorzugt. Aber die hätten inzwischen angesichts der Übermacht des Konkurrenten allesamt aufgeben müssen. So wie er: Sasse hat sein Land an einen Bauern verpachtet, der im größeren Maßstab produziert. Auch hier sammeln gerade die Großen die Flächen der Kleinen ein. »Landwirtschaft«, flucht Sasse, »ist heute nicht mehr schön.«

23. Juli 2015:

»Drei von vier Bäumen in NRW-Wäldern sind krank. Der Klimawandel rückt Fichte, Buche, Eiche aufs Holz. Es sind die typischen Baumarten, die aus der Region nicht wegzudenken sind, denen trockene Sommer und neu zugezogene Schädlinge besonders zusetzen.«
(Neue Westfälische)

Heute früh laufe ich in Gütersloh durch eine Stadtlandschaft, in der nicht die Bäume krank sind, sondern die Menschen. Die denkmalgeschützen Häuser des LWL-Klinikums aus der Zeit kurz vor Beginn des Ersten Weltkriegs liegen in einem Park, durch den vor hundert Jahren Menschen spazieren gegangen sind, die man damals noch als »Irre« und »Schwachsinnige« bezeichnet hat. Die Provinzial-Heil- und Pflegeanstalt, wie sie seinerzeit hieß, war ein eigener Planet, den Psychiatriepatienten oftmals für Jahrzehnte nicht mehr verlassen durften. Gütersloh ist viel später aber auch ein zentraler Ort der Psychiatriereform gewesen, deren Ziel die Enthospitalisierung der Kranken gewesen ist. Klaus Dörner war hier ab 1980 als ärztlicher Leiter eine Legende, 16 Jahre lang soll er als Chef keinen einzigen Tag Urlaub genommen oder wegen Krankheit gefehlt haben. Er war der Überzeugung, dass ein guter Arzt mit einer einzigen ethischen Norm auskommt, nämlich »den höchsten Aufwand an Aufmerksamkeit, Engagement, Zeit und Einsatz unserer Ressourcen, im Zweifel zunächst bei den jeweils Schwierigsten, Hoffnungslosesten, Aussichtslosesten, Ältesten und unerträglichsten Patienten, einzusetzen«. Ein wesentliches Ziel seiner Arbeit in Gütersloh war es, den Nachweis zu führen, dass alle bisherigen Langzeitpatienten ein Leben außerhalb der Anstalt führen können. Sie sollten das Recht auf Rückkehr in die Gesellschaft haben, die Gesellschaft wiederum sollte das Recht verlieren, psychisch Kranke aus der Öffentlichkeit zu verbannen. Dörner hat den Psychiatrie-Planeten radikal entvölkert. Seitdem ist die Klinik nur noch der Ort, an dem Kranke akute Krisen überstehen sollen, bevor sie ambulant weiterbehandelt werden können.

Da ich das Gefühl habe, gerade in einem Land unterwegs zu sein, dessen Grundton die Nervosität ist, will ich mich bei denen erkundigen, die Fachleute sind für gestörte Gemütsverfassungen. Mich interessiert diese Welt insbesondere deshalb, weil seit einigen Jahren auch Philosophen und Soziologen darüber nachdenken, ob Depression und Burnout nicht nur individuelle Krankheitsbilder sind, sondern auch gesellschaftliche Pathologien, also ein Spiegel unserer Zeit. Die französischen Sozialwissenschaftler Luc Boltanski und Eve Chiapello haben als »neuen Geist des Kapitalismus« beschrieben, dass Arbeitnehmer heute nicht mehr die Möglichkeit hätten, eine Grenze zwischen Beruf und Privatleben zu ziehen. Sie seien genötigt, ihre gesamte Persönlichkeit in ihre Berufsidentität einzubringen. Die Arbeit werde also entgrenzt und subjektiviert. Das sind Thesen aus dem Jahr 1999, die für viele Angestellte aus Dienstleistungsberufen inzwischen sehr plausibel geworden sein dürften. Wenn Firmen beginnen, sich als Gemeinschaften zu inszenieren, reicht es nicht mehr, seine Arbeitskraft zur Verfügung zu stellen, dann wird vom neuen Typ des Arbeitnehmers erwartet, dass er sich mit seiner Tätigkeit vollends identifiziert, seine Kreativität einbringt; oder wie auch immer man dieses Authentizitätsgebot, das inzwischen aus fast jeder Stellenausschreibung durchschimmert, benennen will. Jeder soll ein fröhliches Gesicht machen, wenn wieder mal Überstunden anstehen, niemand soll den verbotenen Satz sagen: Das ist nicht mein Job. Der französische Soziologe Alain Ehrenberg war der Erste vom Fach, der das Krankheitsbild der Depression systematisch aus nicht psychiatrischer Sicht betrachtet und einen Zusammenhang zwischen entgrenzter Arbeit und der Erschöpfung als Massenepidemie hergestellt hat. Seine Vermutung war, dass aus dem Freiheitsversprechen, nun auch in der Arbeit man selbst sein zu dürfen, bei vielen die Zumutung wird, dies fortan auch zu müssen. Wer im Job nicht begeistert ist, wer sich bei der Selbstvermarktung eigener Leistungen schwertut, macht sich das zum Vorwurf. Früher hätten äußere Zwänge psychische Krankheiten hervorgebracht, heute seien es innere Zwänge, weil sich der depressive Mensch für sein Scheitern anklagt, meinte Ehrenberg in seinem Buch »Das erschöpfte Selbst« aus dem Jahr 2004. Seitdem sind Ehrenbergs Thesen vielfach aufgegriffen worden, zum Beispiel vom Deutsch-Koreaner Byung Chul-Han in seinem philosophischen Bestseller »Müdigkeitsgesellschaft«.

Dies im Hinterkopf, treffe ich mich in der Klinik mit einem Mann, der nach seinem stationären Aufenthalt wieder mühsam Fuß im Alltag zu fassen versucht. Eckhard Sallermann hat sich vorgenommen, neu zu lernen, wie man die eigene Umgebung wahrnimmt. Sein persönlicher Weg dorthin ist die Fotografie, ihm geht es vor allem um eine genaue Wahrnehmung der Natur durch die Linse. »Sie glauben gar nicht, wie viele Leute durch den botanischen Garten laufen, ohne zu sehen, zu riechen, zu genießen«, schildert er seine Beobachtung von anderen, die er sofort auf sein früheres Selbst bezieht, auf die Zeit, als seine eigene Haltung zur Welt durch die Depression gestört war. Er beschreibt sich heute als einen, dem es gelungen ist, aus einem Gefängnis auszubrechen, in dem er lange festgesessen hat. »Leben heißt

Zeit haben«, sagt er mit einer Haltung, als hätte er er gerade eine bahnbrechende Entdeckung gemacht. 20 Jahre hat Sallermann als Informatiker gearbeitet, er war der »Computermann« in einem Großhandel. Erst im Nachhinein sei ihm klar geworden, dass er lange mit Leuten zusammen gearbeitet habe, mit denen er eigentlich nichts zu tun haben wollte. Irgendwann bekam er einen neuen Chef und mit ihm zusätzlichen Druck und die ersten Panikattacken. »Ich hatte das Gefühl, du wirst gefangen gehalten wie ein Sklave.« Ständig habe er Mahnungen im Ohr gehabt: »Du musst jetzt! Hast du schon?«

Das alles ist länger her. In der Zwischenzeit hatte er seinen psychischen Zusammenbruch, seitdem ist für ihn nichts mehr wie vorher. Er ist jetzt auf Zeit verrentet; ob er jemals wieder wird arbeiten können, ist momentan völlig offen. Vorher müsse ihm die Rückkehr ins wirkliche Leben gelingen. Eine Tagesstruktur schafft er sich derzeit auch dadurch, dass er jeden Morgen in die Psychiatrie kommt, um Aufgaben als Ehrenamtler zu übernehmen. Seit seinem Aufenthalt in der Psychiatrie, zunächst stationär, später als Patient in der Tagesklinik, stellt sich Sallermann die Frage: »Wer bin ich eigentlich?« Er ist nicht der Erste, der mir davon erzählt, dass es erst einen Riss im eigenen Leben geben musste, bevor die Frage dringlich wurde, ob das Leben an einem vorbeizieht oder ob man es wirklich führt, also der Autor seiner eigenen Biografie ist. Vor Jahren verblüffte mich jemand mit der Bemerkung, er sei im Nachhinein sehr dankbar, einen Herzinfarkt erlitten zu haben, weil erst durch die Erfahrung einer schweren Krise der Weg für ihn frei wurde für eine echte Prüfung des eigenen Lebens. Das war auch der Beginn seines Interesses für Philosophie. Schon Sokrates hat ja sein Umfeld mit der Zumutung irritiert, ein ungeprüftes Leben, das von Konventionen bestimmt ist, sei ein sinnloses Leben.

Sallermann jedenfalls nennt als seinen Wunsch für die Zukunft, wieder ein sinnvolles Leben führen zu können, das er selbst in der Hand hat. Das Adjektiv sinnvoll war in seinem Satz deutlich betont.

Mich interessiert, in welcher Weise die Sinnfrage an diesem Ort thematisiert wird. Ob es einen Zusammenhang gibt zwischen Sinnverlust und Depression. Neben Sallermann haben sich auch noch Christiane Tilly und Bruno Hemkendreis Zeit für einen Kaffee mit mir genommen. Tilly arbeitet als Therapeutin, hat aber »Erfahrungswissen«, wie sie es ausdrückt, also den Rückblick auf eine eigene psychische Erkrankung, in deren Verlauf sie eine Zeit lang in der geschlossenen Abteilung einer Klinik verbringen musste und auf dem Höhepunkt ihrer Krise sogar im Bett fixiert wurde. Eine Erfahrung, von der sie heute sagt, dass man sie niemals im Leben mehr vergisst. Hemkendreis ist Projektmanager in der Gütersloher Klinik, er hat ein Hilfesystem für die Mitarbeiter aufgebaut. Dahinter steht die Einsicht, dass es bei keinem anderen Krankheitsbild ähnlich fließende Übergänge zwischen Therapeuten und Kranken gibt wie in der Psychiatrie.

Nun denken sie zu dritt darüber nach, ob die Sinnfrage hierhergehört. Hemkendreis meint, dass Betroffene sie für sich stellen könnten, aber die Therapeuten sollten sie ihren Patienten nicht zumuten. »Unsere Aufgabe ist die Hinführung dazu, dass jemand Sinn wiederfindet. Aber wir können uns nicht hinstellen und einem Workaholic sagen, dass sein Zusammenbruch kein Wunder ist, wenn man 16 Stunden arbeitet!« Meine beiden anderen Gesprächspartner betonen dagegen, dass in der Psychiatrie zu wenig über Sinn gesprochen werde. Dass das eigene Leben kein Ziel hat, sei schließlich die gemeinsame Erfahrung vieler Patienten. Tilly glaubt, dass so manchen Therapeuten die Frage nach dem Sinn auch persönlich zu gefährlich sei, weil dann erst richtig deutlich würde, wie fließend die erwähnten Übergänge zwischen ihnen und ihren Patienten tatsächlich sind. Die Profis wollten Sicherheit für sich selbst und suchten sie in ihrer Rolle, würden ihren Kranken gegenüber den Eindruck erwecken, immer zu wissen, was zu tun ist.

Vielleicht versuchen wir da draußen das auf unsere Weise ja auch, denke ich, und wissen doch sehr genau, dass diese Sicherheit eines geordneten und getakteten Lebens mit festen Rollen immer gefährdet ist, weil die Erfahrung von Absurdität und Sinnlosigkeit einen in jedem Augenblick anspringen kann. Während ich den dreien zuhöre, geht mir die Frage durch den Kopf, ob ich gerade zu Besuch an einem Ort bin, der ganz anders ist als die Welt da draußen, oder ob er ihr Spiegel ist. Sallermann erzählt, dass ihm der mahnende Satz aus Therapeutenmund, »Das wirkliche Leben ist draußen!«, Angst gemacht habe. Er habe sich in dem Paradoxon wiedergefunden, dass man draußen sei, sobald man drinnen ist. Der Insasse der Psychiatrie erlebt sich als nicht mehr dazugehörig. Dabei erinnert sich Sallermann an ein positives Gefühl von totaler Sicherheit, anfangs, als er nach all den Panikattacken schließlich auf der Station aufgenommen wurde. Drinnen ein Ort mit viel Zeit, draußen eine Arbeitswelt im Geschwindigkeitsrausch. Er war einstweilen froh, Letzteres erst mal hinter sich zu haben.

Aber der Geist der Beschleunigung macht derzeit auch vor der Psychiatrie nicht halt. Neue Abrechnungssysteme der Krankenkassen zielen darauf, die Behandlungsdauer zu verkürzen. Wer in der Gütersloher Klinik vor zehn Jahren wegen einer Psychose behandelt wurde, hat hier seinerzeit noch bis zu drei Monate verbracht. Ein Patient mit der gleichen Diagnose ist heute nach 21 Tagen wieder draußen. Bei Depressionen gelten sechs Wochen als Obergrenze, bei anderen psychischen Erkrankungen sind es weniger. »Man fühlt sich aber auch in dieser Zeit oft alleingelassen«, sagt Tilly, »weil bei den Ärzten keine Zeit mehr ist.« Es gebe unter den Patienten unausgesprochene Kämpfe um Anerkennung, die sich darum drehten, wann der Arzt für wen kostbare Zeit aufbringt. Man nehme sich in diesem Punkt untereinander als Konkurrenten wahr. Klaus Dörner dagegen, die Kliniklegende, sei mit seinen Kranken noch ans Meer gefahren. Dabei habe einer, schmunzelt Tilly, höflich gefragt, ob es gestattet sei, das Meer mit Füßen zu betreten.

Christiane Tilly erinnert sich an viele nächtliche Gespräche im Raucherzimmer über Lebensziele, die sie als Patienten geführt haben. In diesen Stunden spielten dann der Zeitdruck und die Scharmützel des Tages um die Aufmerksamkeit des Arztes keine Rolle mehr. Da hatte die Sinnfrage ihren passenden Ort. Im Übrigen sei die Wahrnehmung von Zeit in der Psychiatrie häufig durch die Einnahme von Psychopharmaka verändert. Sie hat das oft als »Begrüßungsmedikament« verschriebene »Tavor« nehmen müssen, das zur Beruhigung bei Patienten eingesetzt wird, die an Angst und Panikattacken leiden. Bei den Rolling Stones tauchen die Pillen in dem Song »Mothers Little Helper« auf. Tilly hat schlechte Erinnerungen an ihr Zeiterleben unter Einfluss dieses Präparats. »Die Zeit war wie in Stücke geschnitten. Es gab keine Kontinuität mehr. Es waren jeweils längere Zeitstreifen mit harten Cuts.«

Wenn diese erste Phase auf der Station vorbei ist, die Sallermann viel angenehmer in Erinnerung hat, weil er sich in Sicherheit fühlte, beinahe wie ein Kind, wie er sagt, beginnt irgendwann die Auseinandersetzung mit der Frage nach dem Verhältnis von drinnen und draußen. Der Informatiker war bald von dem Gedanken geplagt: »Die stoßen dich in die Selbstständigkeit zurück.« Tilly ergänzt, dass es unter den Profis in den Psychiatrien eine Diskussion darum gebe, ob man die Stationen bewusst ungastlich einrichten solle, damit sich niemand zu heimisch fühlt. So erklärt sie auch die zum Teil starren Regeln, die dort herrschen. Auf der einen Station wird mittags der Raucherraum zugesperrt, auf der nächsten gibt es Kaffee nur zu bestimmten Zeiten, und nirgendwo hätten Patienten einen Anreiz, sich einzurichten. »Wir sind hier kein Hotel« gehöre zu den geflügelten Worten des Personals. »Psychiatrie neigt eben dazu, Macht auszuüben«, fügt Tilly trocken hinzu. In diesem Moment wird Hemkendreis, der Projektmanager der Klinik, unruhig. Er hat die Veränderungen in der Psychiatrieszene über Jahrzehnte miterlebt. »Auch den Mitarbeitern geht es nicht mehr gut«, wirbt er um Verständnis. Psychologen hätten sich mal für ihren Beruf entschieden, weil sie mit Menschen arbeiten wollten. Heute hätten sie aber keine Zeit mehr, sich in Ruhe miteinander auszutauschen. »Wir haben eine neue Zeiterfassung im Betrieb, ständig neue Computerprogramme. Etliche sagen still für sich: ›Es ist nicht mehr das, warum ich den Job gewählt habe, aber ich komme aus der Nummer nicht mehr raus‹.«

Also doch kein eigener Planet. Was ich zu hören bekomme, ist die ganz gewöhnliche Geschichte von ständig fortschreitender Arbeitsverdichtung, wie sie fast überall erzählt wird. Die Pathologien der Arbeitsgesellschaft finden sich auch an dem Ort wieder, an dem sie geheilt werden sollen. Wie sollte er sich auch davon freihalten können? Hemkendreis hat über die Jahre miterlebt, wie abhängig psychiatrische Diagnosen vom Zeitgeist sind. Ein Beispiel ist das sogenannte Burn-out-Syndrom. Als Krankheit ist es bislang nicht anerkannt, es gilt als diffus, deshalb gibt es auch keine Behandlung, die mit den gültigen Leitlinien für die Psychiatrie konform wäre. Aber das Wort ist nun mal in der Welt.

Es werde von Patienten gern benutzt, so die Erfahrung von Hemkendreis, wenn sie ihr Gefühl der totalen Erschöpfung und Überforderung benennen, aber nicht Depression sagen wollen. Das englische Wort helfe dabei, ein Stigma ins Positive zu wenden. Denn wer sich in der Arbeit verausgabt hat, erfüllt ja sogar eine gesellschaftliche Norm und verliert daher auch nicht soziale Anerkennung, wenn er sein Leid offenbart. Dass dieses Gefühl der Erschöpfung grassiert, habe etwas mit der Taktung im Arbeitsleben zu tun. Aber man dürfe auch nicht die andere Seite der Medaille vergessen, das Bore-out, ein Gefühl der Langeweile und Ohnmacht, das sich einstellt, wenn man seine Begabungen im Beruf vergeblich versucht hat, einzubringen. Viele würden sich heute mit der Frage quälen: »Wie kann ich wieder mitsprechen? Wieso werde ich mit dem, was ich kann, nicht gesehen?« Dies zuzugeben ist schon deutlich schwerer als beim Burn-out, weil das Scheitern offenkundiger ist. Gemeinsam ist den beiden Syndromen, dass das Selbstbild eines Menschen in hohem Maße von der eigenen Rolle in der Arbeitswelt bestimmt wird. Das »erschöpfte Selbst« möchte im Job nicht mehr nur das nötige Geld zum Leben verdienen, es möchte in der Arbeit ganz bei sich sein, lautete ja die Vermutung des Soziologen Alain Ehrenberg. Hemkendreis, der Projektmanager in der Psychiatrie, formuliert es ähnlich. »Wir leben in einer Gesellschaft, in der anscheinend alles offen ist und alles geht. Da muss sich jeder Einzelne fragen: Aber was geht bei mir? Das macht Druck.«

Sallermann, der ehemalige Patient auf der Station, hat aufmerksam zugehört. Für ihn steht ohnehin fest, dass der herrschende Wahnsinn im Arbeitsleben zu suchen ist. »Die Bedingungen sind so, dass ich heute sage: Das ist nicht das Leben.« Er gibt zu, dass er manchmal ein schlechtes Gewissen hat, weil er nicht mehr arbeitet. »Wenn es ein bedingungsloses Grundeinkommen gäbe«, vermutet er, »würden die Leute aus den Psychiatrien verschwinden.«

Ich möchte noch genauer wissen, welche Veränderungen in der Gesellschaft auf den Alltag in den Psychiatrien durchschlagen. Hemkendreis nennt sofort die wachsende Einsamkeit. In diesem Punkt seien Burn-out- und Bore-out-Patienten miteinander verbunden. Man wisse das durch Erhebungen mit einem standardisierten Fragebogen. Viele Patienten würden zahlreiche Erfahrungen mit professioneller Hilfe vor dem Klinikaufenthalt angeben, aber die persönlichen Kontakte zu Freunden oder Verwandten seien oft dürftig.

Eine Zeit lang dreht sich unser Gespräch um die Bedeutung von Freundschaften für die seelische Stabilität. Ich erwähne, welche Ausdrucksformen von Einsamkeit mir unterwegs aufgefallen sind, das Kneipensterben in Datteln und die ältere Dame im Essener Norden, die mir erzählt hat, wie oft sie früher in der Nachbarschaft beisammengesessen hätten. Während wir reden, erhebt sich Sallermann und geht wortlos hinaus. Etwas stimmt nicht. Aber was es ist, ist mir nicht klar. Für einen Moment bin ich innerlich abwesend, weil ich mich frage, warum er gegangen ist. Ich verpasse den Anschluss, weiß nicht, wieso plötzlich von Achtsamkeit die Rede ist. Christiane Tilly erzählt grinsend, dass hier keiner mehr das Wort hören könne. Mit genervter Miene berichtet sie von Achtsamkeitsübungen, die im Alltag der Psychiatrie zum Ritual erstarrt seien. Keiner mag sich mehr auf fünf Dinge besinnen, die man sehen, hören oder riechen kann. Berüchtigt sei auch der kollektive Blick auf ein Glas mit Mineralwasser verbunden mit der Aufforderung, die eigenen Probleme so zu betrachten wie Blasen, die nach oben steigen. »Wir verkaufen Achtsamkeit als Modul!«, spottet Tilly über sich selbst. Dann steckt Sallermann kurz seinen Kopf wieder zur Tür rein, um sich zu verabschieden. Das Gespräch sei ihm plötzlich zu viel geworden, als wir über Einsamkeit gesprochen hätten. Anscheinend fällt keinem von uns so schnell etwas Passendes darauf ein. Einen Moment ist es still, dann ist er weg.

Der Tag ist halb rum, als ich die Klinik verlasse. Mein Gepäck habe ich ohnehin im Hotel gelassen, weil ich eine Wanderpause brauche. Zum ersten Mal zwei Nächte im selben Bett, bevor ich morgen noch ein letztes Mal laufen will. In Bielefeld soll Schluss sein, darauf habe ich mich jetzt festgelegt. Heute werde ich es bei einem Spaziergang belassen. Das Ziel habe ich zufällig beim Frühstück in der Lokalzeitung entdeckt. Dort wurden Landwirte porträtiert, die ihr Geld am Rande von Gütersloh mit dem Anbau von Fertigrasen verdienen. Ich weiß nicht, ob sich der Weg lohnen wird. Aber mein Gefühl sagt mir, dass es dort etwas Interessantes zu sehen geben wird. Schließlich verspricht der »Rasenhof« der Brüder Wullengerd den schnellen Weg zum eigenen Grün, also auch eine Form von Beschleunigung. Komische Zeiten, in denen Gartenbesitzern Zeit oder Geduld fehlen, um das Gras wachsen zu sehen. Sie müssen heute nicht mehr selbst säen, sondern können ihren frisch ausgerollten Rasen noch am selben Tag betreten.

Der Hof aus dem 16. Jahrhundert liegt zwar etwas versteckt auf einer Insel aus alten Bäumen, aber da ringsherum große Felder mit Rasen bepflanzt sind, der perfekt englisch aussieht, als ob hier mit der Wasserwaage gearbeitet worden wäre und es in diesem Sommer üppig geregnet hätte, weiß ich sofort, worauf ich zulaufen muss. Angemeldet bin ich nicht, aber Raphael Wullengerd nimmt sich trotzdem gern Zeit für mich. Das Geschäft läuft gerade etwas ruhiger, denn mehr als die Hälfte des Umsatzes macht der Betrieb von April bis Juni, wenn seine Kunden im Gartenfieber sind. Er ist ein dynamischer Typ in den Dreißigern, der sich als Bauer der neuen Generation bezeichnet. Ein BWL-Handbuch würde zu ihm besser passen als eine Mistgabel. So wie alle auf dem Hof trägt er ein graues Poloshirt mit aufgedrucktem Firmenlogo, Corporate Identity in der Landwirtschaft.

Damit ich sein Geschäftsmodell verstehe, führt er mich in die alte Scheune. Sie ist vollgestellt mit modernster Agrartechnologie. Stolz zeigt er auf seinen Fuhrpark: »Hier stehen eine Million Euro rum.« Er weist auf eine Beregnungsanlage, die 60 Meter breit ist, davon hat er sieben Stück. Seit zwei Jahren hat er sie aber schon nicht mehr benutzt, das machen andere auf dem Hof. »Die Dinger werden immer komplizierter«, sagt er, »deshalb brauchen wir eine Arbeitsteilung.« Der Riesentraktor zum Mähen, der mit 25 Stundenkilometern über die Felder brettern kann, hat ein automatisches Lenksystem an Bord, das per GPS gesteuert wird. Bald müsse vermutlich keiner von ihnen mehr auf dem Traktor sitzen, meint der Rasenbauer, weil sich das autonome Fahren durchsetzen werde. Wenn gedüngt werden muss, kommt ein Stickstoffsensor zum Einsatz. Der misst anhand der Grünfärbung der Halme den Stickstoffgehalt der Pflanze und meldet dem Düngerstreuer, wie er dosieren soll. »Wer einen schönen Rasen haben will«, nennt Wullengerd als Grundsatz, »der muss ihn füttern!« Das heißt in seinem Fall: viel Dünger und drei- bis fünfmal die Woche mähen. Denn je öfter man den Rasen schneidet, desto dichter wird er.

Raphael Wullengerd und sein Bruder Benedikt haben in den vergangenen Jahren immer mehr Land von Bauern gepachtet, die aufgeben mussten, sind inzwischen bei 80 Hektar angekommen, und die Nachbarn wissen, dass sie weitere Ländereien suchen und höhere Pachten zahlen können als Ackerbauern. Auch wenn manche in der Gegend lästern würden, dass bei der Rasenernte der ganze Mutterboden abgetragen werde. Dann rechnet er vor, dass ein Getreidebauer fünf bis sechs Tonnen pro Hektar ernten und nur mit einem Erlös von 1000 Euro rechnen könne. Er verkauft aber den Quadratmeter Rasen für etwa vier Euro. Rechne man das hoch, komme er auf eine Summe, die vierzigmal höher ist als die des Getreidebauern. »Es können nicht alle wachsen«, sagt Wullengerd trocken, »es müssen auch welche weichen.«

24. Juli 2015:

»Zeit ist gerade für Krebspatienten wichtig. Im hektischen und von ökonomischen Zwängen geprägten Alltag der onkologischen Kliniken und Schwerpunktpraxen bleibt allerdings häufig kaum noch Raum, um über Ängste, Hoffnungen und Erwartungen zu reden.« (SZ)

Entweder es springt mich gerade besonders an, auch morgens beim Zeitunglesen, weil meine Wahrnehmung in diesen gedehnten Wochen des Wanderns selektiv ist, oder aber das Thema knappe Zeit ist tatsächlich allgegenwärtig. Gar nicht mehr zu zählen, wer alles es mir gegenüber zur Sprache gebracht hat. Ich hingegen habe dieses Gefühl der Knappheit vorübergehend vergessen können, blicke auf Wochen der Fülle zurück und hadere dennoch kein bisschen damit, dass dies nun mein letzter Tag des Herumvagabundierens sein wird.

Meine erste Bekanntschaft mache ich an diesem Tag mit Gerlind. Sie ist am nördlichen Rand von Gütersloh mit einem kleinen Hund an der Leine unterwegs. Die Ende 50-Jährige spricht mich mit den Worten an, hier sei noch nie ein Wanderer gesehen worden. Sie begleitet mich ein Stück vom Rande eines Wohngebietes in den Wald hinein und lässt sich von mir erzählen, warum ich schon so lange zu Fuß unterwegs bin. Um sie aus der Reserve zu locken, sage ich ihr, dass ich Menschen wie sie zufällig treffen will, damit sie mir erzählen, was ihnen wichtig im Leben ist. Freiheraus antwortet Gerlind, dass sich ihr Leben seit einigen Wochen komplett verändert habe. Eigentlich sei sie wie gewohnt hierhergekommen, um sich um ihre Eltern zu kümmern, die beide auf die 90 zugehen. Ihre Mutter sei zudem dement. Aber diesmal habe sie nur wenig Zeit, zu bleiben, weil sie zu Hause in Bayern noch dringender gebraucht werde. In ihrer Familie habe sich eine Tragödie ereignet. Sie macht eine Pause, die ich nicht durch vorschnelles Nachfragen zerstören will. Das ist das Gute, wenn man beim Gehen redet: Es kommt nicht auf Geschwindigkeit an. Die Gedanken suchen sich ihr eigenes Tempo. Auch das Schweigen ist viel besser auszuhalten.

Gerlind beginnt, von ihrem Schwiegersohn zu erzählen. Der hatte eine Firma für Raftingtourismus in Oberbayern. Sie beschreibt ihn als rastlosen Workaholic, der sich nie eine freie Minute gegönnt habe. Ihre Tochter habe von ihm jedes Mal aufs Neue vergeblich gefordert, ausnahmsweise auch mal nachmittags um fünf zu Hause zu sein. Der Schwiegersohn hat seinen Kunden nach den Events in den Bergen Übernachtungen in einem alten Bauernhof aus dem 16. Jahrhundert angeboten, der nicht den Brandschutzbestimmungen entsprach. Er wusste das wohl, hat aber lange Zeit nichts unternommen. Vor ein paar Wochen gab es ein fürchterliches Feuer, innerhalb von fünf Minuten war der Hof niedergebrannt. Für sechs seiner Gäste kam jede Hilfe zu spät. Seitdem sitzt der Schwiegersohn in Untersuchungshaft.

»Jetzt ist er von hundert auf null«, sagt Gerlind. Er habe nun die Chance, sich selbst und sein bisheriges Leben anzuschauen. Sie sagt das nicht abschätzig, ohne jede Besserwisserei. Ich staune, mit welcher Gelassenheit sie die schreckliche Geschichte vorgetragen hat. Sie meint, dass solche Krisensituationen die Chance böten, herauszufinden, worauf es im Leben ankommt. Ich nehme ihr sofort ab, dass diese Haltung nicht aufgesetzt ist. »Neulich, als meine Tochter bei ihm zu Besuch in der U-Haft war, hat er gesagt: ›Ich war ja vorher im Gefängnis!‹ Da bewegt sich was bei ihm.« Gerlind spricht mit dem ganzen Körper. Als ich sie frage, worin sie nun ihre Rolle sieht, breitet sie ihre Arme weit aus und antwortet knapp: »Alles auszubalancieren«.

In Isselhorst komme ich an einem alten Kriegerdenkmal vorbei, ein rötlicher Obelisk, mit Moos bewachsen, auf dem ein gusseiserner Adler thront. Der Verkehr rauscht vorbei, niemand interessiert sich für die Toten des Ortes. Angeblich gibt es in Deutschland 100 000 solcher Denkmäler, ich habe unterwegs auch schon etliche links liegen gelassen. Abgesehen von rituellen Überbleibseln, die es vor allem in der Provinz noch gibt, wie dem Kranzablegen während des Schützenfestes oder am Totensonntag, hat unsere postheroische Gesellschaft den Bezug zu solchen Orten vollkommen verloren. Wir verstehen nicht mehr, warum der Name von gefallenen Soldaten die Lebenden darauf verpflichten soll, den Opfertod als moralisches Vorbild zu betrachten. Die Frage, ob es heute noch eine Idee gibt, für die man bereit wäre, sein Leben in die Waagschale zu werfen, kann einen ja tatsächlich ins Grübeln bringen. Vor einiger Zeit habe ich mit Schülern über Dietrich Bonhöffer diskutiert, der für seine Beteiligung am Widerstand gegen Adolf Hitler vom NS-Regime hingerichtet wurde. Alle waren der Meinung, dass es dumm sei, sein Leben für eine Überzeugung herzugeben, weil man ja nur eines habe.

Ich laufe um den Obelisken herum, lese die Namen und stutze darüber, wie die lange Katastrophengeschichte der Kriege im Zeichen des preußischen Adlers behandelt wird. Eine erste Tafel ist im Jahr 1898 angebracht worden, vermutlich bei der Einweihung. Hier sind die Toten der preußischen Kriege von 1864, 1866 und 1870/71 aufgelistet. Eine zweite Tafel stammt aus dem Jahr 1922 und ehrt »die tapferen Helden des 1. Weltkriegs«. Die letzte wurde im Jahr 1962 hinzugefügt. Auf ihr sind etwa 200 Namen von Isselhorstern festgehalten, die »ihr Leben gaben für Volk und Vaterland«. Unterzeichnet ist sie von der »dankbaren Gemeinde des Kirchspiels Isselhorst«. Hat man tatsächlich in dem Jahr, in dem ich geboren wurde, noch mit einem Gefühl der Dankbarkeit an diejenigen gedacht, die an der Front krepiert sind, und hielt das, was sie vorher dort getan haben, für einen Dienst am Vaterland? Oder hat man damals einfach weitergetextet im Geist des 19. Jahrhunderts, weil noch die Fantasie für eine Sprache fehlte, die den Ereignissen aus dieser Zeit angemessener gewesen wäre? Offenbar ist Erinnerung, gerade wenn sie kollektiv geschieht, ein Stoff, der sich gut kneten lässt. Innerhalb einer Generation kann sich die Perspektive um 180 Grad drehen. Im Nachhinein wirkt die Vorstellung absurd, dass die Bürger von Isselhorst 17 Jahre nach Auschwitz hier zusammengestanden und es mit dieser Form von Sinnstiftung probiert haben. Da wird doch manchem unter den Anwesenden mulmig gewesen sein. Schon ein paar Jahre später wäre der Text mit Sicherheit anders ausgefallen.

Bald darauf läuft mir im Angesicht der Farbe Rot das Wasser im Mund zusammen. Viele Minuten lang sehe ich am Wegesrand immer nur Erdbeeren und Himbeeren. Die Familie Aschentrup baut die Früchte seit 50 Jahren auf ihren sandigen Böden an. In dieser Zeit haben es die Erdbeerbauern geschafft, die alten Jahreszeitenregeln außer Kraft zu setzen. Frau Aschentrup treffe ich vor einer großen Lagerhalle, in der die Früchte auf Paletten gestapelt werden. Die vielen Kisten müssten reichen, um eine ganze Stadt zu versorgen. Ich kaufe ihr eine Schale Himbeeren ab, die ich sofort esse, und lasse mir erklären, wie die Produktion organisiert ist. Ihre Schwiegereltern haben 1965 begonnen, den Hof aus dem 19. Jahrhundert auf Erdbeeren umzustellen, anfangs mit vier Reihen, die jeweils 40 Meter lang waren. Aus heutiger Sicht sind das Zahlen zum Schmunzeln, denn wenn man die Anbauflächen jetzt zusammenrechnet, kommen die Aschentrups auf eine gedachte Reihe von 200 Kilometer Länge. Die Ernte beginnt inzwischen bereits Mitte April mit Früchten, die unter Doppelfolie gezogen werden. Dann folgt die Freilandsaison, die ihren Höhepunkt bereits überschritten hat. Mithilfe der sogenannten Terminkulturen kann der Erntezyklus aber bis in den Herbst hinein verlängert werden. Diese künstliche Verspätung gelingt, wenn man die Ableger der Jungpflanzen im November und Dezember rodet, also in deren Winterruhe. Die Ableger werden dann in Folienbeuteln bei hoher Luftfeuchtigkeit eingefroren, in einen künstlich verlängerten Winter versetzt und erst im Sommer aufgetaut und ausgepflanzt. Drei Wochen später blüht die Pflanze bereits, Früchte gibt es auf dem Hof der Aschentrups bis Mitte September.

An einem Produkt, das früher nur für einige Wochen zu haben war, wird also fast das ganze Jahr gearbeitet. Momentan helfen 150 Saisonkräfte aus Rumänien bei der Ernte. Auf dem Hof steht eine ganze Kolonie von höchst beengten Wohncontainern, in denen sie ihren Feierabend verbringen. »Die Arbeiter bleiben sechs bis acht Wochen, länger geht das nicht«, sagt Frau Aschentrup in nüchternem Ton. »Das ist ein Knochenjob, danach sind die durch.« Die Chefin muss momentan noch nicht den Mindestlohn bezahlen, weil vorübergehend ein brancheneigener Tarif von 7,40 Euro pro Stunde gilt. »Aber die Rumänen hier sind sowieso im Leistungslohn. Bei schneller Akkordarbeit kommen sie auf gut zehn Euro.«

25. Juli 2015:

»Für seinen World Technology Report 2014 hat der Netzausrüster Cisco unter anderem Personaler und Angestellte in deutschen Unternehmen gefragt. Die große Mehrheit von ihnen war überzeugt, dass feste Arbeitszeiten im Jahr 2020 nicht mehr existieren würden.« (Die Welt)

Für den letzten Tag bin ich in Bielefeld mit Weltveränderern verabredet. Ich bin mir sogar sicher, dass sie das Wort mögen werden. Denn nach allem, was ich über ihre Bewegung weiß, glauben sie an die »Kraft des Einfach-jetzt-Machens«, eine Formulierung des Gründers Rob Hopkins. Der britische Umweltaktivist hat vor knapp zehn Jahren in seiner südenglischen Heimatstadt Totnes die erste sogenannte Transition-Initiative gegründet. Ein soziales Experiment, wie man mit lokalem Handeln im Kleinen Antworten auf die globale ökologische Krise im Großen geben kann. Bald danach ging die Idee fast um die ganze Welt – und hat es eben auch nach Bielefeld geschafft. Hier ist im Jahr 2009 die vierte »Transition Town« in Deutschland ins Leben gerufen worden. Michael ist einer der Gründer. Er erwartet mich vor dem Bahnhof mit einem Lastenfahrrad, weil er weiß, dass ich mit Rucksack unterwegs bin. Den verstaue ich in der großen, offenen Box vor der Lenkstange und drehe auf dem Bahnhofsplatz erst mal ein paar Kurven, um mich an das Manövrieren eines sperrigen Dreirades zu gewöhnen, bevor wir unsere Tour durch die Stadt beginnen. Sein eigenes Rad hat der Grafiker auch in der Box mitgebracht.

Michael erzählt, dass das Lastenrad über Crowdfunding

finanziert worden ist. Es gab ein paar Leute, die bereit waren, Geld für die Idee aufzubringen, Transportwege in der Stadt ohne Auto zu bewältigen. Wer ein paar Kästen Bier holen will oder einen Kühlschrank, kann sich das Lastenrad ausleihen, wird lediglich um eine kleine Spende für anfallende Reparaturen gebeten. Man kann damit sogar einen kleineren Umzug erledigen.

Je länger ich daraufsitze, umso besser komme ich mit der Kurventechnik klar. Ich radele hinter Michael her und beobachte unterwegs Leute, die ihre Samstagseinkäufe im Kofferraum verstauen. Sie halten vermutlich ihre Variante für die bequemere. Dabei ist sie bloß die gewohnte. Sie haben Parkplätze gesucht und Tüten geschleppt. Sie zahlen ständig für ein Auto, das nur zweimal am Tag bewegt wird. Eigentlich vollkommen irrational im städtischen Alltag, aber immer noch die Regel. Mein Lastenrad dagegen zieht Blicke auf sich. Das wäre anders, wenn an jeder Ecke eins stünde. Bevor es so weit ist, so verstehe ich die Transition-Idee, muss eine bekloppte Avantgarde einfach anfangen, den anderen zu zeigen, dass es auch anders geht. Das einzelne Beispiel des Lastenrades ist dabei so unspektakulär wie die meisten Aktionen der Transition-Bewegung. Sie baut keine Barrikaden. Ihr geht es darum, einen Kulturwandel im Alltag durchzusetzen, der die Abhängigkeiten schrittweise vermindert, die ein verbrauchender Lebensstil zwangsläufig mit sich bringt. Wer sich zur Transition-Szene rechnet, probiert das richtige Leben im falschen.

Michael hält kurz in einer Wohnsiedlung mit alten Mietskasernen an. Er zeigt mir Gemüsebeete mitten auf dem Gehweg. Seine Leute haben mit der Wohnungsbaugesellschaft aushandeln müssen, dass der Anbau im öffentlichen Raum gestattet wurde. Das sogenannte Urban Gardening, die Errichtung von Gemeinschaftsgärten auf städtischen Brachen, ist in den vergangenen Jahren zwar immer populärer geworden, funktioniert aber nicht überall gleich gut. Hier haben die Anwohner das Projekt noch nicht wirklich zu ihrer Sache gemacht, das merkt man. Es sind kleine Inseln im städtischen Grau, mehr Deko als Konzept. Also radeln wir weiter zum Transition-Garten am Grünen Band. Unterhalb eines Bahndamms ist hier eine üppige grüne Oase mit Gemüsesorten entstanden, die ich teilweise noch nie gesehen habe. Einige von Michaels Mitstreitern kümmern sich gerade um den Gemeinschaftsgarten, einer von ihnen, auch er heißt Michael, führt mich herum. Es ist tatsächlich die Generation Michael, die sich hier engagiert, denke ich beim Blick ringsherum, Leute in der Lebensmitte, die noch radikal genug sind, um neue Ideen auszuprobieren, aber nicht mehr radikal genug, um dabei große politische Dummheiten zu begehen. Das ist mir auch schon bei den Flüchtlingsinitiativen aufgefallen, die ich kennengelernt habe. Sie werden kulturell dominiert von gebildeten Mittelschichtlern, die beruflich etabliert sind und die Rushhour ihres Lebens bereits hinter sich haben. Die Jungen fehlen, die Schwächsten der Gesellschaft sowieso. Aber die bekloppte Avantgarde hier im Garten will ja auch erst mal nur den Anfang machen.

»Ich habe erst mit Mitte 40 den Arsch hochgekriegt«, sagt Michael, der sein Geld als Informatiker verdient. Er zeigt mir eine Gemüsesorte, die uns beide überragt, die Lippische Palme. Eine Grünkohlart, die zwei Meter hoch wächst und von unten abgeerntet wird. Den Namen Cardy höre ich auch zum ersten Mal. Es ist ein Artischockengewächs, von dem man die Blattstile erntet. Sie müssen vor der Verarbeitung in der Küche gebleicht werden. Insgesamt 49 alte, fast vergessene Sorten werden hier angebaut. Michael erzählt, dass er sein Wissen aus Büchern hat. Weil den Kleingärtnern eine Generation verloren gegangen sei, gebe es eine Lücke bei der Weitergabe der nötigen Kenntnisse, die Selbstversorger benötigen. Deshalb spielt das sogenannte Reskilling, die Vermittlung verloren gegangener Fertigkeiten, in der Transition-Szene eine große Rolle. Man veranstaltet Saatgutbörsen, auf denen nicht nur Samen, sondern auch Wissen getauscht wird. In Bielefeld gibt es Kurse, wie man Sauerkraut selbst macht oder mit regionalen und saisonalen Lebensmitteln auszukommen lernt, ohne die Freude an gutem Essen zu verlieren. Spaß und Verzicht experimentell zusammenzubringen scheint ohnehin ein Anliegen zu sein, damit die Transition-Idee nicht für freudlose Askese steht. Im Gemeinschaftsgarten gibt es kein Eigentum. Jeder nimmt sich, was er braucht, oft müssen sogar Passanten angebettelt werden, dass sie sich etwas mitnehmen, damit es nicht verdirbt. Während Michael doziert und ich mich durch den Garten nasche, kommt plötzlich Wind auf. Ein Wetterwechsel liegt in der Luft, von Westen her ziehen dunkle Wolken heran. Wir verziehen uns in den »Weiden-Dom«, ein lebendes Gehölz aus dicken Weidenruten mit einer Feuerstelle in der Mitte, in der ein Dutzend Stühle Platz haben. Ein guter Ort, um mehr über die Transition-Idee zu erfahren.

Ihr Ausgangspunkt ist die Einsicht, dass die Party vorbei ist. Der Klimawandel nimmt Fahrt auf, das fossile Zeitalter neigt sich dem Ende entgegen, auch wenn man derzeit bei fallenden Ölpreisen den trügerischen Eindruck bekommen kann, dass die Vorräte in der Erde unerschöpflich seien. Rob Hopkins hatte den bestechend einfachen Gedanken, dass diese Einsicht depressiv macht, wenn man nicht anschließend praktische Schlüsse daraus zieht und beginnt, das Leben im Kleinen zu verändern. Wenn man nur die kommenden Krisen beschwöre, verfielen die Leute in einen Fatalismus, der Veränderungen unmöglich macht. »Wir sagen in Vorträgen, dass es so nicht weitergeht«, erklärt der zweite Michael, der theorieinteressierter ist als sein Namensvetter, »aber wir bleiben nicht bei Appellen. Wir wollen durch Machen zeigen, dass es andere Wege gibt. Der Satz ›Ihr müsstet mal‹ müsste auf Transition-Versammlungen verboten sein!« Michael gehört zu denjenigen, die in sogenannten Repair-Cafés Hilfe anbieten, wenn etwa ein Elektrogerät oder ein Fahrrad defekt ist. Inzwischen gibt es in sieben Bielefelder Stadtteilen regelmäßige Treffen von Ratsuchenden mit Bastlern, die meistens aus technischen Berufen kommen. »Wir wollen zeigen, dass die meisten Defekte ganz einfach zu beheben sind. Es geht nicht um Frickelei.« Michael ärgert sich, wenn Hersteller Schrauben verwenden, die verhindern sollen, dass man das Gerät öffnen kann, und nennt als Beispiel eine klassische Sechskantschraube, in deren Mitte zusätzlich noch ein Dorn hochkommt. Transition Town Bielefeld hat für solche Fälle Spezialwerkzeuge angeschafft, damit Geräte mit kleinen Macken nicht auf den Müll wandern.

»Wichtig ist die Gemeinschaft«, fährt der Informatiker fort. Man solle von sich selbst nicht denken, verrückt zu sein, während alle anderen da draußen normal seien. Über die Transition-Szene, in der in Bielefeld ungefähr hundert Aktive mitmachen, könne jeder, der zwischendurch in seinem Engagement langsamer werde, die Erfahrung machen, dass es auch noch viele andere Verrückte gebe, die so wie bisher nicht weiterleben wollen. Außerdem sei die Transitions-Idee fast überall in Deutschland zu finden. Es gibt inzwischen 135 solcher Netzwerke im Land, die politische Aktion mit den kleinen Dingen des Alltags in Verbindung zu bringen versuchen. Allerdings benutzen viele Initiativen nicht die englische Bezeichnung Transition, sondern nennen sich zum Beispiel »Lippe im Wandel«. Was sie eint, ist die gemeinsame Idee, dass es heute darauf ankommt, das Maß der Abhängigkeit des eigenen Lebensstils vom großen Ganzen zu verringern. Auch eine Konsequenz aus der letzten Weltfinanzkrise von 2007, die auf leisen Sohlen mit fallenden Grundstückspreisen in den USA begonnen hat. Seitdem wissen wir, dass in der globalisierten Ökonomie aus einem regionalen Husten eine weltweite Lungenentzündung werden kann.

»Solange es uns noch so gut geht wie jetzt, müssen wir uns resilienter machen«, meint Michael, der davon überzeugt ist, dass sich unser Leben in absehbarer Zeit drastisch wandeln wird. Resilienz ist ein weiteres Schlüsselwort der Transition-Bewegung. Gemeint ist die Fähigkeit jedes Einzelnen und der Gesellschaft als ganzer, die eigene Verwundbarkeit durch Krisen möglichst gering zu halten. Die Krisenfestigkeit unseres Wirtschaftssystems sei höher, je mehr Warenströme innerhalb der Region verbleiben würden. Die Resilienz jedes Einzelnen wachse, wenn man sich aus der Abhängigkeit von Spezialisten befreie und vieles selbst in die Hand nehmen könne. »Wir wollen mehr Generalisten. Leute, die wissen, wie das geht mit den Möhren im Garten.« Mir geht durch den Kopf, dass ich mit meinen beiden linken Händen hier wohl am falschen Platz bin. Ich habe es immer gehasst, etwas reparieren zu müssen, und einen grünen Daumen habe ich auch nicht. Die Idee des »Einfach-jetzt-Machens«, um aus der politischen Depression herauszukommen, hat dagegen all meine Sympathie. Damit wir nicht erst dann die Herausforderungen unserer Zeit annehmen, wenn es gar nicht mehr anders geht.

Inzwischen sind die dunklen Wolken bedrohlich näher gekommen. Die ersten Tropfen dringen in unser Weidenzelt. Es wird ungemütlich kalt. Ein kräftiges Sturmtief namens Zeljko ist angekündigt worden. Hier im Garten kann ich nicht bleiben. Bald darauf fängt es an, wie aus Eimern zu schütten. Es kommt mir vor wie ein Finale. Wochenlang war die Hitze mein Begleiter, nun fällt der Vorhang. Ich freue mich, nach Hause zu kommen, bin aber nicht sicher, ob mein Leben so sein wird wie vorher.

Nachwort

Bevor ich in Bielefeld in den Zug nach Köln gestiegen bin, habe ich mir noch den Zettelkasten von Niklas Luhmann angeschaut. Der berühmte Soziologe hat über fast fünf Jahrzehnte hinweg handschriftlich Gedanken notiert und in Kästen aus hellem Buchenholz abgelegt. Aus Platzgründen hat Luhmann alte Zettel recycelt, er benutzte beispielsweise die Rückseite von Brauereirechnungen, Steuerunterlagen oder Zeichnungen seiner Kinder. Karteikarten wären zu dick gewesen. Über die Jahre sind so etwa 90 000 Zettel zusammengekommen. Es gibt zwar ein Ordnungssystem aus Nummern und Buchstaben, aber wer sich daran versucht, gerät in eine Kaskade von Verweisen und ist sehr bald intellektuell hoffnungslos verloren. Das Ordnungssystem existierte nämlich nur in Luhmanns Kopf. Er hat die vielen Holzkästen als Kreativtechnik benutzt, weil er durch die Kombination von Zetteln auf neue Ideen kam. Ich sah den legendären Zettelkasten in einer Ausstellung in der Bielefelder Kunsthalle mit dem Titel »Serendipity – vom Glück des Findens«. Ein Zitat von Luhmann habe ich in meine Kladde notiert: »Eine Biografie ist eine Sammlung von Zufällen, das Kontinuierliche besteht in der Sensibilität für Zufälle«.

Mir gefiel der Satz, weil ich plötzlich eine Formulierung gefunden hatte für das, was mir in den Wochen unterwegs so wichtig gewesen war: sensibel zu sein für Zufälle. Abgesehen von den Verabredungen, die meine Route bestimmt haben, weil ich jeweils wusste, bis wohin ich es in ein paar Tagen geschafft haben wollte, ist alles, was hier beschrieben ist, im Grunde Produkt des Zufalls. Wenn es in Datteln nicht gerade in Strömen geregnet hätte, hätte ich Michail, den Angler, vermutlich nicht angesprochen. Falls doch, hätte unser Gespräch bei Sonnenschein garantiert einen anderen Rhythmus gehabt. Der Zufall war es auch, der Regie geführt hat, als ich Tanja in Gohr traf. Ausgerechnet in einem Moment der Erschöpfung kam in einem leer gefegten Kaff kein gleichgültiger Mensch an mir vorbei, sondern sie mit ihrer Hilfsbereitschaft.

Aber der Zufall lässt sich nicht erzwingen. Wenn es zwischendurch öde war oder die Kraft nachließ, habe ich mir oft gewünscht, es möge sich etwas ereignen, was dem Tag Farbe gibt und mich aus meinem schlechten inneren Film herausholt. Ich konnte sicher sein, dass genau dies nicht geschieht, solange sich diese Haltung bei mir festgefressen hatte. Man kann nicht den ganzen Tag sensibel für Zufälle sein. Auf sie sehnsüchtig zu warten reicht offenkundig nicht aus. Erst die innere Bereitschaft, sich dem Unbekannten zu öffnen, gibt dem Zufall den nötigen Resonanzraum. Immer, wenn mir dies gelang, wenn innen und außen zusammenspielten, schien die Zeit für einen Moment stillzustehen. Das ist das Glück des Findens. Im Nachhinein kommt es mir so vor, als ob ich in diesen Wochen reichlich davon genossen hätte. Vermutlich ahne ich umgekehrt gar nicht das Ausmaß dessen, was ich übersehen, wen ich um ein Haar verpasst habe, weil es bei mir im entscheidenden Moment an der nötigen Passivität und Transparenz gefehlt hat, die der Flaneur braucht, wenn er bei seiner ziellosen Suche etwas Unverhofftes finden möchte. Dieser Gedanke ist nicht ungefährlich, weil er ins Reich des Absurden führt.

Serendip ist ein alter Name für das heutige Sri Lanka. Die Europäer haben ihn zum ersten Mal im 18. Jahrhundert gehört, damals machte das persische Märchen von den drei

Prinzen aus Serendip die Runde: Die drei werden auf ihrer Reise von einem Kameltreiber angesprochen, dem eines seiner Tiere entlaufen ist. Sie haben das Kamel tatsächlich unterwegs gesehen und verblüffen seinen Besitzer nun damit, dass sie genaue Angaben zu den Eigenschaften des Tieres machen können, obwohl sie beim Anblick des Kamels gar nicht wissen konnten, das das mal wichtig werden würde. Ihr Scharfsinn bestand darin, wahrnehmungsfähig für die kleinen Dinge am Wegesrand zu sein, sie in Beziehung zueinander bringen zu können. Der englische Autor Horace Walpole hat gegen Ende des 18. Jahrhunderts den Begriff »Serendipity« geprägt, um das Zusammenwirken von Zufall und Erkenntnis zu bezeichnen. Seit einigen Jahren macht es als Modewort die Runde, gemeint ist, meist in einem banalen Sinn, der glückliche Zufall. Es gibt Tourismusanbieter, Hochzeitsausstatter und Restaurants, die so heißen und das Wort auf diese Weise vernutzen.

Auch ich habe unterwegs das ein oder andere Kamel gesehen. Ich hatte einen Blick für vermeintliche Nebensächlichkeiten, der mir zu Hause in meinem Alltag oft fehlt. Serendipität ist eine Haltung, die geübt werden muss. Eine Schule des Sehens, eine Guerillastrategie gegen den Geist der Beschleunigung. Ihr natürlicher Feind ist das Effizienzstreben, die Illusion, wir könnten Lebensqualität gewinnen, wenn wir unsere knappe Zeit noch profitabler bewirtschaften, indem wir möglichst nur noch gerade Wege gehen. Würde man meine Strecke auf einer Landkarte einzeichnen, wäre ich vermutlich ein Kandidat für eine Heilanstalt. Wäre ich immer geradeaus gelaufen, hätte ich es vielleicht von Köln nach Berlin geschafft. Aber so genau will ich das gar nicht wissen. Zumindest in dieser Hinsicht hat sich meine Haltung nicht geändert, seitdem ich aufgebrochen bin. Ich habe paradox gelebt. Um zu der Ruhe zu kommen, die genaueres Beobachten überhaupt erst möglich macht, musste ich aktiv werden. Anstrengung war nötig, um vorübergehend dem Getümmel zu entfliehen. Nun bin ich wieder da. Aber die Sehnsucht, einfach los zu laufen, werde ich vermutlich nie wieder los.

Von heute aus betrachtet

In diesem einen Jahr, das vergangen ist, seitdem ich die Wanderschuhe ausgezogen habe, sind mehr und mehr Gefühle ins Zentrum von Politik gerückt. Über lange Linien auch nur halbwegs nüchtern nachzudenken, fehlen anscheinend gerade die Zeit und der Wille. Das Thema der Stunde ist die Wirkungsmacht von Stimmungen. Wer sich umhört, bemerkt schnell, dass bei vielen aus Nervosität inzwischen Angst geworden ist. Angst ist der Rohstoff des Populismus, der momentan in so vielen Ländern einen Siegeszug antritt. Man mag sich gar nicht vorstellen, wie die Welt von morgen aussehen wird, falls der nächste amerikanische Präsident tatsächlich Donald Trump heißen sollte und die nächste französische Präsidentin Marine Le Pen. Auch in Deutschland gibt es jetzt ganz rechts eine Partei, die gezielt und erfolgreich hässliche Gefühle bewirtschaftet. Dem Umgang mit ihr fehlt bislang jegliche Souveränität. Der demokratischen Öffentlichkeit ist auf schwankendem Boden die Trittsicherheit abhandengekommen. Ein gefährlicher, lähmender Pessimismus macht sich breit. Die Überzeugung, dass wir die besten Zeiten hinter uns haben, droht zu einer sich selbst erfüllenden Prophezeiung zu werden. Was tun?

In diesen Wochen des Unterwegsseins habe ich immer wieder gemerkt, wie wenig es bedarf, um ein gutes Gespräch über den Zustand des Landes zu beginnen. Die Ansprechbarkeit bei Zufallsbegegnungen hat mich überrascht. Ich hatte damit gerechnet, häufiger abgewiesen zu werden bei meinen Versuchen, fremden Menschen ein wenig Zeit für diese Dinge zu stehlen. Dabei war es genau umgekehrt. Viele Gesprächspartner schienen froh zu sein, nach ihrem Blick auf gesellschaftliche Verhältnisse endlich mal gefragt zu werden. Häufiger musste etwas raus, was sich aufgestaut hatte, zumeist Erfahrungen von Ungerechtigkeiten. Die Gräben, die unsere Gesellschaft spalten, sind ja auch tiefer geworden. An manchen bin ich vorbeigekommen.

Diese Bereitschaft zum Dialog erkläre ich mir auch damit, dass es sonst häufig an Gelegenheiten mangelt, sich über Fragen des Gemeinwohls auszutauschen. Wir sind wohl gerade dabei, eine längere Phase hinter uns zu lassen, in der die meisten eine ichbezogene Kultur gelebt und sich für öffentliche Angelegenheiten nicht interessiert haben. In Zeiten der Wohlstandsvermehrung und der relativen Zufriedenheit kann dieser Narzissmus gefahrlos gelebt werden. Das ist der eine Grund für politische Apathie. Nichtbeteiligung kann aber auch Ergebnis von Hoffnungslosigkeit sein. Wer sozial abgehängt ist, keine Perspektive sieht, aus prekären Verhältnissen herauszukommen, wird schwerlich zum leidenschaftlichen Anwalt einer offenen Gesellschaft. In manchen Quartieren, die ich durchquert habe, geht nur noch jeder Fünfte zur Kommunalwahl. Wenn es dem Rechtspopulismus gelingen sollte, diese Apathie in Wutstimmen umzumünzen, wird es in diesem Land erst richtig ungemütlich. Jedenfalls dürfte es zukünftig schwerer werden, sich den Luxus des Unpolitischen noch zu leisten.

Ich bin zurückgekehrt mit der Erkenntnis: Wir müssen reden. Wir müssen dringend an der Kommunikationsstörung arbeiten, die inzwischen die Substanz der Demokratie untergräbt. Unserer Gesellschaft fehlt es an Orten der Begegnung für unterschiedliche Schichten und Milieus, es fehlt an Formaten des offenen Diskurses, an einer Kultur des Zuhörens und Argumentierens, in der der Hass keine Chance hat. Es fehlt an Orten, an denen Bürger gemeinsam die Erfahrung machen, ihre Lebenswelt politisch mitgestalten zu können, anstatt Wandel immer nur passiv oder sogar ohnmächtig zu erleben. Es fehlt an Orten, an denen unsere Eliten auf soziale Wirklichkeit treffen, an denen es brodelt und riecht und stinkt, wie es der SPD-Vorsitzende mal klug formuliert hat. Ein bemerkenswertes öffentliches Eingeständnis dafür, dass repräsentative Politik erst wieder die Nähe zu denen suchen muss, die sie repräsentieren will.

Dabei gäbe es gerade so viel öffentlich zu besprechen, wofür ein zivilisierter Streit lohnt: mit wie viel Ungleichheit wir zukünftig leben wollen, wo in einer offenen Gesellschaft die Grenzen der Toleranz liegen, wie wir den kulturellen und ökonomischen Wandel schaffen, uns von einem zerstörerischen Lebensstil des Wachstumszwangs zu lösen. Dies sind nur einige Beispiele für dringend anstehende Debatten, die in der digitalen Welt allein nicht gut aufgehoben sind. Ohne Agora keine Polis, das galt schon im antiken Griechenland. Folglich muss es heute unsere Aufgabe sein, analoge Orte zu schaffen, an denen aus Bürgern wieder Citoyens werden können.

Der Abschied von der Zuschauerdemokratie beginnt vor der eigenen Haustür. Dafür habe ich unterwegs immer wieder Beispiele gefunden. Die »Agenten des Wandels«, die die Demokratie zu revitalisieren versuchen, üben sich in fröhlichen Experimenten. Sie probieren einfach aus. Sie haben keine Großtheorie, an die sie sich halten könnten, weil die nämlich gerade nicht zu haben ist. Wer auf den nächsten Marx wartet, verpasst den richtigen Zeitpunkt, sich zu engagieren. Wenn es gut läuft, werden wir eines Tages sagen: Ausgerechnet in dieser verrückten Zeit haben wir verstanden, dass man doch was machen kann.

Jürgen Wiebicke
Köln, den 22. Juni 2016